유아문학교육의 이론과 실제

- 누리과정 생활주제별 문학 활동

이송은 지음

창지사

국립중앙도서관 출판시도서목록(CIP)

유아 문학 교육의 이론과 실제 = Children's literature education : 누리과정 생활주제별 문학 활동 / 지은이: 이송은. -- 개정판. -- 서울 : 창지사, 2013
p. ; cm

ISBN 978-89-426-0719-8 93370 : \22000

유아 교육[幼兒敎育]
문학 교육[文學敎育]

375.1-KDC5
372.21-DDC21 CIP2013018115

머리말

문학 활동을 계획하며, 교사라면 누구나 한 번쯤 이런 고민에 빠져 본 적이 있으리라. '아이들에게 책을 읽어 줄 때 어떤 책을, 어떻게 읽어 줘야 할까?' '책과 더불어 어떤 활동을 곁들여야 제대로 된 문학 활동이 될까?' 이러한 교사의 관점은 쉽게 구할 수 있는 인스턴트식품을 거부하고, 생명이 있는 식자재로 식단을 꾸리려는 엄마의 마음과 같다. 늘 봐 왔던 그림책, 늘 해 왔던 읽기 방식, 해가 가도 변하지 않는 계절 동시, 정해진 방식의 독후 활동……, 이런 '오래된 습관' 같은 문학 활동은 아이들에게 영감을 주지 못한다.

이 책은 언어의 감수성을 키우는 읽기, 표현의 폭을 넓혀 주는 활동을 추구하는 교사들을 위해 써졌다. 제1부의 이론편에는 책의 선택을 도와줄 문학과 그림책의 기초 이론부터 읽기 방법, 교수 설계 방법 등이 자세히 소개되어 있고, 제2부의 실제편에서는 2013년부터 시행된 3-5세 누리과정의 생활주제별 문학 활동이 연령별로 실려 있다. 공통적인 이론 외에는, 가능한 한 이 책만이 담고 있는 고유한 내용들로 책을 구성하고자 노력하였다.

돌아보면, 1986년 유아문학 활동 분야에 발을 디딘 지 이십칠 년이 지났다. 그간 동화책이 즐비하던 서가에는 그림책이 들어오고, '독서 지도'나 '문학 활동', '동화구연' 등이 주목받던 유아문학 활동 동네에는 '스토리텔링'과 '책놀이'가 새로 입주하였다. 이 같은 변화는 '문자라는 상징에 갇히지 않는 더욱 원초적인 표상으로 된 그림책의 부상', '글 이전에 소리로 전해지던 독서의 원형에 대한 재발견', '독자가 중심이 되는 반응중심 문학 활동의 확산'이라는 문학 활동 분야의 새로운 경향을 보여 준다.

2009년과 2011년 『어린이 담당사서를 위한 스토리텔링 운영 매뉴얼』(국립어린이청소년도서관), 2012년 『스토리텔링과 책놀이』를 집필하면서 이 책도 새 옷을 입어야 할 때가 왔음을 절감하였다. 게다가 누리과정이라는 새로운 교육과정에서 교사가 문학 활동을 재미있게 설계할 수 있도록 모색할 필요가 있었다.

8년 만에 이 책을 전면 개정하면서, 많은 사람들의 도움이 있었다. 무엇보다도 실제편 활동을 함께 만들며 애쓴 동화가있는집 연구소 식구들의 헌신적인 참여를 빼 놓을 수 없다. 한선예, 신일순, 최형임, 권옥, 한주미, 김윤경, 김미라, 전진영, 이춘희, 박순하, 최수진, 이들의 응원과 노력이 없었다면 이 책은 나오기 어려웠을 것이다. 또 바쁜 일정 중에서도 수업안 설계 시 흔쾌히 도와준 우은숙 선생님께도 감사드린다. 아울러 2년에 걸쳐 인내하며 기다려 준 도서출판 창지사에도 감사드린다. 그리고 긴 시간 수많은 그림책과 원고더미, 분주한 일상을 참아내 준 부모님과 가족들에게 끝없는 사랑을 전한다.

이 책의 초판이 나온 이래, 지난 8년간 아이들이 사는 세상은 급격히 바뀌었다. 스마트폰 영상으로 그림책을 보는가 하면, 독서 기록 또한 이력으로 만들어 가는 숨 가쁜 환경이 아이들을 에워싼다. 그러나 다행스럽게도 우리에겐 여전히 아이들을 향한 뜨거운 사랑과 문학에 대한 순진무구한 열정을 지닌 교사와 부모가 있다. 그 열정은 누리과정이라는 새로운 교육과정 속에서도 변함없이 풍성하게 열매를 맺을 것이다. 이 책이 그런 꿈을 가진 예비 교사와 현장 교사들에게 오래 가는 친구가 되길 기대한다.

2013년 9월

가을의 길목에서 저자 씀

제2부

유아문학교육의 실제

부 록

제 1 부

유아문학교육을 위한 이론적 기초

유/아/문/학/교/육/의/이/론/과/실/제

제 1 장

아동문학의 이해

책은 '열려' 있고 끝나지 않으며, 어린이는 자신의 생각을 더해서 이야기를 완성한다. 읽힌 책은 작가와 독자의 합작품인 것이다.

– Townsend, 1996

1. 문학, 아동문학, 그리고 유아문학

문학은 인간의 상상력을 근원으로 하고 언어를 매개로 하는 예술이다. 문학은 사실적인 것이든 허구적인 것이든 기본적으로 인간의 삶을 표현하며, 여기에 사용되는 언어는 문학적 직조 과정을 통해 심미감과 아름다움을 띠게 된다. 아동문학은 '아동'과 '문학'이 결합된 용어로 문학으로서의 보편성과 대상에 있어서의 특수성을 동시에 내포한다고 볼 수 있다. 아동기의 연령 범위를 보면, 외국에서는 출생부터 십대 청소년까지를 포함하는 경우도 있으나 일반적으로 0~12세로 보고 있다(김경희, 1986).

아동문학의 정의에 대해서는 여러 가지 관점이 있다. 서더랜드와 아버스넛(Sutherland & Arbuthnot, 1991)은 "아동들이 읽고 즐기는, 아동을 위해 쓴 작품이며, 고도의 문학적이고 예술적인 기준을 만족시켜 주는 책"이라고 정의하였다. 이재철

(1983)은 아동문학이란 아동 및 동심적(童心的) 성인을 독자로 하는 문학으로, 내용이나 형식 면에서 아동의 정신적 이해 능력과 신체적 수용 능력에 적합하며 아동의 심신 발육에 도움을 줄 수 있어야 한다고 하였다. 석용원(1982) 역시, 아동문학이란 작가가 아동이나 동심의 세계로 돌아가고 싶어 하는 어른에게 읽힐 것을 목적으로 창조한 시, 동화, 소설, 희곡 등을 총칭한 것으로 보았다.

이상의 내용을 요약해 보면, 아동문학은 아동을 주요 대상 독자로 하는 특수 문학으로서 형식 면에서는 문학적이고 예술적인 기준을 만족시키고 내용 면에서는 아동의 성장 발달에 유익하며 아동이 즐겨 읽을 수 있는 문학이라고 할 수 있다. 이를 발달 특성상 0세에서 8세까지로 설정되는 유아기에 초점을 맞추어 정리해 보면 다음과 같다. 유아문학이란 0세에서 8세까지의 유아를 주요 대상으로 하는 특수 문학으로 유아가 이해하고 즐길 수 있는 언어로 써진, 유아의 성장 발달에 유익한 문학적인 완성도를 가진 문학을 말한다.

아동문학과 유아문학의 관계를 살펴보면, 넓은 의미에서 유아문학이 아동문학에 포함되고 아동문학에서 유아문학이 발아(發芽)하긴 했지만 유아문학은 나름대로 고유한 특성을 지닌다. 내용 면에서는 '애착 형성' 이나 '기본 생활 습관 형성', '사랑받고 싶은 욕구' 등 유아기의 발달적 특성을 반영한 주제가 많고, 형태 면에서도 그림책이 주를 이룬다는 점에서 본격 학령기 아동을 위한 문학과는 구분이 된다.

2. 유아문학의 교육적 가치

유아기에 문학을 접함으로써 얻을 수 있는 교육적 가치는 여러 가지가 있다. 그림책 이론가 마쯔이 다다시(1996)는 그림책을 읽어 주는 것의 효과를 "조그만 씨앗이 어린이의 마음속에 남아 그것이 긴 세월을 거쳐 여러 가지 체험과 사색을 통하여 싹트고 발전하고 성장하는 것"이라고 비유하였다. 석용원(1993)은 유아들이 최초로 만나는 문학이 동화이며, 이 시기에 얼마만 한 감동을 받느냐에 따라 인격 형성에 큰 영향을 미친다고 보았다. 그는 동화의 교육적 가치로 예술성(심미감), 생활에 대한 이해, 도의교육, 상상력의 계발, 언어 발달 등의 측면을 들었다. 컬리넌과 갤더(Cullinan & Galda, 2002)는 유아기에 좋은 문학을 경험했을 때의 가치를 즐거움과 정보의 습득, 언어 발달, 훌륭한 독자로의 성장 등으로 정리하였다. 이 견해를 중심으로 유아문학의 교육적 가치를 종합해 보면 다음과 같다.

● 유아에게 즐거움을 준다.

이야기를 들으며, 그림책을 보며 상상의 세계에 빠져드는 몰입의 순간, 유아는 다른 어떤 것과도 비교할 수 없는 즐거움을 맛본다. 이는 성인의 경우에도 마찬가지로 아프리카의 『이야기 이야기』, 중동의 『아라비안나이트』, 한국의 『훨훨 간다』를 보면 동서고금을 막론하고 사람들이 이야기 듣기를 두루 좋아했음을 알 수 있다.

● 유아에게 정보를 제공한다.

문학을 통해 유아들은 자신을 둘러싼 세상을 이해하고, 나아가 자신이 접하지 못한 사람들과 장소에 대해 이해할 기회를 갖는다. 또한 외부 세계에 대한 지식뿐만 아니라 자신의 감정을 탐색하고 가치관을 형성할 수 있게 된다.

● 언어 발달을 돕는다.

그림책을 통해 유아는 일상생활이나 텔레비전에서 만나지 못한 새 어휘를 배우고 말과 글의 관계를 인식하며, 말하기 · 듣기 · 읽기 · 쓰기를 자연스럽게 익혀 간다. 어렸을 때부터 동화를 많이 접한 유아일수록 이야기에 대한 스키마(schema)를 쉽게 형성한다.

● 긍정적 독서 태도를 형성하고 유능한 독자로 만든다.

어려서 책 읽기의 즐거움을 맛본 유아는 읽을거리를 스스로 찾게 되고, 읽고 쓰고자 하는 욕구가 커진다. 이는 평생 독자로 가는 기초가 된다.

● 정서 발달을 돕는다.

유아는 문학을 통해 자신의 감정을 탐색하고 인간의 경험에 대한 직관을 키움으로써, 타인의 행동에 대한 이해를 높일 수 있다. 아울러, 자신이 직면한 문제에 대한 해결의 실마리를 얻거나 카타르시스를 통해 정서적 안정을 찾을 수 있다.

- 환상과 실재에 대한 직관을 기를 수 있다.

사실동화를 통해 실제 세계에 대한 이해를 키우고, 환상동화를 통해서는 일상적인 한계를 넘어 상상력을 풍부하게 키울 수 있다.

- 도덕적 기준과 태도를 발견하고 계발할 수 있도록 돕는다.

잘 짜인 문학작품은 그것을 감상하면서 자연스럽게 도덕적 가치를 내면화하도록 안내한다.

- 심미적 감상력을 기를 수 있다.

정선된 언어와 우수한 그림으로 된 그림책을 만나면서 문학에 대한 감수성과 미술에 대한 안목을 키운다.

위에서 본 유아기 문학경험의 교육적 가치는 크게 사회·정서적 발달, 언어 발달, 인지적 발달, 심미적 감상 능력 등으로 범주화된다. 이와 관련해 교사나 부모가 해야 할 일은, 유아기에 문학을 경험하는 것이 평생의 삶에 강력한 힘이 될 수 있음을 인식하고, 좋은 책을 안내하고 교육과정을 통해 적절히 경험토록 하는 것이다.

『쿠슐라와 그림책 이야기』

도로시 버틀러 지음,
김중철 옮김, 보림,2003

유아문학이 갖는 효과를 단적으로 보여 주는 예가 『쿠슐라와 그림책 이야기』이다. 뉴질랜드에서 있었던 실화를 옮긴 『쿠슐라와 그림책 이야기』는 '그림책이 과연 유아에게 어떤 영향을 주고 얼마나 변화시킬 수 있을까?' 하는 물음에 분명한 답을 제시한다.

태어났을 때 의사로부터 장애아 판정을 받은 쿠슐라는 정상아에 비해 발육이 현저히 뒤떨어져서 손발을 조절하는 능력도 없고, 매달리지도 못했으며 등과 다리는 흔들거렸다. 눈의 초점도 잘 맞추지 못하고 항상 칭얼대는 아이를 위해 쿠슐라의 부모는 그림책을 펼쳐 들었다.

쿠슐라 부모는, 쿠슐라가 깊이 잠들어 있을 때를 빼고는 언제나 쿠슐라를 품에 꼭 껴안아 주었다. (중략) 태어난 지 4개월째에 책을 처음 보여 주었다. 이때는 쿠슐라가 얼굴 가까이 있는 사물을 분명히 볼 수 있다는 걸 알게 된 시기이다.

– 『쿠슐라와 그림책 이야기』(Dorothy Butler, 1977, pp. 18–19)

이렇게 시작된 그림책 읽어 주기는 정신적, 신체적 장애를 겪고 있던 쿠슐라에게 놀라운 변화를 가져왔다. 그림책은 쿠슐라를 더 넓고 풍요로운 세상으로 안내하는 길잡이였고 그 후 엄마는 아이 성장 단계에 맞춰 150여 권의 그림책을 읽어 주었다. 쿠슐라가 4세쯤 되었을 때는 지능도 높아지고, 성격도 낙천적으로 변하게 되었다. 의학적으로 아무도 가능하리라고 예상치 못했던 감성과 지능을 갖게 된 것이다. 그 후 성인으로 자란 쿠슐라는 어머니가 사망한 이후에도 정원사 일을 하며 사람들과 더불어 살 수 있을 정도로 성장했다.

쿠슐라 이야기는 그림책이 단순히 보는 즐거움을 넘어서 아이들의 성장에 상상할 수 없을 정도로 엄청난 도움을 준다는 사실을 증명한 예라고 할 수 있다. 여기서 중요한 것은 그림책을 보았다는 것뿐만 아니라 엄마가 품에 안고 자신의 목소리로 정성껏 읽어 주었다는 사실이다. 만약, 비디오나 동영상으로 보게 했다면 어떠했을까? 발달을 고려하지 않고 아무 책이나 읽어 주었다면 어떠했을까? 또 엄마 아닌 다른 사람이 건성으로 읽어 주었다면 어떠했을까? 아마도 기적은 일어나지 않았을지도 모른다.

연구 문제

1. 유아문학의 가치 중 가장 공감하는 측면과 그 이유에 대해 말해 보자.
2. 『쿠슐라와 그림책 이야기』에 나타난 쿠슐라 어머니의 교육철학은 무엇인가?
3. 본서 부록에 소개된 '교사와 부모를 위한 책' 중 한 권을 요약하고 가장 가슴에 와 닿는 부분에 대해 토론해 보자.
4. 자신이 좋아하는 그림책 한 권을 선정하고 그 이유를 설명해 보자.

제 2 장

아동문학의 역사

오늘날과 같은 아동문학, 유아문학이 있기까지 역사적으로 여러 변천 과정이 있었다. 한 사회의 가치관은 교육철학이 되고 아동관이 되어 아동문학에 반영된다. 아동을 어떤 존재로 규정하느냐에 따라, 아동문학의 존재 여부부터 활동 방법까지 달라진다. 본 장에서는 세계와 한국의 아동문학이 어떻게 발전하고, 그 속에서 유아문학이 어떻게 시작되고 변천되어 왔는지 알아 본다.

1. 세계의 아동문학

1) 19세기 이전의 아동문학

동서양을 막론하고 처음부터 아동문학이 일반 문학과 구별되게 별도의 독자 영역으로 자리 잡은 것은 아니었다. 문자가 발명되고 나서도 오랫동안 어린이를 위한 문학이 따로 존재했다는 기록은 없다. 이는 '아동'에 대한 별도의 개념이 없었기 때문이다. 중세 유럽에서 아동이 접하는 문학이란 그저 성인을 위한 문학 중 비교적 자신들에게 적당한 것을 골라 이야기와 노래를 즐기는 정도였다. 또 중세 유럽에서 기독교 교리의 내용과 뜻을 알기 쉽게 해석하기 위해 서적에 그림을 사용하였다는 기록이 있기는 하지만 펼쳐 보는 낱장 그림 수준이었고, 15세기에는 영국의 인쇄업자 캑스톤(Caxton)이 『이솝우화』, 『아더 왕』 등을 성인을 위해 출간했는데 어린이들이 좋아했다는 기록이 있다.

- 1658년 모라비아의 주교이자 교육자였던 코메니우스(John Amos Comenius, 1592~1670)가 어린이를 위한 최초의 그림책, 『세계도회(*Orbis Sensualium Pictus*)』를 펴냈다. 이 책은 150가지의 주제를 그림과 글로 설명하고 있는데, 그림과 본문 내용이 관련이 있고 대상을 아동으로 했다는 점에서 근대적 의미의 그림책의 출발점으로 본다.

세계 최초의 그림 교과서

- 18세기에 들어와서는 챕북(chapbook)이 유럽 전역에 퍼졌다. 싸구려 행상 챕맨들이 들고 다닌 챕북은 작은 크기로 제본이 되지 않은 상태였고, 짧고 단순한 이야기로 된 최초의 대중 인쇄물이었다. 종교적인 내용으로부터 구전 옛이야기, 중세의 로맨스, 유머 등 다양한 내용을 다루었으며, 『천로역정』(1678), 『로빈슨 크루소』(1719), 『걸리버 여행기』(1726) 등은 어린이들도 즐겁게 읽었다. 이 시기에 영국의 기업가 뉴베리(John Newbery, 1713~1767)는 약 200여 종의 챕북을 만들어 냈는데 이로써 서민층 어린이도 책을 읽을 수 있게 되었다. 챕북은 청교도들이 신대륙으로 이주하면서 북미의 어린이에게도 읽혔다.
- 프랑스에서는 샤를 페로(Charles Perrault, 1628~1703)가 구전하는 민화를 재화하여 『페로 동화집』(1697)을 펴냈다. 여기에는 「잠자는 숲 속의 공주」, 「빨간 모자」, 「장화 신은 고양이」, 「신데렐라」 등이 포함되어 있었고 1729년에 영국에서 영어로, 1785년에는 미국에서도 출판되었다(김세희, 2000).

2) 19세기 아동문학

19세기는 근대 아동문학이 꽃을 피운 시기이다. 낭만주의 문학과 로크(Locke)와 루소(Rousseau) 등 계몽주의 사상가의 영향으로 '아동 중심' 사상이 전파되면서 '어른의 축소판' 이 아닌 '독자적 인격을 가진 존재' 로서의 어린이를 위한 문학이 등장한 시기이기도 하다.

- 독일에서는 그림 형제(Jacob Grimm, 1785~1863; Wilhelm Grimm, 1786~1859)가 독일의 민담들을 수집하여 재구성한 『어린이와 가정을 위한 동화집』(1812)을 펴냈다. 여기에는 「백설공주」, 「헨젤과 그레텔」, 「브레멘의 음악대」, 「늑대와 일곱 마리 염소」 등 흥미진진한 이야기들이 들어 있는데 오늘날까지 독일뿐만 아니라 세계적으로 사랑받는 작품이며 전승 문학이 아동문학으로 자리 잡는 데 공헌하였다.
- 덴마크의 안데르센(Hans Christian Andersesen, 1805~1875)은 전승 문학이 현대의 환상문학으로 발전하는 데 교량적 역할을 했으며, 근대 아동문학의 창시자로 불린다. 그림 형제가 전승 문학을 집대성했다면, 안데르센은 창작 문학의 기틀을 마련함으로써 아동문학의 새 장을 열었다. 안데르센은 전래 동화의 권선징악적인 특징을 벗어나, 인간애와 뛰어난 상상력을 바탕으로 창작 동화를 여러 편 남겼다. 아이들에게 이야기 들려주기를 즐겨 했던 그는 불우했던 가족사와 평생을 독신으로 산 외로움을 딛고 동화 163편, 시 763편, 희곡 47편, 기행문 23편, 전기 11편 등 수많은 작품을 남겼다. 대표작으로 「인어 공주」, 「미운 오리새끼」, 「벌거숭이 임금님」, 「눈의 여왕」, 「성냥팔이 소녀」 등이 있다. 이 중 「미운 오리새끼」는 자전적 작품으로 알려져 있다. 1835년 첫 동화집이 나온 이래, 사망 후 오랜 세월이 지난 지금까지도 안데르센의 작품은 전 세계적으로 그림책과 동화책 등으로 새롭게 출간되고 있다.
- 영국에서는 루이스 캐럴(Lewis Carroll, 1832~1893)이 『이상한 나라의 앨리스』(1865)를 펴냈다. 이는 교훈을 목적으로 하지 않고 순전히 기쁨과 즐거움만을 위한 내용도 아동문학이 될 수 있음을 보여 주었다는 점에서 아동문학사에 새로운 전기를 마련한 작품이다(김현희 · 박상희, 1999). 스티븐슨(Stevenson)의 『보물섬』(1883)은 모험소설, 버넷(Burnett)의 『소공자』(1886)는 낭만적 분위기, 키플링(Kipling)의 『정글북』(1894)은 이색적인 소재, 헬렌 배너만(Helen Bannerman)의 『꼬마 검둥이 삼보』(1899)는 유아 동화의 고전으로 유명하다.

- 이탈리아에서는 콜로디(Carlo Collodi, 1826~1890)가 『피노키오』(1882)를 발표하였고, 프랑스에서는 공상 과학 소설의 선구자라고 할 수 있는 쥘 베른(Jules Verne, 1828~1906)이 『해저 이만 마일』(1870), 『80일간의 세계일주』(1875) 등을 발표하였다.
- 미국에서는 뉴잉글랜드에서 온 청교도 중심의 종교 서적과 교본류에서 한 걸음 나아가, 미국적 사회상을 배경으로 한 스토(Stowe)의 『톰 아저씨의 오두막』(1852), 올컷(Alcott)의 『작은 아씨들』(1868), 마크 트웨인(Mark Twain)의 『톰소여의 모험』(1876), 『허클베리 핀의 모험』(1884) 등이 출간되었다. 특히, 마크 트웨인은 교훈성을 배제하고 자립심을 추구하는 아동상을 그려 냄으로써 유럽 문학과는 차별되는 미국적 개척 정신을 보여 주었다.
- 그림책과 관련해서 19세기는 20세기의 그림책 황금기를 열게 한 기반이 된 시대였다. 영국의 인쇄업자 에드워드 에반스(Edward Evans, 1828~1910)는 인쇄술의 발달과 챕북을 통한 독서 인구의 저변 확대를 바탕으로 챕북의 품질을 한 단계 개선한 토이북(Toy Book)과 선물용 책을 출판하였다. 그는 월터 크레인(Walter Crane, 1845~1915), 케이트 그린어웨이(Kate Greenaway, 1836~1886), 랜돌프 칼데콧(Randolph Caldecott, 1846~1886) 등 19세기 영국의 3대 그림책 작가를 발굴함으로써 그림책의 황금 시대를 열게 했다. 월터 크레인은 동요, 옛이야기 등을 토이북으로 만들면서 표지부터 속지까지 건물을 설계하듯 구성하였고 디자인 개념으로 그림책을 제작했다. 케이트 그린어웨이는 영국의 유명한 조판사의 딸로 태어나 어려서부터 그림 공부를 했다. '마더구스', 'ABC북', '달력 카드' 등을 그렸으며 『하멜른의 피리 부는 사나이』(1888)가 대표작이다. 귀여움을 담은 건강하고 활기찬 어린이의 모습이 특징적이다. 랜돌프

익살꾸러기 사냥꾼 삼총사
(에드윈 워 글, 랜돌프 칼데콧 그림, 이종인 옮김, 시공주니어, 1995)

하멜른의 피리 부는 사나이
(로버트 브라우닝 글, 케이트 그린어웨이 그림, 김기택 옮김, 시공주니어, 2008)

칼데콧은 동적인 움직임을 특히 잘 그렸으며 그림을 그리는 시선이 위치에 변화를 주는 방법으로 원근감을 주었다. 훗날 모리스 샌닥(Maurice Sendak) 등 20세기 작가들에게 큰 영향을 미쳤다.

3) 20세기 아동문학, 그림책의 황금기

20세기는 '아동의 세기' 라 불릴 정도로 아동을 위한 연구가 많이 이루어졌고 이런 현상은 문학에도 영향을 미쳤다. 20세기 아동문학은 환상동화의 발전과 그림책의 황금기, 두 가지로 특징지을 수 있다.

(1) 환상동화의 발전

제임스 베리(James M. Barrie)의 『피터 팬』(1904, 1906, 1911)과 파멜라 트래버스(Pamela L. Travers)의 『메리 포핀스』(1934, 1943, 1953) 등으로 이어진 환상동화의 붐은 20세기 말에 절정에 다다랐다. 1997년에 발간된 조앤 롤링(Joan K. Rowling)의 '해리 포터 시리즈' 는 1권 『해리포터와 마법사의 돌』부터 7권 『해리포터와 죽음의 성물』까지 67개 언어로 번역되어 200여 개 나라에서 4억 부 이상 팔렸다(2011년 기준). 이는 21세기에도 환상동화가 아동문학의 큰 비중을 차지하는 장르로 지속될 것임을 예측케 하는 부분이다.

(2) 그림책의 황금기

◘ 그림책 황금기의 배경

20세기 들어 미국을 중심으로 그림책 황금기가 꽃이 핀 데에는 몇 가지 요인을 찾을 수 있다. 먼저, 경제적 요인이다. 1, 2차 세계대전으로 유럽이 피폐해지자 상대적으로 풍요로웠던 신대륙으로 여러 분야의 중심축이 이동하였다. 이때 상당수의 뛰어난 그림책 작가들이 터전을 옮기게 된다. 또한 미국 전역에 도서관들이 지어져 그림책에 대한 고정 수요층이 확보되고, 옵셋 인쇄술의 발달, 칼데콧 상 제정(1938년) 등으로 우수한 그림책 제작을 위한 사회적 환경이 구축되었다. 아울러, 20

세기를 아동의 세기라 할 만큼 유년기의 중요성이 재조명된 점도 다양한 주제의 그림책이 나오는 데 간접적으로 영향을 미쳤을 것으로 추정된다.

그림책의 보급이 증가하면서 유아를 위한 문학도 본격화되었다.

① 20세기 초~1960년

- 20세기 초에 발간된 베아트릭스 포터(Beatrix Potter, 1866~1943)의 『피터래빗 이야기』(1902) 시리즈는 작품성과 대중성 면에서 모두 높은 평가를 받음으로써 그림책의 전성기를 여는 전기가 되었다. 『피터래빗 이야기』는 영국이 자랑하는 동물 환상 동화의 고전으로 백여 년이 지난 지금도 여전히 사랑받고 있다. 이 책은 1893년에 처음 고안되었는데, 가정교사의 자녀에게 병문안 선물로 그림을 곁들인 편지를 보냈던 것이 큰 호응을 얻게 되자 몇 년 후 컬러로 세상에 나오게 되었다. 이 시리즈는 어린이의 생각과 흡사하게 행동하는 주인공, 인간 생활 모습을 담고 있지만 관찰에 의해 사실적으로 묘사한 토끼 그림, 작가의 독특한 필치로 그려 낸 귀여운 동물 모습과 전원 풍경[1], 부드러운 색감 등 많은 장점을 지니고 있다. 컬리넌과 갤더(Cullinan & Galda, 2002)는 『피터래빗 이야기』를 다음과 같이 평한다.

피터래빗 이야기
(베아트릭스 포터 지음,
김동근 옮김, 소와다리,
2013)

> "훌륭한 그림책의 예를 제시한 작품으로, 등장인물은 생생하고 동일시할 만큼 매력적이며, 가치가 있는 주제를 담고 있다. 줄거리와 등장인물, 주제, 그림, 글 등이 이상적으로 조합되었다." (pp. 93-96)

- 미국 현대 그림책의 시작은 완다 가그의 『백만 마리 고양이』(1928)라 할 수 있다. 표현 면에서 본격적인 스토리 전달을 위한 일러스트레이션이 전개되었을 뿐만 아니라 책의 유통과 소비 면에서 일반 대중을 대상으로 대량 판매되었기 때

1) 『피터래빗 이야기』의 배경이 되었던 니어 소리 마을은 훗날 포터가 인세로 사들인 500만 평에 이르는 이 지역 땅을 자연보호운동 단체 '내셔널트러스트'에 기증함으로써 보존되었다.

문이다(신명호, 2009). 보헤미안 구전 전래동화를 담은 이 그림책은 흑백 석판인쇄로 책의 양면을 한 공간으로 시원스레 배치했고, 옛이야기가 지닌 부드러움을 곡선으로 잘 이미지화하고 있다. 버지니아 리 버튼의 『작은 집 이야기』(1942) 역시 완다 가그의 영향을 받아 곡선으로 원근감을 보여 주며, 글과 그림이 한눈에 들어오는 레이아웃으로 마치 무대를 보듯 'S' 자로 펼쳐져 한층 더 진보한 그림책의 형식을 보여 준다. 이 외에 가장 미국적인 베스트셀러 작가 닥터 수스의 『멀버리 거리에서 보았던 것을 생각하다』(1937), 루드비히 베멀먼즈의 『씩씩한 마들린느』(1939), 로버트 머클로스키의 『아기 오리들한테 길을 비켜 주세요』(1941), 마리 홀 엣츠의 『나무 숲 속』(1945) 등도 기억될 만한 작품이다. 특히 『아기 오리들한테 길을 비켜 주세요』는 1940년대 당시 문화의 주역이 된 영화의 영향을 받아 파노라마적 광경과 속도감을 담고 있다. 이 책은 때로는 주인공 오리의 시점에서, 때로는 독자의 시점에서 그림을 그려 내 시점 이동에 의해 공간을 표현한 최초의 그림책이 되었다(신명호, 2009). '마들린느' 시리즈는 간결한 텍스트와 단순한 그림으로 이루어져 있는 표현주의 양식의 그림책으로, 마들린느는 지금도 어린이들에게 사랑받고 있는 캐릭터이다. 또 닥터 수스는 영어의 두운(alliteration)과 각운(rhyme), 난센스 등을 활용해 가장 '영어' 다운 그림책을 펴냈는데, 50단어로 작품을 완성한 『녹색 계란과 햄』(1960)은 영어 문화권에서 첫 손 안에 드는 베스트셀러가 되었으며, 『모자를 쓴 고양이』(1957)는 그가 '라이프' 지에 실린 어린이 문맹 기사를 보고, 초등학교 1학년 대상 주요 어휘 222개로 기본적인 읽기 기술을 가르치는 말놀이 책으로 만들었다는 일화가 있다(현은자 · 김세희, 2005). 이 무렵 독일 태생의 한스 레이는 만화풍의 『호기심 많은 조지』(1940)를 발표하였고, 프랑스에서는 파노라마적 화면으로 이야기를 펼치는 장 드 브루노프가 『바바 시리즈』(1932)를 펴냈다.

- 1930년대부터 1960년대까지는 그림이야기책에 대한 새로운 전통이 생겨난 시기이기도 하다. 즉, 그림책이란 단순히 그림과 글의 조합이 아닌, 서로 상호 의존적 역할을 해야 한다는 것이다. 본문이 그림에 대한 설명 이상의 것이 되도록 하고, 그림이 본문의 의미를 확장시킴으로써 그림과 본문이 통합되어 하나가 되는

것을 말한다(김세희, 2000).

② 1960년대~현재

1963년 발간된 모리스 샌닥의 『괴물들이 나는 나라』는 환상그림책의 획을 그은 작품이자 현대 그림책의 새 장을 연 작품이다. 모리스 샌닥은 이 작품에서 어린이의 내면적 심리 표출에 환상의 초점을 두었다. 글과 그림이 상호 보완적 위치를 지키는 가운데 그림으로 많은 메시지를 전달하고 있으며, 그림의 크기가 커질수록 환상이 증폭되고 그림의 크기가 줄어들수록 현실과 가깝게 설정한 표현 방식도 인상적이다. 이 작품은 이전의 환상그림책이 주로 일상생활 속의 소재에 자신의 상상력을 소극적으로 반영시키는 방식이었던 것과는 달리, 어린이 측에서 상상의 세계를 따로 만들어 냄으로써 좀 더 적극적인 상상의 세계를 표출하고 있다는 점에서 이전의 환상그림책과는 여러모로 구별된다(김세희, 2000). 그의 또 다른 작품인 『깊은 밤 부엌에서』(1970) 역시, 이전과는 다른 독특한 환상그림책의 차원을 보여 준다.

- 1960년대 이후 현대 환상그림책의 특징을 요약하면 어린이의 내면적 심리 표출에 환상의 초점을 두는 것(예: 『괴물들이 나는 나라』), 소재와 내용의 다양성(예: 앤서니 브라운, 토미 웅거러, 크리스 반 알스버그 등의 작품), 그림의 비중이 점차 더 커지는 것(예: 『주만지』, 『이상한 화요일』 등), 포스트모더니즘의 영향을 받아 다양한 결론의 가능성을 열어 놓는 경우가 많은 것(예: 『지각대장 존』) 등이다.
- 주요 작가를 살펴보면, 흑인을 주인공으로 한 사실동화에서 어린이의 내면 세계를 잘 표현한 에즈라 잭 키츠, 섬세한 묘사가 뛰어났던 바바라 쿠니, 인생의 심오한 면까지 환상그림책에 담았던 레오 리오니, 창의적인 아이디어로 그림책을 만든 에릭 칼, 뱀이나 강도 등 편견의 대상이 되는 주인공을 내세워 그 편견을 뛰어넘도록 한 토미 웅거러, 카툰 스타일의 화풍에 풍자와 유머 및 다양한 철학을 담은 윌리엄 스타이그 등 우수한 작가들이 미국을 세계 그림책의 중심지로 만들었다.
- 영국의 작가를 살펴보면, 비록 전 세기에 비해 그림책의 주 무대가 미국으로 건

너갔다고는 하지만, 그림의 개성과 주제 면에서 여전히 영국은 그림책의 본고장으로서의 면모를 유지하고 있음을 알 수 있다. 색채의 마술사라 불리는 브라이언 와일드 스미스, 서머힐 출신의 의식 있는 작가 존 버닝햄, 이미지 전달에 주력하는 찰스 키핑, 절제와 유머가 있는 팻 허친스, 그림책에 최초로 만화식 구성을 삽입한 레이먼드 브릭스, 고릴라나 돼지 등을 통해 우화적이면서 사회 현실에 대한 풍자를 다룬 앤서니 브라운, 카툰과 콜라주 및 사진 등을 이용해 아이들의 심리를 유머러스하게 그려내고 있는 로렌 차일드 등이 활발히 활약하고 있다. 특히 존 버닝햄과 앤서니 브라운은 우리나라에서 작품이 가장 많이 번안된 작가들로, 두터운 독자층을 확보하고 있다.

- 일본과 유럽 쪽에서도 주목받는 작가가 많이 배출되었다. 세계 그림책 분야에서 아시아 그림책을 다룰 때, '일본 그림책, 그리고 그 외 아시아의 그림책' 으로 분류할 정도로 일본은 독보적인 위치를 확보하고 있다. 아카바 수에키치, 안노 미쯔마사, 야시마 타로, 고미타로, 하야시 아키코, 우에노 노리코 등 많은 작가들의 작품이 국내에서도 호평을 받고 있다.
- 유럽 쪽 그림책은 영미권이나 일본 그림책에 비해 상대적으로 국내에 덜 알려져 있지만, 다른 문화권에서는 만나기 어려운 독특한 주제의식과 철학을 지닌 작가들이 많다. 벨기에의 안 에르보, 독일의 헬메 하이네, 프랑스의 아네트 티종, 장 클로르 무를르바 등이 그 예이다. 또 작가들 중에는 성장 배경이나 활동 무대가 여러 나라에 걸쳐지는 경우가 있다. 중국계 미국 작가 에드 영, 일본계 미국 작가 앨런 세이, 독일에서 성장기를 보낸 미국 작가 에릭 칼 등이 그 예이다.

4) 아동문학의 현재와 미래, 그리고 독자

20세기 후반부터 현대 아동문학은 다양성 증가, 장르와 연령의 파괴, 첨단 매체와 기술의 발달 등 세 가지의 특징이 나타나고 있다(Cullinan & Galda, 2002). 이를 자세히 살펴보면 다음과 같다.

① 다양성의 증가

다양성의 증가란 교통, 정보 수단의 발달로 세계 여러 민족이 이민과 여행을 통해 다양한 문화를 접하게 되고 대규모 국제 도서전 등을 통해 소재와 기법이 더욱 다양해지고 있음을 의미한다. 소재 면에 있어서도 포스트모더니즘의 영향을 반영하여 20세기 후반부터 반편견 문학, 패러디 그림책이 다수 등장하고 있다(예: 『종이봉지 공주』, 『늑대가 들려주는 아기돼지 삼형제 이야기』, 『신데룰라』 등).

② 장르와 연령의 파괴

창의적 글 작가와 그림 작가들은 관습적인 장르의 틀이나 대상 연령의 제한을 거부한다. 논픽션 그림책이 서사적 구조로 써진 경우가 늘어나고 있으며, 초등학교 어린이 혹은 성인을 위한 그림책도 증가하고 있다(예: 『이름 짓기 좋아하는 할머니』, 『할아버지의 긴 여행』, 『무슨 일이든 다 때가 있다』 등).

③ 첨단 매체와 기술의 발달, 상업주의의 확산

오늘날의 어린이들은 영상 매체와 친숙하다. 스마트 폰이나 인터넷에 유아가 노출되는 것이 바람직한가에 대한 논의와는 별도로, 아이들은 광고, 캐릭터, 동영상과 수시로 맞닥뜨린다. 이제는 어떻게 슬기롭게 활용하고 과도하게 남용되지 않도록 유의할 것인가가 문제이다. 기술의 발달로 가장 많이 달라진 분야로는 일러스트의 컴퓨터 그래픽을 들 수 있다. 또 전자책(e-book) 출간도 늘고 있는데, 전자기기 및 인터넷에 기반을 둔 영상 책의 증가는 '21세기의 구텐베르그 혁명'이라고까지 불리며 종이책 소비의 감소와 출판·서점업의 하향이라는 결과를 불러 왔다. 그러나 텔레비전이 처음 출현했을 때 우려했던 바와는 달리 라디오가 고유 영역을 지키며 건재했던 것처럼 종이책은 미래에도 여전히 주요한 매체로 남을 것이라 예상된다. 우수한 가독성과 더불어 종이책만이 주는 촉각적이고 독특한 경험이 있기 때문이다(이용준, 2004).

새롭고 다양한 매체와 책들 속에서 교사와 부모는 책을 선택하는 데 있어 검열(censorship)이 아닌 선택(selection)의 자세를 취할 필요가 있다. 즉, 특정한 자료를 읽지 못하게 하는 통제적인 자세보다 선택에 대해 조언하고 교류하는 자세가 요청된다.

세계의 어린이 문학상

- **안데르센 상(Hans Christian Andersen Awards)**

1956년 국제아동도서협의회(IBBY: International Board on Books for Young People)가 만들었으며 아동문학의 발전에 크게 공헌한 것으로 인정되는 전 세계 아동문학 작가와 일러스트레이터에게 각각 수여한다. 2년에 한 번씩 짝수 년에 수여하며, 단순히 한 작품을 대상으로 평가하지 않고 그 작가가 평생 동안 작업한 모든 작품들을 대상으로 하기 때문에 '작은 노벨상'이라고 불리기도 한다.

- **칼데콧 상(The Caldecott Medal)**

19세기 영국의 그림책 작가 랜돌프 칼데콧을 기념하여 이름을 붙였으며, 미국 도서관협회 산하 어린이도서관협회가 1938년부터 미국에서 그 전 해에 가장 뛰어난 그림책을 펴낸 그림 작가에게 수여한다. 수상작(Medal) 외에 주목을 끄는 작품들은 영예 도서(The Honor Books)가 된다.

- **케이트 그린어웨이 상(Kate Greenaway Medal)**

19세기에 활동한 영국의 그림책 작가인 케이트 그린어웨이의 이름을 딴 것으로 영국 도서관협회가 1956년부터 그 전 해에 영국에서 가장 뛰어난 그림책을 펴낸 그림 작가에게 매년 여름에 수여한다.

- **뉴베리 상(The Newbery Medal)**

미국 도서관협회 산하의 어린이도서관협회에서 그 전 해 미국에서 출판된 아동문학 작품 가운데서 가장 훌륭한 작품을 쓴 글 작가에게 수여하는 상이다. 18세기 영국의 서적상인 존 뉴베리의 이름을 땄으며 1922년부터 수여하고 있다.

- **에즈라 잭 키츠 상(Ezra Jack Keats New Writer and New Illstrator Awards For Children's Books)**

미국의 에즈라 잭 키츠 재단에서 다른 문화나 인종에 대한 어린이들의 인식과 이해를 확장시켜 주는 데 도움이 되는 책을 쓴 신인 글 작가(1985~)와 그림 작가(2001~)에게 수여한다.

- **볼로냐 국제아동도서전(Bologna Children's Book Fair)**

볼로냐 국제아동도서전은 1966년에 시작되었고, 매해 픽션, 논픽션, 뉴호라이즌 세 부문으로 나누어 해당 분야의 우수작을 선정하여 '볼로냐 라가치 상'을 시상한다.

2. 한국 아동문학의 역사

동서양을 막론하고 아동문학은 처음부터 독자적인 영역으로 시작된 것은 아니었다. 구비문학 단계를 지나 문자가 보급된 지 한참 후에도 성인을 위한 문학 중 비교적 자신들에게 적당한 것을 골라 어린이들이 이야기와 노래를 즐기는 정도였다. 현대적인 본격 아동문학의 개념에는 '아동을 위함' 이라는 대상 독자에 대한 적극적 의도가 들어 있어야 한다는 것을 고려해, '아동' 에 대한 개념을 갖고 출발한 시점으로부터 현재까지 시대별로 아동문학의 발달 과정을 살펴보기로 한다.

한국 아동문학의 역사는 크게 아동문화운동 시대, 아동문학운동 시대를 거쳐 아동문학 시대로 변천해 왔는데(이재철, 1983), 그 속에서 유아문학이 어떻게 자리 잡아 왔는지 알아 본다.

1) 아동문화운동 시대(1908~1945)

(1) 태동, 초창기(1908~1923)

1908년, 최남선이『소년』지를 출간하면서 권두시로 「해에게서 소년에게」를 발표하였다. 「해에게서 소년에게」는 최초의 신시였으며, 『소년』은 우리나라 최초의 근대적 종합교육지이자 내용과 취지 면에서 아동문학 잡지의 효시였다[2]. 『소년』은 1911년까지 간행되었고, 그 후 『붉은 져고리』, 『아이들 보이』, 『새별』 등이 출간되었으나 애국 계몽적 성격을 띠었기 때문에 모두 일 년 남짓 만에 일제에 의해 강제 폐간되었다(한국출판마케팅연구소, 2002, p. 139). 당시의 잡지는 어린이 종합교양지로 한국 및 세계 역사, 국내외 위인, 세계 고전 문학, 모험 소설, 백과사전적 지식 등 현대 어린이 출판물의 종류를 한데 모아 놓은 듯했다.

---

2) 1895년에 발간된 『소학독본』은 어린이를 위해 만들어진 최초의 인쇄물이었으나 초등용 교과서였다. '어린이를 위한 문학' 은 그로부터 13년 후, 『소년』이라는 잡지를 발간하면서부터 시작되었다. 이 시대는 문학적 성격보다 민족의식을 심어 주기 위한 계몽운동의 성격이 강했으며 잡지 속에 문학이 부분적으로 게재되던 수준이었다.

(2) 발흥 성장기(1923~1940)

잡지들의 강제 폐간이 이어지고 우리글의 사용이 금지되자 3·1운동이라는 대규모 저항 운동이 일어났다. 이에 당황한 일제는 무단정치에서 문화정책으로 식민정책을 바꾸게 되었다. 이때 어린이를 위한 단행본이 처음 출간되었는데, 일본 유학 중이던 방정환(1899~1931)이 세계 명작 동화 10편을 번안하여 『사랑의 선물』(개벽사, 1922)을 펴낸 것이다. 방정환이 쓴 서문을 보면, 학습이나 교육적 목적을 전면에 내세우지 않았던 최초의 책이었던 이 책의 성격을 알 수 있다.

> 학대받고 짓밟히고, 차고 어두운 속에서 우리처럼 또 자라는 어린 영들을 위하여 그윽히 동정하고 아끼는 사랑의 첫 선물로 나는 이 책을 짰습니다.

1923년은 우리나라 아동문학사에 기념할 만한 해로서, 순수 창작 동화의 효시인 마해송의 「바위나리와 아기별」이 『샛별』지에 발표되었다. 또한 방정환이 손진태, 윤극영 등과 함께 어린이문화운동 단체인 '색동회'를 설립하고, 잡지 『어린이』(1923~1934)를 창간한 해이기도 하다. 색동회는 출판, 동극, 놀이 등 어린이 문화 전반에 관심을 가졌고, 특징적인 것은 색동회 회원 모두가 동화구연가 활동을 했다는 점이다. 그중에서도 방정환은 제1인자였다(석용원, 1993). 인쇄 매체를 접할 기회가 귀했던 시절에 색동회 회원들이 구연으로 이야기를 들려주는 활동을 함으로써 암울했던 일제 강점기에 어린이의 동심을 지키고 애국정신을 고취하고자 했음을 알 수 있다. 『어린이』지 3호(1923년 5월호)에는 방정환이 동화구연을 시작한 날을 이렇게 기록하고 있다.

그림책으로 재발간된 『바위나리와 아기별』(마해송 글, 정유정 그림, 길벗어린이, 1998)

> **최초의 동화회(童話會)** 9월(1922)의 첫 시일에 방정환을 청하여 동화회를 열었는데, 불쌍한 난파선 이야기에 어린이 어른 할 것 없이 울지 않는 이가 없었다.

이 외에도 방정환은 아동문학가로서 동요 「형제별」을 비롯해 『만년샤쓰』, 『칠칠단의 비밀』 등 여러 작품을 남겼다. 잡지 『어린이』는 동요, 동화, 동화 극본 등 아동문학의 장르를 구분하여 작품을 실어 장르에 대한 분명한 인식을 하였고, 이 무렵 20여 종의 잡지가 생겨나 어린이 잡지 황금기를 이뤘다. 또한 이 시대에는 오천석의 『그림동화』(1925) 등 번안동화가 많았으며 1920년대와 1930년대에는 윤석중, 강소천, 박경종, 김영일 등이 동시·동요집을 발간하였다. 이 무렵 동요 선집이 많았던 것은 1927년에 경성방송국이 라디오 방송을 시작하면서 동요 프로그램이 활발해진 영향도 있었다. 1933년에는 최초의 동시집인 윤석중의 『잃어버린 댕기』가 발간되었다.

(3) 암흑 수난기(1940~1945)

1937년 중일 전쟁 이후 일제의 압박이 심해져 우리 말과 글의 사용을 금지하고 창씨 개명을 강요하고 1940년에는 『조선일보』와 『동아일보』, 『소년조선일보』의 폐간이 단행된다. 이로써 20세기 초반의 신문물의 유입과 일제강점이라는 정치사회적 소용돌이 속에서 문학과 문화를 내세워 일제의 직접적 탄압을 면하고 그 성과를 단행본으로 이어 가던 아동문학계도 진공기에 접어든다.

2) 아동문학운동 시대(1945~1976)

광복 전 아동문학이 우리말과 우리글을 통한 민족주의적 아동문화운동이었다면 광복 후의 아동문학은 본격 문학으로서의 출발을 의미한다.

(1) 광복 혼미기(1945~1950)

광복 후 정치, 경제, 사회 등 모든 분야에 걸친 혼란 상태는 아동문학계에도 영향을 미쳤다. 이 시대는 좌·우익의 대립에 의한 혼미, 전 시대 아동문학의 정리와 결산, 운율 중심의 문학에서 산문 우위로의 교체 등 아동문화운동 시대에서 본격 아동문학운동 시대로 가는 과도기적 형상이 특징적으로 나타났다. 좌·우익 어린이 잡지를 통해 문예물이 발표되는 한편, 앞선 시대에 미처 출간되지 못했던 작품들의 정리 작업도 활발히 일어났다. 이 시기에 나온 책으로는 박영종의 『동시집』(1946), 이원수의 동요동시집 『종달새』(1948), 마해송의 『토끼와 원숭이』(1946), 윤복진의 『별초롱 꽃초롱』(1949), 김영일의 『다람쥐』(1950), 이주홍의 『못난 돼지』(1946) 등이 있는데 마해송과 이원수 등에 의해 장편동화가 탄생하고 김요섭, 박화목, 어효선 등 신인문학가가 등장한 시기이다(김세희, 2000).

(2) 통속 팽창기(1950~1960)

6·25전쟁 이후 정신적 공황을 반영하듯 통속, 대중적인 작품이 양산되었다. 『쌍무지개 뜨는 언덕』(1952) 등 '소년소녀 소설' 이라 불리었던 작품들, 반공 이념을 반영한 어용적 교훈 소설, 악성 만화 등이 그 예이다. 휴전 협정 체결 후 출판이 다시 안정기에 접어들자 세계 명작 선집 출간이 줄을 이었다(한국출판마케팅연구소, 2002).

이런 가운데 마해송, 이원수, 강소천, 이주홍, 김요섭을 중심으로 순수 아동문학을 지향하고자 노력했다. 강소천의 『꽃신』(1953), 『꿈을 찍는 사진관』(1954), 마해송의 『떡배 단배』(1953), 이원수의 『숲 속 나라』(1953), 이주홍의 『아름다운 고향』(1954), 박화목의 『부엉이와 할아버지』(1955), 김요섭의 『깊은 밤 별들이 울리는 종』(1957) 등이 이 시기의 작품들이다(김세희, 2000). 1956년에는 윤석중 등을 중심으로 '새싹회' 가 만들어지고 각종 아동문학 단체의 활동이 활발해지기 시작했다.

(3) 정리 형성기(1960~1976)

1950년대 말기부터 뚜렷한 변모를 보이기 시작한 문단은 4·19의거를 맞으면서 새로운 운동이 일게 되었다. 이러한 움직임의 배경에는 신인의 등장과 문단 풍토의 개선, 동인 중심의 문학 단체 결성, 출판물에 의한 정리 작업, 문학상 제정과 발표 무대의 확장 등이 작용했으며 이 무렵 소천아동문학상(1965), 해송동화상(1967), 세종아동문학상(1969), 한정동아동문학상(1969) 등이 제정되었다(김현희·박상희, 2008). 『새벗』, 『새소년』, 『소년세계』, 『어깨동무』, 『소년 중앙』 등의 아동 잡지들이 앞다투어 창간되어 작가들이 발표할 공간을 넓히는 데 도움이 되었다.

동시 작가로는 1960년대에 신현득, 박경용, 유경환, 조유로, 최계락, 이종기, 김사림, 석용원, 김종상 등이 활약하였으며 동화 쪽으로는 이원수, 마해송, 김요섭, 박홍근 등의 기성 작가 외에 이현주, 조대현, 이준연 등의 신인이 등장했다. 1971년에는 '한국아동문학가협회'와 '한국아동문학회'가 창립되었다. 1970년대 들어서는 동시 쪽에서는 엄기원, 최일한, 이진호 등의 시인들이 대중성을 넓혔고 중반 이후부터는 오순택, 권오삼, 김완기, 김녹촌 등이 감각적인 시를 선보였다. 동화 쪽에서는 역사의식과 현실적 고발의식을 보여 주는 작가들이 등장하는데 이 중 서민적 바탕 위에서 문학 본질을 추구한 권정생의 출현(1969)은 기념할 만하다. 「강아지똥」으로 『기독교교육』에서 공모한 제1회 아동문학상을 수상하면서 등장한 그의 작품 세계는 1996년 「강아지똥」이 그림책(길벗어린이)으로 재탄생되면서 한국적 정서를 대표하는 작가로 자리매김하게 된다. 또 문학 단체의 증가로 이 시기에 잦아진 아동문학 세미나를 통해 중요한 평론이 많이 다뤄졌다. 「주제의식과 사실성」(이원수), 「민족문학으로서의 어린이와 전원」(김요섭), 「아동문학의 전통성과 서민성」(이영호), 「농촌 아동의 시」(이오덕) 외에 이오덕, 이상현, 박경용 간의 치열한 논쟁으로 이상현(1987)은 1970년대의 문학을 '비평 논쟁 시대'라고 특징짓기도 하였다.

3) 아동문학 시대(1976~현재)

(1) 전환 발전기(1976~1988)

1976년에 창간된 『아동문학평론』과 『아동문예』를 통해 신인들이 대거 등장하고 1978년에는 '한국현대아동문학가협회'가 창립되었다. 또한 이 시기는 출판사들이 국내 전문 아동문학가들의 창작집을 발간하기 시작한 때이다. 이 시기의 주요 사항들은 다음과 같다.

① 1977년 이원수의 『꼬마 옥이』를 필두로 나온 '창비아동문고'(창작과비평사)는 여러 가지 점에서 아동문학사에 획을 그은 기획물이다. 전집 판매가 성행하던 1970년대 당시의 관행을 거부하고 낱권 서점 판매 원칙을 고수해 본격적인 단행

본 시대를 열었다. 2002년에 200권을 넘기는 동안 이전까지의 소위 '어린이 책=19세기 이전의 세계 명작' 이라는 도식에서 탈피해 『몽실 언니』(1984), 『오세암』(1985), 『괭이부리말 아이들』(2000) 등 한국적 정서를 담은 작품과 잘 알려지지 않은 외국 동화와 민담, 생태 이야기, 어린이 생활글 등 다양한 내용을 담았다(한국출판마케팅연구소, 2002).

② 1983년 출간되기 시작해서 1984년에 완간된 웅진출판의 『어린이 마을』[3]은 그 이전까지의 '아동문학 출판=저예산, 베끼기, 외국물의 졸속 번역' 이라는 이미지로 얼룩져 있던 아동문학 및 그림책 시장에 획기적인 바람을 몰고 와, 향후 어린이 출판의 풍토를 바꾸는 데 결정적으로 공헌한 책으로 꼽힌다. 우리나라의 사계절과 생활 모습을 달별로 3권(본 책, 어머니 책, 스스로 해 보기)씩 총 36권으로 구성하였고, 뛰어난 그림과 사진, 한국적 정체성이 드러난 모습 등으로 '교과서로 사용해도 좋다' 는 평을 들을 만큼 내용과 일러스트 면에서 신선하고 뛰어났다. 1997년 절판될 때까지 700여만 부가 팔려 나간 이 책은 출판인들이 뽑은 '어린이 출판의 풍토를 바꾸는 데 가장 크게 공헌한 책' 으로 뽑히기도 했다(한국출판마케팅연구소, 2002).

어린이 마을
(웅진출판주식회사, 1983)

③ 1980년에 창립된 '어린이도서연구회' 는 회원들의 자발적 참여만으로 꾸려 온 시민단체이다. 이 단체의 뿌리는 '서울양서협동조합' 이며 초기에는 우리 겨레의 역사와 문화가 담긴 창작 동화 읽기, 낱권 책 사 보기, 새로운 명작 찾아 읽기 등의 운동을 펴다가 1992년부터 회보 『동화 읽는 어른』을 창간하면서 해외 어린이 책도 비평과 분석의 대상에 넣었다. 어린이 책 연구와 비평 활동, 권장 도서 목록 발간, 회보 발간, 책 보내기 운동 등을 꾸준히 하고 있다.

④ 세계 어린이의 해이기도 했던 1979년 문을 연 사직동의 서울시립어린이도서관은 최초의 공공 어린이 전문 도서관이라는 점에서 의의가 크다. 서울시립어린이

3) 『어린이 마을』 본 책 12월호에는 유아용으로 개작되어 축약된 「강아지똥」이 판화 그림과 함께 실려 있는데, '길벗어린이' 출판사에서 그림책으로 발간되기 십이 년 전의 일이다.

도서관은 그 후 2003년 노원어린이도서관(최초의 지방자치단체 설립 도서관)이 개관되기까지 24년 동안 국내 유일의 공공 어린이 도서관으로 명맥을 유지했다.

⑤ 이 시기의 또 하나 특기할 만한 사항은 대형 서점의 출현이다. 1963년 '종로서적'을 필두로 1981년 '교보문고' 등이 문을 열었는데 이는 베스트셀러나 학습 참고서 위주의 군소 서점과는 달리 분야별로 책을 전시해 상점 개념에서 도서관과 같은 문화 공간의 개념으로 획기적인 변신을 가져왔다. 대형 자본의 부각과 소형 서점의 몰락 등 부정적 면이 없지 않았으나 독자의 시야를 넓혀 주고 독서 시장의 확대를 가시적으로 보여 주는 효과가 있었다.

⑥ 1980년대 후반까지도 여전히 아동문학 출판계는 전집이 주를 이루었다. 그 가운데 『그림나라 100』(동화출판공사) 시리즈는 총 60권이 만들어졌는데 순수 미술 영역에서 활동하던 화가와 문단의 중진들이 참여함으로써 예술성을 높이고자 하는 출판계의 흐름을 반영하였다.

(2) 확장 발전기(1988~현재)

1988년은 서울올림픽이 열린 해이자, 류재수의 『백두산 이야기』가 발간된 해이다. 올림픽 이후 문화계와 사회 전반에 걸쳐 '세계화'가 중심 화두가 되면서 아동문학을 둘러싼 환경도 바뀌게 된다. 즉, 세계와 교류하기 위해서 저작권법에 대한 인식을 새로이 하고, 국제적인 도서전에 참가하게 되며, 다른 나라의 성공적인 영아책읽기운동 사례를 받아들이게 된다. 아울러, 외국에서 먼저 시작한 인터넷 서점과 전자책(e-book) 등 통신을 기반으로 한 도서 보급이 국내에도 보급되었다. 이 시기의 주요한 변화는 다음과 같다.

① 출판과 유통 환경의 변화

1991년 방문판매법의 제정으로 전집물 출판이 위축되고, 상대적으로 단행본 창작 그림책에 대한 관심이 높아졌다. 1987년 국내 저작권법이 세계 저작권법을 수용한 이래, 세 차례(1989년, 1994년, 1995년)에 걸쳐 개정됨으로써 국내외 저작물의 무단 복제 출판 관행이 근절되는 계기가 마련되었다(서정숙 · 남규, 2010). 또한 1997년

IMF 구제 금융 사태 이후 인문 사회 과학 분야 출판사들이 어린이 출판에 대거 진출한 것도 그림책을 비롯한 아동 도서 시장이 급신장하는 데 영향을 끼쳤다.

1990년 우리나라 최초의 어린이 서점인 '초방'(대표 신경숙)이 신촌에서 문을 열고 '동화나라' 등 전국에서 어린이 전문 서점이 생겨났다. 어린이 전문 서점은 한 살에서 열 살까지의 어린이들이 읽을 만한 책들과 의자, 음악, 공연, 동화 읽는 어른 모임 장소 등 어린이 문화 운동의 거점을 지향해서 만들어진 곳이었다. 그러나 할인 마트의 서점이나 인터넷 서점이 출현하면서 경영이 급속도로 나빠져 재정 악화로 문을 닫는 곳이 늘어나 현재는 거의 사라지고 있는 실정이다. 어린이 전문 서점은 '어린이도서연구회'에서 시작된 '좋은책읽기운동'과 맥을 같이 하는 '독서문화운동' 기지로서 기여했고, 골목 골목 유아 도서와 그림책에 대한 관심을 불러일으키는 데 기여했다.

② 세계와의 교류: 우수 그림책의 본격 도입과 KBBY

1993년 버지니아 리 버튼의 『작은 집 이야기』로 시작된 시공주니어의 '네버랜드 픽처북' 시리즈는 우수 해외 그림책의 본격적인 도입의 신호탄이 되었다. 이 시리즈는 그간의 '졸속 번역, 무단 복제'라는 번역 그림책 출판의 관행을 바꿔 놓았다. 철저한 저작권 계약과 원본의 형태를 살리기 위한 다양한 판형의 유지, 전문 번역가의 번역, 원판 필름 도입에 의한 선명한 일러스트, 작가 및 작품에 대한 안내 페이지 등 기존의 번안 그림책과는 큰 차이가 있었다(한국출판마케팅연구소, 2002). 이는 곧 독자의 신뢰로 이어졌고 브랜드 이미지로 굳혀졌다. 이보다 앞서 한림출판사를 중심으로 『달님 안녕』(1988), 『구두 구두 걸어라』(1990), 『이슬이의 첫 심부름』(1991), 『구리와 구라의 빵 만들기』(1994) 등 다수의 일본 그림책이 국내에 소개되었다.

1995년은 한국 그림책이 세계 속으로 한 걸음 나아간 해로 기억될 만하다. 국제아동도서협의회(IBBY: International Board on Books for Young People)의 한국지부인 국제아동도서협의회한국위원회(KBBY)가 조직되고 삼성어린이박물관이 주최하고 KBBY와 IBBY 프랑스 지부가 후원하는 가운데 1995년 파리 퐁피두센터에서 한국 어린이 그림책 전시회가 열렸다. 한국은 IBBY 총회에 1996년부터 참가하고,

매년 4월 이탈리아 볼로냐에서 열리는 국제 어린이 도서전에 1997년부터 부스를 설치하고 참가하기 시작했다.

1995 한국 그림책 전시회 포스터

2013 볼로냐 아동도서전 전경과 전시회장 안의 한국 부스

③ 전문가 집단의 등장

1990년대 들어 다양한 연령을 대상으로 하는 수준 높은 그림책이 들어오면서, 그림책 제작과 관련한 전문가 집단의 필요성이 높아졌다. 외국 그림책을 선별하고 번역하고 알리는 일, 우리 그림책을 그리고 쓰고 만들고 디자인 하는 일, 연령에 적합한 그림책을 선별하여 유아교육 현장에 적용하는 방법론 등을 고민하는 전문가 집단들이 등장하게 된 것이다. 유아문학은 성인문학과는 달리 발달심리학, 문학, 올바른 가치관을 지닌 작가와 뛰어난 일러스트레이터 등 집단 작업을 필요로 하는 경우가 많아 본격적인 기획 집단도 생겨나게 되었다. 1988년 출범한 보리기획은 『올챙이 그림책』(전 60권, 웅진출판), 『달팽이 과학동화』(전 50권, 웅진출판)를 펴낸 본격 기획 집단으로 손꼽힌다. 1990년대 초반부터 어린이책 기획 집단은 꾸준히 늘어나 '햇살과 나무꾼' (1992)은 좋은 외국 어린이책을 찾아내 번역하는 일, '우리누리' (1993)는 지식 정보책, '보물섬' 은 영 · 유아 그림책, '재미마주' (1996)는 상상력과 독특한 그림으로, '도토리' (1996)는 세밀화 시리즈 등 각각 고유한 특성을 보

여 주고 있다(한국출판마케팅연구소, 2002). 이러한 기획 집단의 대두는 우리나라 유아 그림책의 전문성과 품질을 뒷받침해 주는 증거라고 볼 수 있다. 이 중 초방, 보리, 재미마주 등은 출판사로까지 영역을 확대한 경우이다.

1990년대 말부터 발간된 『Illust』(1997), 『꿀밤나무』(1999), 『그림책 상상』(2008) 등의 그림책 전문 연구지는 그림책 분야에서 전문성을 추구하는 움직임이 강해졌음을 단적으로 보여 준다. 비록 장기간 지속적으로 발행된 경우는 드물지만, 이러한 그림책 전문 잡지의 출현은 그림책에 대한 우리 사회의 관심이 그만큼 높아졌음을 시사한다. 그림책 전문 잡지들은 『창비어린이』, 『동화읽는가족』, 『열린어린이』 등 아동문학 종합 비평 및 정보지와 더불어 우리 그림책의 수준을 높이는 데 기여하였다. 그림책의 일러스트를 대상으로 하는 상도 생겨났는데 대한출판문화협회가 주는 한국어린이도서상(1980~), 비룡소 출판사의 황금도깨비상(1992~), 보림 창작그림책 공모전(2000~) 등이 대표적이다.

한편 유아문학, 아동문학을 연구하는 전문학회도 생겨났다. 1995년 대학의 유아교육과나 아동학과에서 유아문학이나 아동문학을 강의하는 교수와 강사 및 대학원 석 · 박사과정 학생들이 모여 '한국어린이문학교육연구회' 를 만들었다. 이 모임은 2000년에 '한국어린이문학교육학회' 로 승격되었고(김세희, 2000), 그림책과 어린이 문학 교육 제반에 걸쳐 이론과 실제에 대한 연구를 하고 있다. 2003년에는 한국어린이문학교육학회의 '독서치료' 분과가 독립 · 확대되어 '한국독서치료학회' 가 발족되었다.

④ 창작 그림책의 보급: 역량 있는 전문 작가군의 등장

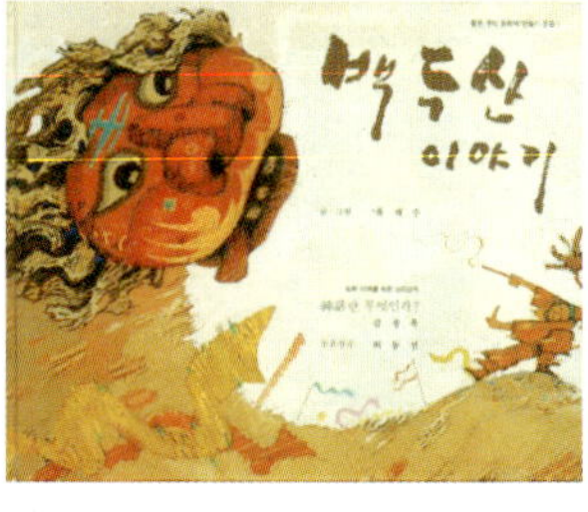
백두산 이야기
(류재수 지음, 보림, 2009)

그림책 작가 1세대라 불리는 이우경(1922~1998), 홍성찬(1929~)에 이어 1990년대를 전후해 류재수, 정승각, 이억배, 유애로, 한병호, 이영경, 이호백 등 독특한 개성을 지닌 그림책 작가들이 두각을 나타내기 시작했다(김세희, 2000). 류재수는 『백두산 이야기』(통나무, 1988)로 한국 그림책의 새 지평을 열었다는 평을 받고 있으며 『자장자장 엄마 품에』(1994), 『노란 우산』(2001) 등 연이어 개성이 강한 독특한 화풍을 보였다. 정승각은 『까막나라에서 온 삽사리』(1994), 『강아지똥』(1996), 『오소리네 꽃밭』(1997), 『황소 아저씨』(2001) 등을 통해 한국적 정서를 그림으로 잘 나타낸 작가로 꼽힌다. 특히 『강아지똥』은 원래 아동용 동화로 발표되었다가, 1996년에 유아도 볼 수 있는 그림책으로 재탄생되면서 국내 창작 그림책의 스테디셀러로 자리 잡았다. 이 같은 과정은 유아용 그림책에 대한 시대적 요구를 반영한 것이라 볼 수 있다. 이억배는 목판화로 출발하여 1990년대 이후 그림책에 몰두하였다. 『반쪽이』(1997), 『솔이의 추석 이야기』(1995), 『세상에서 제일 힘센 수탉』(1997), 『손 큰 할머니의 만두 만들기』(2001) 등 한국의 민화를 떠올리게 하는 기법과 색감으로 해외에서도 한국적인 일러스트의 예가 되고 있다. 유애로는 『갯벌이 좋아요』(1995), 『쪽빛을 찾아서』(1996), 『개구리네 한 솥밥』(2001) 등을 그렸으며, 도깨비의 작가 한병호는 『무엇이 무엇이 똑같을까?』(1998), 『꼬꼬댁 꼬꼬는 무서워』(2001), 『새가 되고 싶어』(2005), 『수달이 오던 날』(2012) 등에서 일러스트레이터로서의 넓은 스펙트럼을 보여 주었다. 이영경은 『아씨방 일곱 동무』(1998), 『넉 점 반』(2004) 등으로 한국적인 색채와 회화를 선보이고 있으며, 이호백은 『도대체 그동안 무슨 일이 일어났을까?』(2001)를 그렸다.

2000년대 들어서는 창의적인 시도를 하는 신진 작가들의 활동이 두드러졌다. 이혜리는 『비가 오는 날에…』(2001), 『우리 집에는 괴물이 우글우글』(2005), 『달려』(2009) 등에서 흑백 드로잉으로 창의적인 아이디어를 극대화하였다. 최숙희는 『팥죽 할머니와 호랑이』(1997), 『열두 띠 동물 까꿍 놀이』(2003)에서 민화풍의 그림으로 동물들을 친근하게 표현하였으며, 『누구 그림자일까?』(2000), 『괜찮아』(2005)처럼 간결하지만 강한 흡인력이 있는 주제와 문체, 개성 있는 그림 스타일을 보여 준다. 백희나는 히트작 『구름빵』(2004)과 『팥죽 할멈과 호랑이』(2006), 『분홍줄』(2007), 『달 샤베트』(2010) 등 일련의 작품에서 보듯이 따뜻한 유머와 창의적인 기법을 다양하게 구사한다.

구름빵
(백희나 글, 김향수 사진, 한솔수북, 2004)

(3) 21세기 한국 그림책의 현재와 미래

급변하는 21세기에 한국 그림책의 미래는 어떠할까? '다양성의 증가, 장르와 연령의 파괴, 첨단 매체와 기술의 발달, 상업주의의 확산' 등 세계적 추세는 마찬가지이지만, 본격 그림책의 역사가 이십여 년 정도에 불과한 우리나라는 서양에 비해 더 많은 역동성과 가능성을 갖고 있다.

① 도서관의 증가

2003년에는 두 번째 공공 어린이 전문 도서관인 '노원어린이도서관'이 문을 열었다. 또 지방자치제가 확대 실시되면서 주민센터나 새마을금고 등 다양한 공간에 작은 도서관들이 생겨나 지역 주민들의 문화적 공간으로 거듭나게 되었다. 특히 2003년은 도서관운동 역사에서 기념할 만한 해이다. '책읽는사회만들기 국민운동'이라는 시민단체와 방송사, 대형 서점이 공동으로 사업을 벌여 그 결과로 1호관 '순천 기적의 도서관'이 문을 열었다. 순천을 비롯해 여러 곳에 세워진 '기적의 도서관'[4]은 기존의 네모난 콘크리트 건물에서 벗어나 독특한 외관, 실내와 실외의 소통, 아기자기하고 정감 있는 내부 구조 등 도서관 건축의 새로운 모델을 제시하였다. 뿐만 아니라 운영 면에서도 민·관 협조 체제로 새로운 도서관 시스템을 선보였고, 내용 면에서도 새로운 시도를 많이 하였다. 북스타트, 지역 특성을 살린 참신한 프로그램, 찾아가는 이동도서관 그림책 버스인 '파란 달구지'[5], 자원봉사자의 장기적 육성과 적극적 활동 등이 그 예이다. 특히 2008년 개관한 순천 기적의 도서관 별관인 '그림책 박물관'에는 희귀본과 함께 해외에 판권이 팔린 한국 책들이 한데 전시돼 있어 한국 그림책의 발전상을 한눈에 볼 수 있다.

순천 기적의 도서관

4) 2013년 현재, 12번째 기적의 도서관인 서울 도봉 기적의 도서관이 건립 중이다.

5) '순천 기적의 도서관'의 이동도서관 버스 '파란 달구지'는 한병호, 박철민, 고광삼 등 5명의 작가가 외관을 그렸다.

그림책 박물관

파란 달구지

2006년 6월 28일에는 국립어린이청소년도서관이 개관되었다. 과거 학위논문관이었던 이곳은 전국 공공도서관의 어린이·청소년 대상 독서 관련 활동을 지원할 뿐만 아니라, 다양한 전시와 교육 프로그램 및 자료 개발, 국내외 사서 교육 등 아동 청소년 독서문화를 진흥시키기 위한 다각적인 시도를 하는 대표 도서관이다. 국가 차원의 어린이·청소년도서관이 설립되었다는 것은 우리 사회가 그만큼 아동 및 청소년기 독서 활동의 중요성에 대해 인식하게 되었음을 뜻한다. 또 2010년부터 해마다 이뤄지고 있는 아세안 국가 사서교육은 우리나라 도서관의 국제적 위상을 한눈에 보여 준다고 할 것이다.

국립어린이청소년도서관 전경

2010 아세안 국가 사서 교육 자료집

② 영아 그림책에 대한 관심 증가와 책놀이의 등장

국내에서 영아 그림책에 대한 관심은 잡지에서 먼저 나타나기 시작했다. 『엄마랑 아기랑』(1976~1999, 샘터), 『자연과 어린이』(1984~1998, 국민서관) 등 잡지에서 시작된 영유아용 도서에 대한 관심은 1985년 웅진출판사의 『꾸러기 곰돌이』(전 15권), 예림당의 『베이비퍼스트북』(전 3권) 등이 나오면서 가시화되기 시작했고, 2003년 국내에서 북스타트 운동[6]이 시작되면서 영아 그림책에 대한 관심과 요구가 크게 증가하였다.

북스타트 운동은 1992년 영국에서 시작되어 일본, 대만, 독일 등지로 확대되었으며 아기 때부터 책을 읽어 주자는 운동이다. 북스타트에 참가해 영아 때부터 책 읽기를 경험한 아동들은, 초등학령기에 언어뿐만 아니라 인지, 정서, 사회적 발달 등 모든 영역에서 우수한 발달을 보였다(Cooling, 2003). 한국에서도 '북스타트 한국위원회' (Bookstart Korea)가 결성되어 2003년 서울시 중랑구를 필두로, 전국의 지방자치단체와 도서관 등지에서 북스타트 프로그램을 활발히 시행하고 있다('책읽는사회만들기 국민운동' (www.bookreader.or.kr 〉 북스타트). 한국의 북스타트는 '아가는 책을 좋아해요' 라는 캐치프레이즈 아래 '사회적 육아 지원 운동, 아가들이 책과 친해지는 방법, 아가와 양육자의 친교를 위한 소통 수단, 아가 양육의 좋은 방법, 지역사회의 문화복지 향상, 평생교육의 출발점' 등을 주요 의미로 삼는다. 북스타트 사업 초기에는 책자 배부 사업에 초점을 맞추었으나 점차 책 읽는 방법, 책 놀이 방법의 보급, 찾아가는 북스타트 등으로 폭이 넓어졌다. 현재는 영아를 위한 북스타트뿐만 아니라 만 3세 정도까지의 '북스타트 플러스', 만 3세 이상을 대상으로 한 '보물상자' 등 연령층이 확대되고 있다.

북스타트가 아동문학계에 미친 가장 큰 영향은, 영아라는 새로운 독자층을 부각시켰다는 점이다. 영아 독자가 등장하면서 전통적인 종이책뿐만 아니라 헝겊책, 플랩 북 등 놀잇감 같은 다양한 형태의 책들이 증가했고, 문학 활동 측면에서도 유아나 초등 아동과는 다른 책 읽기와 책놀이[7]의 필요성을 불러일으켰다.

---

6) 2003년 서울 중랑구 보건소를 시작으로 북스타트 운동이 시작되었다.

7) 책놀이는 '제10장 그림책을 활용한 수업 설계' 참조

북스타트 꾸러미

북스타트 차량

책놀이 행사

③ 책 읽어 주기, 스토리텔링에 대한 관심 증가

21세기에 들어와 책 읽어 주기에 대한 관심이 더욱 높아져, 글자를 모르는 영유아뿐만 아니라 초등 이상의 아동 및 어른에게로까지 대상이 확대되고 있다. 국립어린이청소년도서관에서는 2009년과 2011년에 걸쳐『어린이 담당 사서를 위한 스토리텔링 매뉴얼』을 발간하여 책 읽어 주는 방법과 독후 활동을 함께 상세히 실었다. 2013년부터는 초등 교과서의 스토리텔링[8] 비중이 높아지고, '다독이 지원단'[9] 등 학부모 스토리텔러 모임이 증가하였다. 2010년 한국간행물윤리위원회(현, 출판문화산업진흥원)가 주관한 '어르신들에게 책 읽어 드리는 북스카우트' 프로그램은 노인을 위한 책 읽어 주기 운동의 예이다.

노인 대상
책 읽어 주기 프로그램
'북스카우트'

④ 정보그림책 및 다문화 그림책에 대한 관심 증가

1990년대에는 국내 창작 그림책 분야에서 의미 있는 시도들이 있었다. 보리출판사의 '세밀화 그림책 시리즈'는 한국의 자연을 대상으로 한 정보그림책의 새 지평을 열었다. 1994년에는 보림출판사에서 화가가 직접 쓰고 그린『연필과 크레용』(전

---

8) '스토리텔링'은 '책 읽어 주기'뿐만 아니라, 넓은 뜻으로 쓰일 때는 '이야기 구성하기', '이야기 전달하기'의 뜻도 지니고 있다. '제6장 스토리텔링의 이해와 적용' 참조

9) 2013년 서울특별시 서부교육청 산하 초등학교에서 조직된 책 읽어 주기 학부모 모임

25권)으로 단행본의 가능성을 시도했고, 1995년부터 한국 전통 문화를 소재로 한 『솔거나라』 시리즈를 선보였다. 정보책에 대한 수요는 1990년대 후반부터 급증한 다문화가정의 여파로 더욱 늘어났다. 최근에는 『꼬마 다글리』(아람), 『땅. 별. 그림. 책』(보림), 『색동다리』(정인) 등 다문화 이해 교육을 위한 정보그림책 및 이야기책 발간이 늘고 있다.

⑤ 옛이야기와 전통적인 소재에 대한 관심 증가

1990년대 후반부터 동일한 내용의 옛이야기가 여러 출판사에서 출간되는 예가 늘고 있다(예: '팥죽 할멈과 호랑이', '우렁각시'). 이 같은 현상은 여러 가지 의미를 함축하고 있다. 우선 재미있는 전래동화는 후대의 글 작가와 그림 작가에 의해 끊임없이 재해석될 수 있는 문화유산이라는 것을 보여 준다. 또 다문화사회로 갈수록 한편으로는 한국적인 문화 정체성에 대한 관심이 커져 전통 소재에 대한 관심이 높아짐을 알 수 있다. 그리고 같은 내용의 그림책이 많아진다는 것은 그만큼 다양한 개성의 일러스트가 등장하고 전문화되고 있다는 반증으로도 볼 수 있다. 현재, 옛이야기 그림책은 외국으로도 수출되어 한국문화를 알리는 매개체가 되고 있다.

팥죽 할멈과 호랑이
(서정오 글, 박경진 그림, 보리, 1997)

팥죽 할머니와 호랑이
(조대인 글, 최숙희 그림, 보림, 1997)

팥죽 할멈과 호랑이
(조호상 글, 윤미숙 그림, 웅진씽크빅, 2003)

팥죽 할멈과 호랑이
(박윤규 글, 백희나 그림, 시공주니어, 2006)

『바리공주』(김승희 글, 최정인 그림, 비룡소, 2006) 한국어 원본과 외국어 번역본

⑥ 전자책 출판의 증가

2011년 미국의 2위 서점인 보더스가 파산했을 때, 파산 요인 중의 하나를 'e 리더 단말기 혁명'으로 꼽았다(최종수, 2013). 그런가 하면, 초등학교를 시작으로 디지털 교과서가 개발될 예정이라고 한다(조미현, 2013). 하지만, 유아문학 활동에서 전자책의 역할은 학령기나 성인의 그것과는 다를 것으로 보인다. 영유아기는 발달 단계상 감각운동기 및 전조작기에 해당하므로 오감각을 더욱 많이 사용하는 독서 매체가 바람직하기 때문이다.

종이책은 촉각을 이용해 만지고 후각으로 냄새 맡을 수 있으며, 별도의 에너지원 없이도 언제나 다시 볼 수 있다. 또 전자 화면에 비해 가독성이 뛰어나고, 책장과 책장 간의 시간적, 공간적 간격이 있어서 생각하는 독서 경험을 제공한다. 어려서부터 스마트폰 등 전자기기에 노출되는 것이 현대 유아의 일상적 환경이지만, 아무리 문명이 발달해도 신생아가 걷기부터 배울 수 없는 것처럼 종이책이 갖는 가치는 앞으로도 지속될 전망이다.

세계 속의 한국 그림책

- 1990년대 이전까지 한국 그림책이 외국에 알려지는 경우는 해외 동포가 모국을 알기 위해서 갖고 나가거나 한국 전래동화의 외국어 번역판 정도였다. 그러나 류재수의 『백두산 이야기』(1988)가 『산이 된 거인』(1990)이란 제목으로 일본에서 출간된 것을 기점으로 한국의 그림책도 세계 속으로 나아가기 시작했다.

- 세계적인 그림책 상을 받는 경우도 증가하고 있다. BIB(브라티슬라바 국제 일러스트레이션 비엔날레)에 선정된 그림책으로는 『세상에서 제일 힘센 수탉』(1997), 『새가 되고 싶어』(2005) 등이 있고, 뉴욕타임스지 선정 우수 그림책에는 『노란 우산』(2002)을 필두로, 『도대체 그 동안 무슨 일이 일어났을까?』(2003), 『파도야 놀자』(2008), 『마녀만이 날 수 있어요(Only a witch can fly)』(2009) 등이 있다. 이 중 『노란 우산』은 국제어린이도서협의회(IBBY) 통산 50년 세계의 우수 그림책 40권' 에 뽑히기까지 했다.

- 볼로냐아동도서전에서 수상한 작품으로는 『팥죽 할멈과 호랑이』(웅진), 『지하철은 달려온다』를 비롯해 다수 작품이 있으며, 2011년과 2013년에는 논픽션 부문과 픽션 부문에서 각각 『마음의 집』, 『눈』이 대상을 받기도 했다. 폴란드 작가 이보나 흐미엘레프스카는 두 책의 일러스트를 맡았는데, 한 출판사(창비)에서 같은 작가가 2회 수상하는 진기록을 수립하였다. 최근에는 유태은 작가처럼 아예 창작 작업 자체를 외국에서 하면서 세계적으로 활동하는 일러스트레이터들도 등장하고 있다.

노란 우산
(류재수 저, 신동일 작곡,
2007, 보림)

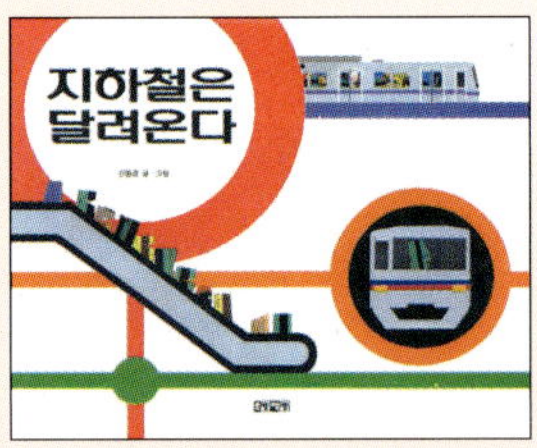

지하철은 달려온다
(신동준 글 · 그림,
초방책방, 2003)

파도야 놀자
(이수지 글 · 그림,
비룡소, 2009)

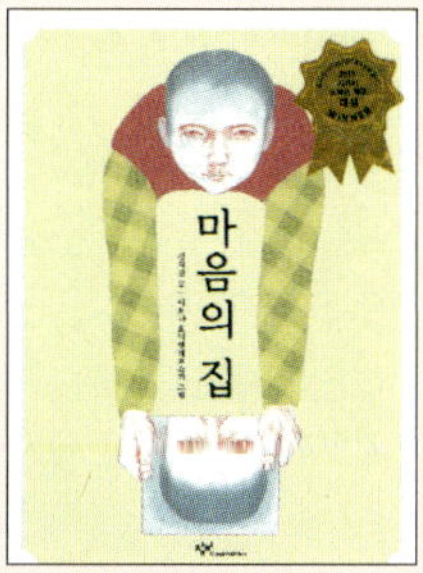

마음의 집
(김희경 글, 이보나 흐미엘레프스카 그림,
창비, 2010)

눈
(이보나 흐미엘레프스카 글·그림,
이지원 옮김, 창비, 2012)

저작권 수출 그림책 전시회(율목도서관 2012년 독서의 달 기념 전시)

『강아지똥』 변천사

『강아지똥』은 원래 아동용 동화로 세상에 나온 작품이었다. 1969년 당시 경북 안동군 일직면의 일직교회 주일학교 교사였던 권정생이 『기독교교육』 주최 제1회 기독교아동문학상 동화 부문에 응모하였던 작품으로 1980년대까지는 아동용 단편동화 묶음집의 일부로만 발표되었다(세종문화사, 1974; 『똘배가 보고 온 달나라』, 창비문고, 1977; 『오물덩이처럼 뒹굴면서』, 종로서적, 1986). 1984년에는 판화 삽화와 함께 간결한 문체로 개작되어 『어린이마을』 12월호에 실리기도 했다.

『강아지똥』이 작품성과 대중성 면에서 명실상부하게 한국을 대표하는 아동문학 작품이 된 것은 1996년 단행본 그림책(길벗어린이)으로 출간되면서부터라고 할 수 있다. 정승각의 그림과 간결한 구어체로 거듭난 이 책은 초등학교 1학년 읽기 교과서 수록(2000)에 이어 연극, 비디오, 클레이애니메이션(2002) 등 다매체로 만들어졌고, 일본, 대만, 중국, 스위스 등으로 저작권이 수출되었다.

문학사적으로도 이 작품이 갖는 의미는 크다. 문학평론가 이재복은 한국의 아동문학을 『강아지똥』 이전과 이후로 나누기까지 했는데, 아동문학이 『강아지똥』에 이르러 비로소 전 시대의 '서양의 왕자, 공주에 대한 환상 위주의 번역물'에서 벗어나 소재와 주제 면에서 한국적 아동문학의 가능성을 모색하기 시작했다고 보았다. 또 『강아지똥』이라는 작품의 변천사를 통해서 한국 아동문학의 주요한 흐름을 읽을 수 있다.

즉, 한 작품이 아동용 동화에 머물지 않고 그림책으로 출간됨으로써 본격 유아문학의 출현을 알렸고, 문학작품의 다매체화, 글로벌화 등을 보여 준 대표적 예이다.

원본이 발표된 잡지(1969)

단행본 그림책
(권정생 글, 정승각 그림, 길벗어린이, 1996)

일본판(2001)

대만판(2005)

스위스(프랑스어)판(2006)

중국판(2012)

연구 문제

1. 아동문학사에서 방정환이 지니는 의미는 무엇인가?
2. 『강아지똥』 작품의 변천 과정은 어떠한가?
3. 한국적인 소재의 그림책 한 권을 고르고 그 이유를 설명해 보자.
4. 전자책과 종이 그림책의 특성을 비교하여 설명해 보자.
5. 전집에 묶여 있는 우수 그림책의 예를 들고 그 문제점을 논해 보자.
6. 한국의 아동문학상에 대해 조사하고 발표해 보자.

제 3 장

아동 발달과 아동문학

유아가 이해할 수 있고 즐길 만한 그림책을 고르려면 우선 그 시기 유아의 일반적 발달 특성을 알 필요가 있다. 문학 활동 전개 면에서도 유아들이 몰입하고 참여하게 하려면 발달적 지식이 기초가 된다. 대표적인 발달 이론과 그에 따른 그림책 선택 및 활용을 위한 시사점을 정리해 보면 다음과 같다.

1. 인지 발달과 유아문학

대표적 인지 발달 이론가 피아제(Piaget)의 발달 단계를 중심으로 문학과의 관계성을 살펴보기로 한다. 피아제는 유아가 자신을 둘러싼 환경에 대해 수동적으로 정보를 받아들이기보다는 능동적 주체가 되어 환경을 탐색하고 재구성함으로써 사고가 발달해 간다고 보았으며 다음과 같은 발달 단계를 거친다고 보았다.

1) 감각운동기(0~2세)

감각기관과 운동 능력을 통해 세계를 탐색하고 대상영속성이 생겨나는 시기이다. 이 시기의 도서는 영아가 물고 빨고 만지고 냄새 맡을 수 있는, 그 자체가 장난감의 역할을 할 수 있도록 안전성과 감각적 요소를 갖춘 책이 적합하다. 안전성 면에서는 인쇄 잉크의 유해성 여부, 책 제본, 모서리, 무게 등을 고려해야 하고, 감각적 요소 면에서는 촉감, 소리, 그림 등이 영아의 호기심을 끌 만큼 충분히 매력적인지 살펴보아야 하며, 물리적 상호작용 면에서는 쥐고, 펴고, 올라타고, 세우는 등의 조작이 가능한지 살펴보아야 한다.

시각적인 면에서는 출생 후 3~4개월이 되어야 응시가 가능하므로 신생아기에는 큰 그림이나 대조적 색상의 패턴이 소개된 초점 그림책(예: 『시각훈련그림책-패턴』)이 적당하다. 영아의 지각에 관한 연구에서 가장 많이 다루어지는 소재는 인간의 얼굴이다. 연구에 의하면, 영아는 1개월에는 턱과 머리 위 두 지점 등 윤곽을 보다가, 2개월이 되면 입과 눈 등 얼굴의 세밀한 부분을 오랫동안 바라본다. 또한 청각적인 면에서 신생아는 소음보다는 인간의 소리에 민감하고, 낯선 여성의 목소리보다는 어머니의 소리를 선호한다(Santrock. J. W. 2006). 이러한 사실은 영아가 사회적 상호작용의 중요한 신호로서 사람의 얼굴과 눈의 의미를 인식한다는 것, 생존과 관련해 거의 반사적으로 어머니를 기억하고 있음을 시사한다. 이는 책을 보여 주거나 이야기를 들려주는 영아기 문학 활동에 있어서 어머니나 주 양육자의 '체온이 느껴지는 온정적 참여'가 필수적임을 알려 준다.

10~12개월경에는 눈앞에서 사라진 물건을 찾아내는 대상연속성(obeject permance) 개념이 형성되기 시작하는데, 이때는 까꿍 놀이를 소재로 한 그림책(예: 『열두 띠 동물 까꿍 놀이』)이 어울린다. 이 시기에는 또 촉각을 발달시켜 주는 촉감책(예: 「보들보들 까끌까끌」 『뜨레풀 책놀이 1』), 뚜껑을 들춰 보는 재미가 있는 플랩북(예: 『친구를 보내 주세요』), 신체 부위나 일상생활을 소재로 한 반복이 많은 짧은 동화(예: 『내 배꼽 보았니?』, 『구두 구두 걸어라』, 『달님 안녕』, 『싹싹싹』, 『손이 나왔네』)가 적절하다.

달님 안녕
(하야시 아키코 글·그림,
한림출판사, 1990)

열두 띠 동물 까꿍 놀이
(최숙희 지음, 보림, 2003)

싹싹싹
(하야시 아키코 글·그림,
한림출판사, 1988)

어떻게 하면 좋지?
(와타나베 시게오 글,
오오토모 야스오 그림,
김숙 옮김, 북뱅크, 2001)

2) 전조작기(2~7세)

이 시기는 눈에 보이는 지각적 속성에 의해 판단하고 자기중심적, 물활론적, 실재론적 사고가 특징이며 상징적 사고 기능이 발달하여 가상놀이를 즐긴다. 또한 언어가 급속도로 발달하는 시기이기도 하다. 이때는 탐색을 격려할 수 있는 개념 정보책, 반복과 운율이 있는 책, 단순한 구조의 환상그림책이 이야기 감각을 발달시키고 상상력을 키워 준다. 가치관이 형성되고 도덕 개념 발달이 시작되는 만 5세 무렵에는 전래 동화가 도움이 된다.

전조작기는 두 단계로 나뉘는데, 첫 번째는 2세부터 4세까지의 전개념적 사고기이다. 이때는 외적 기준에 의해서만 판단하려 하고 물활론적 사고가 강하다. 물활론적 사고는 주위의 모든 사물에게 생명과 감정을 부여하는 것을 말하며 유아들이 동물이나 장난감이 의인화된 환상동화나 전래 동화에 심취하고 좋아하는 이유가 되기도 한다. 전개념적 사고란 어떤 대상이나 사물에 대한 개념이 형성되기 전 사고 단계로 유아에게 '토끼가 무엇이냐' 고 물으면 대답이 '토끼는 동물이다' 등의 개념적인 규정보다는 '토끼는 털이 하얗다' 는 식으로 설명하거나 뛰는 모습을 흉내낸다(고문숙 · 임영심, 1999). 따라서 이 시기의 유아들은 그림책을 읽고 여러 가지 표상방법을 사용하여 반응할 수 있도록 도와주는 것이 좋다.

피아제는 4~5세경이 되면 유아들은 초보적인 수 세기와 일대일 대응, 분류, 서

열화가 가능하지만 반응에 일관성은 없다고 보았다. 그러나 최근의 연구들에서는 유아들의 수학적 능력이 피아제가 제시했던 것보다는 높은 것으로 보고되고 있다. 수와 관련해서는 기호로서의 숫자보다는 수 개념을 흥미 있게 익힐 수 있는 책이 좋다(예: 『아기 양 울리의 산책』, 『앵무새 열 마리』).

4세 이후부터는 직관적 사고 단계에 접어드는데, 이 시기의 유아들은 논리적이거나 이성적인 사고가 아닌 직관적인 판단을 한다. 이 시기에 꿈을 꾼 것이 실제라고 생각하는 실재론적 사고도 직관적 사고에 근거하기 때문이다. 직관적 사고를 하는 유아들은 자기중심적 특성으로 인해 더욱 한정된 사고를 하는데 자신의 관점에서만 세상을 인식하게 된다. 이러한 사고는 다른 사람과 부딪히고 사건을 경험하면서 탈중심화의 과정을 거치는데 이때 나와 다른 상대의 관점이 드러나는 동화, 다른 가치관이나 다양한 문화적 배경과 인물들이 그려져 있는 동화가 적합하다(예: 「도깨비 귀」『뜨레풀 책놀이 6』, 『아기 오리들한테 길을 비켜 주세요』, 『수호의 하얀 말』 등). 이 시기 유아들은 더욱 복잡한 이야기에 흥미를 가지며 환상동화와 더불어 사실동화, 정보책 등을 다양하게 접하면 탈중심화, 타인의 감정 이해, 환상과 실재를 구별하는 데 도움이 될 것이다. 가령, 모리스 샌닥의 『괴물들이 사는 나라』는 실생활과 환상이 적절히 배합되어 있는데 엄마에게 혼나는 장면이나 따뜻한 스프는 실제를, 괴물나라로의 여행은 주인공 맥스와 동일시되어 환상 속에서 억압당한 내면의 심리를 분출할 수 있게 도와준다. 「몽글몽글 따끔따끔」(『뜨레풀 책놀이 6』)에는 동생이 생기고 나서 갖는 유아의 상실감과 문제 해결 과정이 잘 드러나 있다.

도깨비 귀
(한선예 글, 이파란 그림, 동심, 2009)

| 표 3-1 | 피아제의 인지 발달 단계와 그림책 활용에 대한 시사점

단 계	주요한 발달적 특성	그림책 선택 및 활용을 위한 시사점
감각운동기 (0~2세)	• 오감각이 발달한다. • 기기, 걷기, 뛰기 등 이동 동작과 비이동 동작, 조작 기술 등 기본적 운동 기능을 습득한다. • 대상영속성 개념이 형성된다. • 배변 훈련이 완료된다.	• 만지고 냄새 맡고 먹어 보는 등의 감각 활동에 대한 안전성 있는 판지 제본의 책 • 놀이를 내용으로 한 책
전조작기 (2~7세)	• 눈에 보이는 지각적 속성에 의해 판단 • 상징적 사고 기능의 발달(가상놀이) • 언어 능력의 급속한 발달 • 자기중심적 사고 • 물활론적 사고 • 실재론적 사고 • 초보적 수 세기, 서열 개념 형성	• 탐색을 격려할 수 있는 개념 정보책 • 단순한 구조의 환상그림책 • 반복과 운율이 있는 책(발현적 문해) • 간단한 줄거리에 시간적 경과가 예시된 책 • 타인의 관점을 고려해 볼 수 있는 소재의 책 • 수를 흥미 있게 탐색할 수 있는 책
구체적 조작기 (7~11세)	• 가역적 사고, 보존 개념 획득 • 논리적 문제 해결 가능 • 탈중심화 • 도덕적 양심의 발달	• 사회적 문제(예 장애, 따돌림)를 다룬 책 • 시간과 공간적 배경을 달리 하는 전기문 • 다양한 정보책과 사실동화, 환상동화

자기중심적 사고, 실재론적 사고와 더불어 물활론(animism)적 사고는 전조작기 사고의 대표적 특징으로 알려져 있다. 물활론은 말 그대로 무생물도 살아 있으며 자신처럼 감정과 의도를 가지고 있다고 보는 것인데 그러나 이 이론을 무조건 '전조작기=물활론'으로 생각해 모든 유아에게 대입하면 곤란하다.

물활론적 사고에도 발달 단계가 있다. 피아제에 의하면 첫 단계는 유아 초기로 사람에게 영향을 주는 것은 무엇이든 살아 있다고 보는 것이고, 다음 단계인 4~6세 유아들의 경우는 움직이는 모든 것들은 살아 있다고 보는 것이다. 가령, 나무는 장소를 바꿔 가며 움직일 수 없으므로 물활론적 사고의 대상이 되지 않는다는 것이다. 세 번째 단계인 6~8세경에는 스스로 움직이는 것, 즉 해, 구름, 강물, 바람 등은 살아 있다고 보지만 자동차는 스스로 움직일 수 없으므로 생명이 없다고 본다는 것이다.

최근의 연구들 중에는 '유아가 모든 대상물에 대해 물활론적 사고를 하는 것은 아니다'라는 연구 결과들도 있다. 벌록(Bullock, 1985)은 유아가 관찰할 기회가 없었던 대상은 살아 있다고 생각하지만, 만 3세 유아도 친숙한 로봇이나 동물 인형은 살아 있지 않다는 것을 안다고 보고했다.

3) 구체적 조작기(7~11세)

탈중심화가 이루어지고 가역적 사고, 보존 개념이 생겨서 논리적 문제 해결이 가능하고 도덕적 양심이 발달하는 시기이다. 이 시기에는 사회적 문제를 다룬 사실동화, 전기문으로부터 다양한 정보책과 환상동화에 이르기까지 폭넓은 독서가 이루어진다. 어린이들은 가상과 현실을 구분할 수 있고 자신의 지각으로부터 벗어나 본인의 관점에 모순되는 사실들을 받아들이고 타인의 관점을 수용할 수 있게 된다. 과거와 미래에 대한 시간 개념을 이해할 수 있게 되어 역사동화나 전기를 이해할 수 있게 된다. 이 시기에는 그림책 중에서도 삶에 대한 철학이 스며들어 있는 그림책과 다양한 문화와 정보가 담겨 있는 책이 적절하다(예: 『인디언 붓꽃의 전설』, 『쿠키 한 입의 인생수업』, 『오소리네 집 꽃밭』, 『오른발 왼발』, 『아모스와 보리스』, 『나무를 심은 사람』, 『다이빙을 사랑한 한국인 소년 새미 리』, 『까만 나라 노란 추장』, 『온 세상 국기가 펄럭펄럭』, 『사라, 버스를 타다』, 『1964년 여름』 등).

쿠키 한 입의 인생수업
(에이미 크루즈 로젠탈 글,
제인 다이어 그림, 김지선 옮김,
책읽는곰, 2008)

다이빙을 사랑한 한국인 소년
새미 리
(유보라 글, 이담 그림, 이재원 옮김,
길벗어린이, 2006)

사라, 버스를 타다
(윌리엄 밀러 글,
존 워드 그림, 박찬석 옮김,
사계절, 2004)

2. 언어 발달과 유아문학

1) 언어 발달에 따른 유아문학

(1) 1세 전후

영아기에 자신의 발성에 대한 피드백(feedback)을 얻는 것은 무척 중요하다. 툴킨과 케이건(Tulkin & Kagan, 1973)은 어머니와 '교환적 소리 놀이(reciprocal ocal play)'를 많이 한 영아는 발성에 있어 차이를 보인다고 보고하고 있다(김경희, 1999 재인용). 이는 다음과 같은 시사점을 준다. 어머니나 주 양육자가 영아에게 책을 보여 줄 때는 언어적 상호작용을 많이 그리고 풍부하게 해 줘야 한다는 것이다. 가령, 백 일 된 아기에게 단순한 흑백 패턴의 그림책을 보여 줄 때에도 어느 한 곳을 응시한다는 느낌이 있으면 "이 그림이 재미있니? 동글동글 그려져 있지?" 한다든가 영아의 작은 소리에도 민감하게 반응해 주면 영아의 옹알이 양은 급격하게 증가할 수 있다. 6개월 이후엔 사물 그림책을 놓고 그것을 매개로 상호작용을 하면 한 단어로 말하는 일어문기 발달 단계가 촉진될 것이다. 이렇게 서로 번갈아 가며 소리를 주고받는 경험은 훗날 대화의 차례를 지켜 말하는 능력의 기초 경험이 된다.

유아기는 말의 조음이 완성되어 가는 시기이며, 만 3세 때에는 어휘가 1,000개 정도이다가 만 5세가 되면 2,200개 정도로 2배 이상 급증한다(교육과학기술부, 2013).

(2) 12~24개월

12~18개월경에는 사물의 이름을 말하고 이야기된 사물을 지적할 수 있다. 이 시기는 하나의 낱말로 문장의 의미를 전달하려 하는 일어문기에 해당한다. 가령 영아가 '공'이라고 하면 그 말은 '공을 갖고 싶다', '형 공이다' 등 상황에 따라 이해되어야 한다. 또 이 시기의 과잉 확장(over extension)은 하나의 낱말을 적절치 않은 다른 대상에게까지 일반화시켜 쓰

나란히 나란히(미우라 타로 지음, 김숙 옮김, 북뱅크, 2009)

는 오류를 뜻한다. 가령, '얼룩말', '곰' 등 네 발 달린 동물들을 '멍멍이'라고 부르는 경우이다. 이 시기까지는 판지로 된 보드북이 넘기기에 적당하며, 반복되는 구절이 있는 책을 리듬감 있게 들려주는 것이 좋다. 18~24개월은 이어문기(two-word utterance phase)로 흔히 전문(電文)식 언어를 쓰고 주축문법(pivot grammar)을 구사한다. 이 시기에는 먹고 배설하고 잠자는 등 일상생활이 나오고 반복이 많은 단순한 이야기가 적합하다(예: 『응가하자 끙끙』, 『뭐야 뭐야?』, 『나란히 나란히』, 『세밀화로 그린 보리 아기그림책』). 이때쯤 긁적거리기가 나타난다.

세밀화로 그린 보리 아기그림책 1
(편집부 편저, 이태수 그림, 보리, 1997)

(3) 2세

2세가 지나면서 어휘력이 200~300단어 정도로 늘어나고 2세 6개월 무렵부터는 두세 개의 단어로 된 문장을 말하기 시작한다. 짧은 동화는 주의 깊게 들을 수 있다. 이 시기에는 가족이나 흥미 있는 주인공이 나오는 예측할 수 있는 이야기, 의성어 · 의태어가 많이 등장하는 간단한 이야기가 좋다(예: 「우리 엄마인가요?」『뜨레풀책놀이 4』, 『사과가 쿵』, 『두 살배기 아기그림책』, 『무엇이 무엇이 똑같을까?』, 『동요그림책』, 「세모야 어디 가니?」『뜨레풀 책놀이 1』, 「뚱땅목수 아저씨」『뜨레풀 책놀이 1』).

동요그림책
(편집부 글, 곽선영 외 그림, 삼성출판사, 2007)

사과가 쿵!
(다다 히로시 글 · 그림, 정근 옮김, 보림, 1996)

세모야 어디 가니?
(이송은 글, 전효훈 그림, 동심, 2008)

(4) 3세

3세경에는 질문이 많아지는 시기이다. 이때는 환상그림책과 더불어, 흥미 있게 구성된 정보책(예: '첫발견 시리즈'), 리듬이 살아 있어서 함께 반복해서 읽기 좋은 동시 동요책(예: 『우리 아이 말 배울 때 들려주는 동시』)이 좋다. 이 시기에는 성인 글씨에 대한 의도적 모방으로 꾸불꾸불한 선 긋기 등이 시도된다. 3개나 4개의 낱말로 단순한 문장으로 의사 표현을 하지만 발음이 불분명하고 대화에서 차례를 지키기 어렵다. 단순한 손유희와 운율이 있는 노래를 좋아하며 반복되는 구절이 많은 노래를 통해 낱말을 배운다. 그러므로 이 시기에 반복과 운율, 예측 가능한 이야기 구조를 가진 '쉬운 책(easy-to-read book)'을 읽으면 발현적 문해를 돕는다(예: 『곰 사냥을 떠나자』, '쉬운 책' 시리즈). 간결한 구조의 환상동화(예: 『누가 내 머리에 똥 쌌어?』)도 이야기 감각을 발달시키는 데 도움이 되며, 과거 시제(예: 있었다, 했다)가 나타나기 시작하므로 이때는 시간의 경과를 담고 있는 그림책(예: 『눈 오는 날』, 『배고픈 애벌레』)이 도움이 된다.

곰 사냥을 떠나자
(마이클 로젠 글, 헬린 옥슨버리 그림, 공경희 옮김, 시공주니어, 1994)

배고픈 애벌레
(에릭 칼 글·그림, 이희재 옮김, 더큰컴퍼니, 2007)

(5) 4~5세

4~5세경에는 보통 5~6개의 단어로 이루어진 문장을 말한다. 복잡한 문장의 이야기를 즐기며 이야기 다시 해 보기 등이 가능하다. 글자 없는 그림책을 이용해 이야기 만들기를 하면 표현 언어를 증가시키는 데 도움이 된다. 아는 글자를 쓰려고

하며 쓰기는 점차 모방에서 창작 형태로 변형되고 발명적 상징 글자를 혼합하여 쓰기도 한다.

5세가 되면 말의 의미, 문장, 발음 등을 이해할 수 있기 때문에 발음이나 문장 구조와 관련된 유머나 수수께끼를 할 수 있다. 낯선 사람과 대화하거나 전화를 직접 걸어 말할 정도로 말하기 능력이 발달되며 익숙한 글자나 단어를 알아보고 읽을 수 있다. 독특한 형태의 글자 없는 그림책(예: 『노란 우산』, 『빨간 끈』, 『이상한 화요일』)은 이야기 만들기에 적합하다. 혼자서 독서를 하는 전이적 독서기로 접어드는 시기이지만 글을 읽을 줄 안다고 해서 성인이 읽어 주는 이야기의 교육적 가치가 없어지는 것은 아니다. 이 시기에는 시간과 공간적 배경을 달리 하는 전래 동화(예: 『팥죽 할멈과 호랑이』, 『수호의 하얀말』, 『이야기 이야기』)를 통하여 어휘를 늘일 수 있다.

수호의 하얀말
(오츠카 유우조 글,
아카바 수에키치 그림,
이영준 옮김, 한림출판사, 2001)

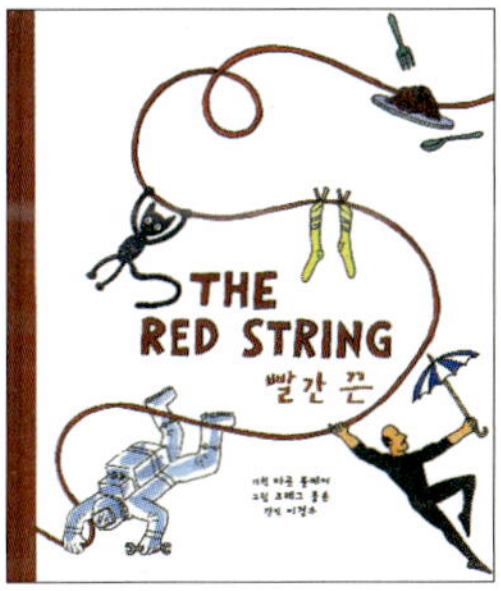

빨간 끈
(마곳 블레어 기획, 크레그 콜손 그림,
이경우 편역, 어린이미디어교육연구소, 2002)

2) 문학이 언어 발달에 미치는 영향

문학작품 속에는 작가가 풍부한 감성과 이성을 바탕으로 신중하게 선택한 언어들이 있다. 유아들은 많은 문학작품을 대하면서 음성언어와 문자언어의 총체적 발달을 경험할 수 있다. 먼저 어휘력 발달을 보면 이야기를 들으면서 유아들은 맥락 속에서 자연스럽게 작품 속 언어의 의미와 소리에 도전하게 되고, 작품 속에서 실제 생활보다 더 많은 언어를 배우며, 비유적 언어 등 수사법을 이해하게 된다. 이야기 감각은 그 이야기가 어떻게 펼쳐질지 기대함으로써 이야기의 구성을 이해할 수 있고, 앞으로 어떤 이야기가 전개될 것인지를 예언할 수 있게 한다. 특히 반복적인 어구로 구성돼 있는 이야기들은 조금만 진행되어도 직관적으로 그 이야기의 구성을 파악하게 되는데 유아들은 많은 이야기를 통해 이러한 직관을 획득하게 된다. 또 잘 써진 이야기들은 훗날 어린이들의 글쓰기 모델이 된다. 언어와 그림, 모두를 통틀어 책 한 권에는 작가가 출생해서 성장한 국가나 민족의 특성이 나타나 있다. 그 나라의 언어만이 지니는 소리, 의성어, 의태어, 리듬 등은 특히 동시와 동요에 잘 살아 있는데 유아 교사들이 우리 그림책, 그중에서도 특히 동시, 동요 그림책에 더욱 주목해야 할 필요가 있다.

쉬케단츠(Schickedanz, 1986)는 영아기부터 유아기를 거치며 아동은 책을 읽으면서 책과 인쇄물의 기본 속성 – '시작과 끝이 있고 앞장에서 뒷장, 왼쪽에서 오른쪽, 위에서 아래로 읽어 가도록 되어 있으며, 인쇄된 글자와 말은 서로 관련이 있음' –을 알게 되고, 또 책 읽기가 즐거움을 준다는 것을 알게 된다고 하였다. 쉬케단츠(1999)는 유치원기 유아의 책 읽기 활동의 발달적 경향을 다음과 같이 설명하였다.

- 이야기 내용을 정확하게 다시 말할 수 있는 능력이 점점 증가한다.
- 책을 읽는 것은 그림을 읽는 것이라는 사고가 바뀌어서 그림을 참조하지 않고도 인쇄된 글자를 알게 된다.
- 인쇄된 글자를 알고 흥미를 느끼게 되면, 유아는 문자와 말의 관련성에 대해 더 정확하게 이해할 수 있게 된다.
- 그림과 이야기의 의미에 대한 흥미가 글의 약정적 특징에 대한 흥미로 바뀐다.

3. 사회·정서적 발달과 유아문학

1) 사회·정서 발달과 유아문학

영아기에는 부모와의 접촉과 따뜻한 관계를 통해서 기본적인 신뢰감을 형성해

가는 시기이다. 영아는 감각 경험 단계(0~4개월), 대상 경험 단계(5~8개월), 공간 경험 단계(8~12개월)를 지나면서 대상과 세상으로부터 신체적 자아를 인식하게 된다(Baily & Burton, 1989). 15개월이 되면 영아 자신의 몸을 알게 되고 두 돌이 되기 전에 자신의 이름을 알게 되고 '싫어', '아니' 라는 말이 나타나고 '나', '내 것' 을 주장하기 시작한다.

정서 면에서 보면 생후 3개월이 된 아기도 엄마를 보고 미소 지을 수 있다. 이때쯤 즐거움과 불쾌함이 분화되며 불쾌 정서가 약간 빨리 나타난다. 5~6개월경에는 기저귀가 젖었거나 배가 고프거나 몸이 아플 때 우는 울음이 달라지는데 불쾌 정서가 분노, 공포, 혐오 등으로 분화된다. 18개월쯤에는 질투가 관찰되는데 경쟁자에게 애정 대상을 뺏길 것을 두려워하는 공포심이다. 이 정서의 원형은 동생을 볼 때 전형적으로 나타나며 실제로 경쟁자에게 공격적인 형태로 나타나는 것이 보통이다. 사회성 발달과 관련해서 낯선 사람에 대한 불안(stranger anxiety) 현상은 흔히 낯가림이라 불리는데 영아가 선택적인 애착 형성을 한 결과로 나타나며 8개월 경에 나타나고 12개월 전후해서 절정에 이르렀다가 차츰 사라진다. 이와 연장선상에서 나타나는 것이 격리 불안(seperation anxiety)인데 12개월부터 나타나며 30개월까지 가장 많이 나타난다. 영아기 정서 발달에서는 '애착 형성' 이 가장 중요하므로, 정서적 안정을 주는 만족한 결말이 들어 있는 그림책이 좋다(예: 『안아 줘!』, 『딱 붙었네』, 「우리 엄마인가요?」 『뜨레풀 책놀이 4』).

안아 줘!
(제즈 앨버로우 글·그림, 웅진주니어, 2000)

딱 붙었네
(미우라 타로 지음, 김숙 옮김, 북뱅크, 2009)

우리 엄마인가요?
(이송은 글, 오정일 그림, 동심, 2008)

영아가 정서를 표현하는 방법은 여러 가지가 있어서 울음과 찡그림, 미소와 웃음과 소리 지르기, 뒤로 숨기 등 다양하다. 문학 활동과 관련해서 주목해야 할 것은 성장과 더불어 자연스럽게 경험하는 불안, 공포, 질투 등의 감정을 건강하게 체험하도록 돕고 기쁨과 의기양양함, 애정 등을 어떻게 다양하게 느끼게 해 주느냐이다.

3세 이후가 되면 이 시기는 프로이트(Freud)의 남근기(Phallic stage)에 속하는 시기로 유아들은 성기의 차이에 대해 관심을 가지며 아기가 어떻게 생기는지 관심을 갖기 시작한다. 건강한 성교육을 시킬 수 있는 시기로 『아가야, 안녕』, 『내 동생이 태어났어』 등의 그림책이 도움이 된다. 유아기에 동생을 보게 되는 경우 동생에 대한 질투심, 소외감으로 공격적이 되거나 퇴행적 행동을 보이는 경우가 많다. 이럴 때 『피터의 의자』, 『순이와 어린 동생』, 「몽글몽글 따끔따끔」 『뜨레풀 책놀이 6』 등이 도움이 될 것이다.

또한 이 시기는 자립심이 발달하는 시기이기도 하다. 에릭슨(Erikson)이 말하는 주도성 대 죄의식의 시기이다. 자기 주도적 활동이 적절한 비율로 성공하게 되면 아동은 주도성을 확립하게 되지만 실패의 경험이 많을 경우 유아의 주도성은 위축되고 자기 주장에 대해 죄의식을 갖게 된다. 자립심과 관계된 동화로는 『이슬이의 첫 심부름』, 『혼자 집을 보았어요』 등이 있다.

이 시기는 또한 자존감(sense of self-esteem)이 발달되는 시기인데 유아의 자존감은 부모의 양육 태도 및 성격 특징에 영향을 받는다. 즉, 자존감이 높은 유아들의 부모는 일정한 한계 내에서 자녀에게 자유를 허용하고 따듯하게 수용하는 경향이 있었다. 자존감을 위한 그림책으로는 『티치』, 『강아지똥』, 『통통 무슨 통』 등이 있다.

또 유아기는 도덕적 행동에 대한 초보적 개념이 형성되고 4～6세경부터는 이타적 행동이 증가하기 시작한다. 이때 권선징악을 다루는 전래 동화가 도움이 된다. 약속과 규칙 등이 자연스럽게 녹아든 작품, 약속을 어긴 데 대한 도덕적 토의 등이 가능한 작품이 좋다. 가령, 『수호의 하얀 말』에서는 원님이 약속을 어기고 수호에게 상을 주기는커녕 매질을 한다. 이야기를 다 들은 후 만 4～5세 유아는 원작에는 없지만 '나쁜 원님은 어떻게 됐느냐?' 고 묻는데 이는 그 시기가 도덕적 규칙에 민감한 시기임을 나타낸다. 나아가 『마들린느와 쥬네비브』는 '개를 기숙사에 들여놓지 못한다' 는 규칙과 물에 빠진 마들린느를 구해 준 개에 대한 아이들의 사랑과 감사하는 마음에 대해 토론할 수 있을 것이다. 이 같은 과정은 도덕성 발달이 유아기의 외부적 통제에 의한 타율적 단계에서 점차 자율적 단계로 발달해 가는 데에 도움을 준다.

「몽글몽글 따끔따끔」
『뜨레풀 책놀이 6』
(이송은 글, 김동영 그림,
동심, 2009)

이슬이의 첫심부름
(쓰쓰이 요리코 글,
하야시 아키코 그림,
한림출판사, 1991)

티치
(팻 허친즈 글 · 그림,
박현철 옮김,
시공주니어, 1997)

마들린느와 쥬네비브
(루드비히 베멀먼즈 글 · 그림,
이선아 옮김,
시공주니어, 1994)

2) 문학이 정서에 미치는 영향

앞에서 유아의 성장과 사회화의 과정 속에서 유아의 정서가 어떻게 발달되는지 또 그것이 문학에 어떻게 반영되고 있는지를 살펴보았다. 시각을 달리 해서 '문학은 정서에 어떤 영향을 미치는가?' 를 아는 것도 중요하다.

첫째, 어린이에게 즐거움을 준다. 흥미진진한 이야기의 구성, 리듬과 어휘의 반복 자체가 즐거움을 준다. 문학의 제일 기능은 즐거움을 주는 것이다.

둘째, 정서 인식과 정서 조절의 폭이 넓어지도록 한다. 매력적인 등장인물에 동일시를 느끼며 희로애락에 공감하면서 유아는 다양한 정서를 경험한다. 또 주인공이 문제를 해결해 가는 과정에 동참하면서 정서적 조절을 경험한다. 이와 관련해 그림책 활용과 정서 조절에 관한 연구에서 박성희(2003)는 그림책 관련 활동을 경험한 유아들이 갈등 상황에서의 정서 조절 방안이 향상됨을 보고하였다.

최근 정서와 관련해서 유아·아동문학에서 나타나는 주목할 만한 현상은 아이들의 정서를 있는 그대로 표출하고 건강하게 조절하는 내용이 증가하고 있는 것이다. 대표적인 작품으로는 『쏘피가 화나면– 정말, 정말 화나면…』, 문삼석의 동시 「개구쟁이」 등을 들 수 있다. 이는 어른들이 바라는 '착한 어린이' 에 대한 환상이 결코 '건강한 어린이' 가 될 수 없음을 사회적으로 인식했음을 의미한다. 그런 의미에서 문학은 날로 늘어 가는 소아 병리 현상을 완화할 수 있을 것이다. 문학이 아이들의 마음을 읽어 주고 건강하게 드러내 표출해 주는 심리적 방출구가 되고, 그림책 활동 프로그램을 거치면서 정서의 인식과 조절, 타인의 감정에 대한 조망을 획득하고 문제 해결의 실마리를 제공할 수 있다면 문학은 그 자체가 정서적 치유를 위한 매개체가 될 수 있다(김현희 외, 2003).

유아의 사회·정서 발달과 관련이 깊은 에릭슨(Erickson)과 매슬로우(Maslow)의 이론을 좀 더 살펴보기로 한다.

① 에릭슨의 심리사회적 발달과 유아문학

에릭슨은 인간이 발달 단계별로 달라지는 욕구를 충족시키고자 할 때 환경과 접촉하는 과정에서 어린이의 자아가 경험하는 위기가 어떻게 극복되는가가 성격을 좌우한다고 보았다. 유아문학과 관계된 부분을 간략히 알아 본다.

- 제1단계는 출생에서 18개월까지로 신뢰성 대 불신감의 시기이다. 이 시기에 부모로부터 적절한 보살핌을 받은 영아들은 사람과 세상에 대한 신뢰감을 형성하게 된다. 반대로 욕구 좌절로 인한 부정적 경험이 많은 영아는 근원적 불신감을 갖게 되는데 에릭슨에 의하면 이 시기에 형성된 기본적 신뢰감이나 불신감은 일생을 통해 지속된다. 리듬감 있는 동요나 자장가 그림책(예: 『잘 자요 달님』)에서 따 온 노래 한 소절, 어머니와 함께 그림책을 가지고 놀아 본 행복한 경험들이 평생의 기반이 될 수도 있는 것이다.
- 제2단계는 18개월에서 3세까지로 자율성 대 수치감의 시기이다. 이 시기의 유아는 신체적 성숙에 의하여 최초로 대소변 가리기와 같은 자기 통제가 가능하게 된다. 이때에 유아는 실패와 성공의 양극적 위기를 극복함으로써 기본적 자율성을

얻게 되는데 과도한 외부의 통제로 인해 위기 극복에 실패할 때 자신에 대한 수치심에 빠져들게 된다. 이러한 자율성 대 수치감의 극복 양상은 일생 동안 지속되는 자기 통제력의 기초가 된다. 배변과 관련된 유머가 있는 책이나, 똥이 친근하게 묘사된 책은 배변 훈련에 대한 긴장을 풀어 줄 수 있으며 자조 기술(self-help skill) 습득을 돕는다(예: 『누구나 눈다』, 『응가하자, 끙끙』, 『누가 내 머리에 똥 쌌어?』).

- 제3단계는 3세에서 6세까지로 주도성 대 죄의식이다. 이 시기에 유아는 자신의 활동을 계획하고 목표를 세우며 이를 달성하고자 노력한다. 또래 집단과 놀이 활동에 참여하면서 주도성에 의한 자기 주장이 나타나고 좌절도 하는 시기이다. 이때 자기 주도적 활동이 적절히 성공하면 유아는 주도성을 확립하게 되지만 실패의 경험이 많을 경우 유아의 주도성은 위축되고 자기 주장에 대해 죄의식을 갖게 된다. 이호백의 『도대체 그 동안 무슨 일이 일어났을까?』는 토끼를 통하여 유아가 평소에 주도적으로 하고 싶은 바를 마음껏 발산하게 해 주는 모험담을 담고 있다. 레오 리오니의 『새앙쥐와 태엽쥐』는 비록 좌절할 때도 있지만 주도적으로 사는 삶이 얼마나 가치 있는가를 보여 준다.
- 제4단계는 6세에서 11세까지로 근면성 대 열등감의 시기이다. 어린이들은 학교나 가정으로부터 여러 과제를 부여받는데 그 작업에 성실히 임하는 과정에서 전 생애에 중요성을 갖는 과업 성실성을 갖게 된다. 이 시기의 어린이들이 학교나 가정에서 자신에게 주어진 일에 적절한 성취를 느끼지 못하면 열등감에 빠져들게 된다. 이런 점에서 아동을 격려하며, 재능을 발견하고 북돋워 주는 교사나 부모의 태도는 매우 중요하다. 열등감에 빠질 위험이 있는 어린이와 그들을 도와주는 교사의 이야기가 재미있게 감동적으로 그려져 있는 유아용 그림책으로는 『우리 선생님이 최고야』, 초등용으로는 『선생님, 우리 선생님』과 『고맙습니다, 선생님』이 있다.

② 매슬로우의 욕구 발달 이론과 유아문학

매슬로우는 인간의 욕구는 성장과 함께 발달하며 욕구들 간에는 강도와 중요성에 따라 위계적 배열이 있다고 보았다. 그중 유아문학과 관계가 있는 부분을 소개하면 다음과 같다.

- 제1단계는 생리적 욕구로 먹고, 자고, 배설하는 것 등이다. 『잠이 안 오니, 작은 곰아?』, 『아기코끼리의 똥』 등이 여기에 속한다.
- 제2단계는 안전의 욕구로 확실성, 안전을 보장받고 싶은 욕구이다. 『이솝 우화』에 나타나는 '도시 쥐와 시골 쥐'를 들 수 있다.
- 제3단계는 사랑하고 사랑받고 싶은 욕구와 소속의 욕구로 이는 유아문학에서 가장 보편적으로 다루는 욕구이다. 『내가 아빠를 얼마나 사랑하는지 아세요?』, 『집 나가자 꿀꿀꿀』, 『나도 아프고 싶어!』, 『고릴라』 등이 그 예이다.
- 제4단계는 자아 존중의 욕구로, 자기 자신을 존중하고 또한 자기가 중요하다고 여기는 사람에게 존중받고자 하는 욕구이다. 『으뜸 헤엄이』, 『강아지똥』이 그 예라고 할 수 있다. 그 외에 지식 및 이해의 욕구(여러 가지 정보책), 심미적 욕구(예: 『프레드릭』, 『코를 킁킁』) 등이 있다.

내가 아빠를 얼마나 사랑하는지 아세요? (샘 맥브래트니 글, 아니타 제람 그림, 김서정 옮김, 베틀북, 2011)

나도 아프고 싶어! (프란츠 브란덴베르크 글, 알리키 브란덴베르크 그림, 이수연 옮김, 시공주니어, 1995)

프레드릭 (레오 리오니 지음, 최순희 옮김, 시공주니어, 1997)

4. 영유아에게 있어서 책의 의미

영유아에게 책이 어떤 의미를 갖는가는 영아에게 어떤 책을, 어떻게 읽어 주고 어떤 활동을 할 것인가에 대한 지침이 된다. 언어와 인지 능력이 놀랍게 발달하는 2세 전후의 영아를 대상으로 한 현장실행연구를 통해 책의 의미를 알아본다. 이송은(2006)의 연구에서 나타난 2세 영아의 책의 의미를 간략히 살펴보면 다음과 같다.

첫째, 2세 영아는 먼저, 책을 외형적 사물로서 감각적 대상으로 인식하였다. 책을 마치 놀잇감인 양 인식하였고, 동시에 소유의 대상으로 여겼다. 책으로 놀기는 또한, 자연스럽게 그림책의 요소를 발견하는 계기를 제공하며 책 읽기로 전이되기도 하였다.

둘째, 2세 영아들은 책을 관계 형성의 매체로 인식하였다. 2세 영아들은 먼저, 책을 읽어 주는 교사 및 부모에 대해 '책 읽기=읽어 주는 사람의 애정 확인' 이라는 의미를 형성했으며, 읽기 경험이 증가함에 따라 또래와의 관계에서 책을 매개로 한 사회적 관계 형성을 보여 주었다.

셋째, 2세 영아들은 책을 경험적 지식의 탐구 대상으로 인식하였다. 영아들은 먼저 자신이 가진 선행 경험과 친숙성에 의거하여 지식을 형성해 나갔다. 이는 책에 등장하는 사물을 실제 주변 환경에서 찾는 참조 구하기 행동(referential behavior)과 책의 내용을 자신의 생활 경험과 연계함으로써 경험적 지식을 재구성해 가는 행동으로 나누어 볼 수 있었다. 다음으로, 영아들은 더 높은 수준으로의 지적 호기심을 반영하는 대상으로서 책의 의미를 보여 주었다. 책과 책의 비교를 통해 과학적 속성을 발견하거나, 같은 주제를 다룬 보다 높은 수준의 책을 탐색함으로써 지적 도전과 탐구를 보여 주었다

넷째, 2세 영아들은 책을 관습적 읽기의 세계로 입문해 가는 매체로서 인식하였다. 영아들은 책과의 경험이 증가함에 따라 책에는 여러 가지 요소가 있고 방향이 있으며 이야기 소리가 글자에 있다는 사실을 알아 나갔다. 영아들은 성인의 중재에 의한 의존적 읽기로 시작했지만 점차 발현적 문해를 포함해 관습적 책 읽기의 세계로 입문해 가는 모습을 보여 주었다. 이 과정에서 영아의 부모 및 가정이라는 생태

적 환경 변인이 중요한 요소로 작용하였다.

이상의 의미 발견을 통해 현장에 주는 몇 가지 시사점이 제시되었다.

첫째, 책은 여러 가지 교육적 요소를 가진 놀잇감인 바, 책으로 하는 놀이에 대해 보다 적극적으로 수용할 필요가 있으며, 영아들의 책을 둘러싼 소유 분쟁은 발달적으로 자연스럽게 이해되고 보육 현장에서는 분쟁이 일어나지 않도록 인기 책을 여러 권으로 비치해 주는 등 환경적 지원을 해 주어야 한다는 것이다.

둘째, 2세 영아에게 있어 책은 정서적 유대를 가져다 주는 귀한 매체라는 점이다. 책 읽기를 통해 얻은 정서적 포만감은 긍정적 유대감 형성은 물론, 영아의 자존감을 키워 주는 데도 도움이 될 것이다.

셋째, 2세 영아에게 의미 있는 책 읽기가 되려면 생활 경험과의 연계가 필요하다는 것이다. 지나치게 생소한 소재를 다룬 책은 피해야 하며 감각적 체험이 반영된 확장활동을 계획할 필요가 있다는 점이다. 여기에서의 생활 경험은 개인의 생태적 환경 경험까지를 포함한다. 단순히 이해하기 쉽고 조작이 쉬운 책뿐만 아니라, 영아의 생태적·문화적 배경이 고려된 책의 개념까지 포함한다.

넷째, 2세 영아에게 있어 책은 발현적 문해로 가는 안내자가 되는 바, 이를 위해 가정과 기관의 협력이 필요하다는 것이다. 즉, 가정에서 즐겨 보는 책을 어린이집에서도 비치하거나 영아의 책 읽기 경험을 부모와 교사가 면담이나 기록을 통해 공유할 경우, 관습적 읽기의 세계로 유연하게 옮아 가는 데 도움을 줄 수 있을 것이다.

이상의 내용에서 바람직한 영아 책 읽기의 방향을 요약해 보면 읽어 주는 사람과의 관계 형성을 통한 정서적 만족을 주는 책 읽기, 놀이를 통해 즐거움을 주는 책 읽기, 실물 경험과의 연계를 통해 경험의 재구성을 도와주는 책 읽기, 독자로서 자율성과 유능감을 키워 주는 책 읽기, 교사도 함께 즐기는 책 읽기 등으로 압축할 수 있다. 이 같은 방향 모색을 통하여 책 읽기에 대한 긍정적 태도 형성이라는 영유아기에 걸친 문학교육의 큰 목표(김현희 · 박상희, 1999; Cooling, 2003)를 달성할 수 있을 것이다. 보다 자세한 연구 결과는 다음과 같다.

| 표 3-2 | 영아 그림책 읽기에 대한 일반적 통념에 대한 제고

유형	통상적인 신념	실제 현장에서 나타난 것
책으로 놀기	1. 책으로 놀기는 단순한 '전 읽기 행동'이며 본격적으로 읽기를 시작하면 사라진다.	1. 책으로 놀기는 단순한 탐색 이상의 교육적 가치를 가진 놀이이며 놀이 시기도 영유아기로 확장된다.
책 뺏기 행동	2. 책 빼앗기 행동은 책의 양이 많아지거나 성인이 타이르거나 훈육을 하면 사라질 것이다. – 책 빼앗기 행동은 나누기나 양보 등 친사회적 행동이 내면화가 되지 않아서 일어나는 부정적 행동이다.	2. 책의 양이 많아도 책 빼앗기 행동은 줄지 않는다. 인기 있는 책을 복권(複券)으로 비치하자 책 뺏기 행동이 사라지고 같은 책을 함께 보는 친사회적 행동이 증가했다. – 책 빼앗기 행동은 촉감적 탐색을 좋아하는 이 시기의 발달적 특성을 반영한 자연스러운 것이다.
그림책의 비치	3. 그림책은 언어활동 자료이다. 이에 대한 보육시설 평가인증 기준은 〈소 2-8. 언어활동과 자료〉로 '언어활동 자료가 다양하게 있으며 이를 이용한 활동을 매일 한다'가 우수한 수준이다.	3. 영아에게 그림책은 놀잇감이기도 하다. 이에 대한 보육시설 평가인증 기준은 〈소 2-5. 영아용 동일한 놀잇감의 준비〉로 '영아들이 좋아하는 놀잇감은 똑같은 것으로 여러 개 있다'가 우수한 수준이다.
그림책의 비치	4. 2세 영아들은 '이해하기 쉽고 조작하기 쉽고 선명한 그림과 반복적 운율이 있는' 영아용 책을 주로 볼 것이다.	4. 2세아들은 영아용 책으로 만들어진 것뿐만 아니라 4, 5세가 즐겨 보는 본격 서사그림책이나 본격 정보그림책도 자발적으로 즐겨 보았다. 연령 적합성뿐만 아니라 영아의 흥미도 중요하다. (예: 〈팥죽 할멈과 호랑이〉, 〈다람쥐〉)
소재의 비친숙성	5. 노래로 알고 있거나 교사가 많이 설명해 준 사물에 대해서는 보지 못한 생소한 사물이라도 인지할 수 있다. – 계절적으로 거리가 있지만 먹어 본 경험이 있는 사물은 인지하고 있을 것이다. – 계절을 대표하는 꽃 등은 알아보거나 흥미를 가질 것이다.	5-1. 한 번도 본 적이 없고 개념이 형성돼 있지 않은 낯선 사물은 책에서 사진으로 보고 성인이 언어적으로 반복적으로 명시해 준다고 해서 영아의 지식으로 형성되는 게 아니다. (예: 도토리) 5-2. 계절적으로 거리가 먼 자연 소재는 경험의 환기를 시키지 못한다. (예: 겨울에 수박 그림을 보고 딸기라 함) 5-3. 사계절을 담는 등 정보의 폭이 지나치게 넓을 경우 영아는 경험과 연계시키지 못하고 전혀 관심을 보이지 않는다. (예: 〈풀꽃 안녕〉)

유형	통상적인 신념	실제 현장에서 나타난 것
번역 그림책의 탈맥락화	6. 연령별 권장도서 목록에 수록돼 있고 문학활동서에 추천돼 있는 번역 그림책은 믿을 만하다. – 외국 유명 도서상을 수상한 번역 그림책은 믿을 만하다.	6. 원작이 글 텍스트의 운율적 재미에 의존하는 정도가 큰 책은 번역될 경우 맥락이 끊어져서 영아책으로 적합하지 않다. 그림마저 비사실적 화풍으로 그려져 있을 경우 영아는 선행지식과 동화시키지 못한다. (예: 〈갈색 곰아, 갈색 곰아, 무엇을 보고 있니?〉 – 화면 및 〈표 2〉 참조) – 그림 자체의 예술성과는 상관없이 번역 과정에서 논리적 위계가 깨진 책, 소재 자체가 영아의 생활 경험과 전혀 관계가 없는 이국적인 것은 영아의 흥미를 끌지 못한다. (예: 〈자연의 친구들–채소밭 친구들〉, 〈자연의 친구들–동물 친구들〉)
글 텍스트	7. 짧고 운율이 있는 글이면 영아가 쉽게 이해하고 적합할 것이다.	7. 짧아도 반복적이고 영아가 구어로 쉽게 사용하는 말이라야 즐겨 듣고 따라 한다. (예: 〈주세요 주세요〉) 짧더라도 영아들이 일상생활에서 쉽게 듣는 말이 아닌 경우에는 호소력이 없다. (예: 〈풀꽃 안녕〉)
그림에 대한 기호	8. 영아들은 주로 귀엽게 처리된 캐릭터가 있는 그림을 선호할 것이다.	8. 사진이나 사실적으로 그려진 그림도 좋아한다. (예: 〈자동차〉, 〈다람쥐〉)
읽기 전략	9. 영아 책은 글도 짧으므로 특별히 읽어 주기 전략이 필요하지 않다.	9. 책의 종류에 따라, 일정한 책에 대해 익숙한 정도에 따라, 영아 수에 따라, 영아의 이해 정도에 따라 읽기 전략이 달라진다.
읽기 전략	10. 책을 읽어 주는 자세는 영아들과 마주 앉은 채 가슴 옆쪽으로 책을 들고 보여 주는 게 일반적이다.	10. 영아가 교사의 앞, 옆, 무릎 등 여러 가지 자세가 있을 수 있으며 영아가 책을 만져 볼 수 있고 교사에게 몸을 붙일 수 있는 접근을 허용하는 게 좋다.
면지 및 겉표지	11. 본문 내용이 중요할 뿐 표지 바로 안쪽의 면지나 뒷표지는 그다지 중요하지 않다.	11. 면지나 뒤표지는 본문 내용의 실마리가 되거나 본문을 함축하고 있어 충분히 상호작용할 가치가 있다. (예: 〈엄마도 날 사랑해?〉)
기타	12. 책은 처음부터 순서대로 읽어야 한다.	12. 처음 보는 책의 경우에는 탐색하느라 뒤에서부터 건너뛰면서 읽을 수도 있고, 또 영아가 흥미 있는 그림을 따라 부분적으로 읽을 수도 있다. 때로는 몇 페이지만 발췌해서 활동을 할 수도 있다.

출처: 이송은(2006)

제 4 장

그림책

"그림책의 글은 그림을 반복하지 않으며, 그림도 글을 반복하지 않는다. 글과 그림은 대위적 관계로 서로를 보완하고 완성한다."

– Uri Shulevitz

"그림책의 좋은 그림이란 볼수록 더 많이 알게 되고, 더 많이 알게 될수록 더 깊이 느끼게 되고, 더 깊이 느낄수록 사고가 심오해진다. 그림을 본다는 것은 모든 것이다."

– P. Cianciolo

1. 그림책의 정의

그림책(picture book)은 그림과 글이 유기적으로 결합된 책이다. 그림책의 그림은 '이야기가 담긴 그림' 으로 본문 내용에 대해 부가적인 기능을 하는 일반 삽화에 비해 이야기 전체를 이끌고 가는 시각적 언어의 역할을 한다. 이야기에 삽화가 더해지는 경우는 그림책과 구별해 그림 이야기책(illustrated book)이라고 한다. 또한 그림책은 모든 장르에 걸쳐져 있다. 그림책은 처음에 '글과 그림이 있는 책' 이라는 외적 형식으로 정의되다가, 점차 글과 그림이 상호 보완 작용을 하여 통합적으로 이야기를 전달하는 고유한 특성이 부각되었다. 최근에는 그림책을 고유한 문학 장르로 보는 관점도 대두되고 있다. 또 그림책은 유아가 만나는 최초의 책으로서 글을 읽지 못하거나, 글을 읽을 줄 알더라도 내용을 충분히 이해하기 어려운 유아에게 필연적이다. 아동문학에서 유아문학이 분화되기 시작한 것이 그림책이 본격적으로 발달하면서부터라고 보는 것은 바로 이러한 연유에서이다.

20세기 후반부터 영상과 감성을 중시하는 포스트모더니즘의 영향으로 그림책에서의 그림 비중이 갈수록 커지는 경향을 보이고 있다. 예를 들어, 베아트릭스 포터의 『피터래빗 이야기』(1902)는 글 안에 이미 이야기가 모두 포함되어 있어서 그림이 없어도 이야기를 이해하는 데 별 문제가 없다. 하지만, 모리스 샌닥의 『괴물들이 사는 나라』(1963)에서는 글만 읽어서는 주인공의 성격이나 상황을 제대로 이해할 수가 없다. 이 작품에서 그림은 환상과 실제, 맥스의 심리 상태까지 담고 있으며 글은 그림으로 표현하지 못하는 소리를 배경음으로 나타내고 정지된 그림으로 보여 주지 못한 움직임을 보여 주는 역할을 한다(현은자, 변윤희, 강은진, 심향분, 2004). 그런가 하면, 데이비드 위즈너의 『이상한 화요일』(1991), 류재수의 『노란 우산』(2001) 등에서는 글은 거의 배제된 채 그림과 음악만으로 내용을 전달한다. 물론 그림의 비중이 높아졌다고 해서 글이 필요 없어진 것은 아니다. 여전히 대부분의 그림책은 글과 그림으로 돼 있고, 아이들은 그림책의 글을 통해 우수한 문장을 배워 나간다. 러셀(Russell, 1991)는 그림책을 '글과 그림의 행복한 결혼' 에 비유한 바 있다.

2. 글과 그림의 관계

그림책은 글과 그림이 결합된 책이면서 글에 비해 그림이 대등하거나 더욱 주도적인 역할을 하는 책이다. 본문과 그림의 관계는 글과 그림이 같은 이야기를 하는 대칭적인 경우(바바라 쿠니의 『미스 럼피우스』), 그림이 본문을 확장하는 것(이영경의 『넉점 반』), 글과 그림이 양립하며 대위적인 관계를 이루는 경우(팻 허친스의

『로지의 산책』, 존 버닝햄의 『셜리야, 물가에 가지 마!』), 글이 아예 그림 속으로 사라져 버린 글자 없는 그림책(이상교, 한성옥의 『수염 할아버지』) 등으로 나눌 수 있다. 『셜리야, 물가에 가지 마!』를 보면 한 펼침면 안에서 왼쪽(현실)과 오른쪽(환상)이 서로 상반된 내용을 담고 있는 독특한 구성을 발견할 수 있다. 일반적으로 그림책에서는 대칭, 대위 관계보다는 그림이 본문을 확장, 부연하는 경우가 보편적이다.

셜리야, 물가에 가지 마!
(존 버닝햄 글·그림, 이상희 옮김, 비룡소, 2003)

3. 그림책의 특성

그림책은 문학과 미술이라는 예술 장르가 만나서 생겨난 것이다. 두 장르의 요소를 구체적으로 알아 보는 것은 그림책을 깊이 이해하고, 나아가 평가하고 선택하는 준거가 된다.

1) 문학적 요소

이야기가 있는 서사적 그림책은 배경, 등장인물, 구성, 주제, 문체 등의 문학적 요소를 지닌다.

(1) 배경(setting)

배경이란 이야기의 시간과 공간을 말한다. 그림책에서는 종종 맨 앞에 그림으로 제시되기도 하는데, 배경에 관해 길게 말로 묘사하는 것을 유아는 지루해한다. 전래 동화는 전형적인 형태의 배경을 지니며, 이야기가 생성된 곳의 민속적, 문화적 전통을 반영한다. 가령, 우리 옛이야기는 '옛날 옛날 깊은 산골에~' 로 시작하는 경우가 많은데, 그곳이 어디인지 어느 때인지는 모호하다. 또 그렇게 시작하는 옛이야기가 많다는 것은 산이 많은 한국의 지형적 특성을 암시해 주는 것이기도 하다. 지중해 연안에 있는 섬 말료르카에는 "눈이 내리기 훨씬 전의 이야기입니다"로 옛이야기가 시작되는데, 이는 따뜻한 지중해에서는 볼 수 없는 '눈이 내렸다' 고 하는 오래전 그때보다 더 오래전 얘기라는 관용적 표현이다. 이는 우리 옛이야기의 '옛날 옛날 호랑이 담배 피던 시절에~' 와 맥을 같이 한다. 즉, 누구도 호랑이가 담배피는 것을 본 적이 없지만, 그만큼 오래전의 이야기라는 뜻이다.

창작 동화에서는 시간과 공간이 구체적으로 명시된다. 그래야만 이야기가 설득력이 있다. 배경을 구성에 있어서 독특한 복합 기제로 사용한 경우도 있는데, 앨런 세이의 『할아버지의 긴 여행』을 들 수 있다. "이 나라에 있으면 저 나라가 그립고, 저 나라에 있으면 이 나라가 그리워진다는 것입니다."라는 마지막 부분의 묘사는 일본과 미국이라는 작품의 공간적 배경을 말해 줌과 동시에 이 작품의 주제를 드러내고 있다.

할아버지의 긴 여행
(앨런 세이 지음, 엄혜숙 옮김, 마루벌, 2003)

(2) 등장인물의 성격 묘사(characterization)

전래 동화의 등장인물은 전형적이며, 반면 창작 동화의 등장인물은 이야기에 걸쳐 성장과 변화를 보여 준다. 전래 동화의 인물들은 '착한 공주, 용감한 왕자, 사악한 계모, 사람을 잡아먹는 호랑이' 등 선악이 분명한 것이 특징이다. 가령, "옛날 어떤 마을에 마음씨 착한 동생과 마음씨 고약한 형이 살았다."와 같이 등장인물의 성격을 처음부터 정해서 알려 주는 방식이다. 반면에 창작 동화는 유아의 정서와 행동, 사고를 반영하는 인물들이 등장하고, 작품이 전개됨에 따라 등장인물의 성격이 변화하는 경우가 많다. 이때 작품 속 등장인물은 독자들이 얼마나 동일시할 수 있

피터의 의자
(에즈러 잭 키츠 지음, 이진영 옮김, 시공주니어, 1996)

는 인물인가가 중요하다. 우수한 작품일수록 실제 유아들이 삶 속에서 느끼는 정서와 흡사하게 행동하는 등장인물들이 등장한다. 가령, 에즈라 잭 키츠의 『피터의 의자』, 『휘파람을 불어요』 등 일련의 작품에 등장하는 피터는 보통 아이들이 그러하듯 동생을 시샘하고 어른처럼 휘파람을 불고 싶어 하며, 이야기가 전개됨에 따라 생각이 바뀌고 성장한다.

(3) 구성(plot)

구성이란 이야기 속에서 사건이 전개되는 순서를 말하며 유아를 위한 그림책은 '발단－전개－절정－결말'에 이르는 과정이 명확하고 만족스러워야 한다. 구성에는 크게 단선적 형식, 일화적 형식, 누적적 형식, 연쇄적 형식, 순환적 형식이 있다. 유아 그림책에 가장 많이 사용되는 것은 단선적 형식으로 시간의 흐름에 따라 순서적으로 이야기가 전개되는 것이다(예: 『심심해서 그랬어』). 일화적 형식이란 한 권의 책이 여러 장으로 구성되어 있는 것처럼 여러 사건이 모여 있는 것으로 유아 그림책에서는 보기 드물다. 누적적 형식이란 문장이나 사건이 반복되면서 시간이 지날수록 새로운 요소가 첨가되는 형식이다(예: 『야, 우리 기차에서 내려!』). 연쇄적 형식은 하나의 사건이 원인이 되어 다음 사건이 발생하는 구조가 연이어진다(예: 『쌀 한 톨로 장가든 총각』). 순환적 형식은 이야기 속의 사건이 시작되어 다시 원점으로 돌아오는 형식을 말한다(예: 『사윗감을 찾아 나선 두더지』, 『통통 무슨 통』).

(4) 주제(theme)

주제란 한 작품에 전반적으로 흐르는 사고를 말하며 유아의 세계를 잘 반영하고 있는가가 중요하다. 유아를 위한 그림책은 종종 성장이라는 주제를 중심으로 조직되어 있다. 즉, 유아들이 너무 어려서, 너무 작아서, 너무 겁이 많아서, 새로운 경험에 직면하여 겪게 되는 문제를 해결해 가는 과정에서 독립심과 자율성의 증가, 유아의 기본 욕구(가령, 사랑받고 싶은 욕구)의 충족을 이루어 가는 주제가 자주 등장한다. 이런 주제는 동일시가 쉽게 이루어져 기억에 오래 남는다. 갤더와 컬리넌(2002)은 기억할 만한 주제는 "구성과 등장인물들로부터 뿜어져 나와 쉽게 알아낼 수 있고 그림과 구성에 두루 스며 있어야 한다."고 하였다. 또 그림책 자체로서는 우수하더라도 주제가 어렵거나 모호한 것(예: 『무슨 일이든 다 때가 있다』, 『할아버지의 긴 여행』)은 유아에게는 적합하지 않고 초등 이상 성인까지를 대상으로 한 작품이라고 볼 수 있다.

(5) 문체

그림책의 언어는 소리 내어 읽기 적합하고, 기본적으로 유아가 이해할 수 있는 것이어야 한다. 그림책은 대부분 성인이 소리 내어 읽어 주어야 하므로 내적 리듬감과 말 자체가 가지는 생동감이 요구된다. 또 문체(style)는 작품의 분위기를 대변하기도 한다. 제인 욜런의 『부엉이와 보름달』은 대화체 없이 차분한 해설로 이어지며 눈 내린 밤의 정적과 주인공이 느끼는 긴박감이 작가의 시적 표현을 통해 잘 나타내고 있다. 유리 슐레비츠의 『새벽』 역시 고요하고 명상적인 분위기를 절제된 문체로 대변하고 있다. 반면에, 「우리 엄마인가요?」(『뜨레풀 책놀이 4』)와 같은 영아 그림책이나 『누가 내 머리에 똥 쌌어?』, 『곰 사냥을 떠나자』 류의 책들은 구어의 반복을 통해 생동감을 주고 쉽게 따라 할 수 있어 글을 모르는 유아도 읽기에 참여하도록 해 준다. 유아를 위한 그림책의 적절한 어휘 난이도는, 맥락적 이해가 이루어지되 유아의 언어 경험을 확장시키는 의미에서 익숙하지 않은 단어가 약간 포함된 정도가 적절하다.

새벽(유리 슐레비츠 글·그림, 강무홍 옮김, 시공주니어, 1994)

2) 미술적 요소

그림책에서의 미술 역시 매체(media)와 기법(technique), 양식(style) 모두와 관련이 있다. 작가는 배경을 재현하고 등장인물을 부각시키며 주제를 전달하고 그림책에 나타난 분위기를 만들어 내기 위해 스타일, 매체, 테크닉 등을 결합시키는데 기본적인 미술적 요소는 다음과 같은 것이 있다(Cullinan & Galda, 2002).

그림책의 그림은 일반 그림과 마찬가지로 높은 미술적 품질을 지녀야 하며 더욱 중요한 것은 '미술적 요소들이 본문의 내용과 얼마나 통합성을 이루며 주제를 잘 나타내고 있는가?' 이다.

(1) 선(line)

선이란 방향과 움직임을 보여 주며 굵기와 길이, 각도 등을 통해 정서적 반응과 의미를 표현한다. 수직선은 냉정하고 차가운 느낌, 수평선은 안정감, 곡선은 따뜻함과 자유로움, 날카롭거나 Z자 형의 직선은 흥분과 빠른 운동성, 물결 모양의 선은 동적 에너지를 표현한다. 『고릴라』에서 앤서니 브라운은 직선을 통해 냉랭한 가족 분위기와 갇힌 듯한 한나의 심리를 반영하고, 박은영의 『기차 ㄱ ㄴ ㄷ』에서는 수평선으로 달리는 기차가 편안한 여행을 연상시킨다. 『비가 오는 날에』, 『달려』의 이혜리 작가는 다양한 선의 움직임으로 활기찬 그림책을 만드는 대표적인 작가이다. 『쏘피가 화나면– 정말, 정말 화나면…』에서 몰리 뱅은 쏘피의 윤곽선 변화와 맥박 치는 듯한 선을 통해 폭발할 듯한 심리 상태를 담고 있다.

쏘피가 화나면–
정말, 정말 화나면…
(몰리 뱅 글 · 그림, 이은화 옮김,
어린이미디어교육연구소, 2000)

(2) 모양(shape)

모양은 선에 의해 둘러싸인 영역으로 보는 사람의 관점과 사고를 나타낸다. 크게 기하학적(geometric), 추상적(abstract), 재현적(representational) 형태로 나눌 수 있다. 로이스 앨러트의 『알록달록 동물원』과 제럴드 맥더멋의 『태양으로 날아간 화살』 등은 기하학적인 형태, 레오 리오니의 『노랑이와 파랑이』는 추상적 형태, 『심심해서 그랬어』는 실제의 모습을 담은 재현적 형태에 속한다. 또 모양은 크게 봐서 공간

태양으로 날아간 화살
(제럴드 멕더멋 지음, 김명숙 옮김,
시공주니어, 1996)

(space)도 포함하는데 에드 영은 『일곱 마리 눈먼 쥐』에서 검고 넓은 배경을 '또 다른 의미' 의 형태로 사용하며, 에즈라 잭 키츠는 흰 여백을 통해 눈 온 날의 평화로운 세계를 보여 준다. 그 외 삼각형, 사각형, 원 등의 모양은 선과 연계해서 설명될 수 있으며 신용준의 『지하철은 달려온다』는 사각형을 역동적으로 사용한 예이다.

(3) 색(color)

작가는 색을 통해 등장인물의 성격과 분위기, 정서를 표현한다. 색은 따뜻함, 시원함, 성격적 특질, 무관심, 감정을 담고 있다. 가령, 『고릴라』의 경우 초반의 희고 푸른 색은 '한나의 심리적 위축과 소외', 후반부의 노랗고 붉은 색조는 '따뜻하고 다정한 감정의 교류' 를 나타낸다. 또 유아가 항상 밝은 색을 좋아한다는 것은 근거가 없으며 버지니아 리 버튼의 『말괄량이 기관차 추추』, 마크 사이먼트의 『코를 킁킁』, 마리 홀 엣츠의 『또 다시 숲 속으로』, 완다 가그의 『백만 마리 고양이』 등은 흑백 대비를 통해 선과 모양, 공간을 효과적으로 부각시켰다.

고릴라(앤서니 브라운 지음, 장은수 옮김, 비룡소, 1998)

(4) 질감(texture)

질감은 그림에서 나타나는 표면의 느낌으로 화면 속에서 대비를 통해 실제감과 운동, 거칠음과 부드러움을 나타낸다. 질감을 통해 그림책의 실제감이 살아나고 보고 싶고 만져 보고 싶은 호기심이 유발된다. 주경호의 『우리 할아버지가 꼭 나만 했을 때』는 점토로 빚은 인형과 흙담, 지푸라기 등으로 질감을 살렸고, 바바라 레이드의 『노아의 방주를 탄 동물들』, 마이클 그레니엣의 『무지개꽃이 피었어요』도 질감이 잘 드러나는 예이다.

노아의 방주를 탄 동물들
(바바라 레이드 지음, 김장성 옮김, 사계절, 1998)

(5) 디자인(design)

작은 집 이야기
(버지니아 리 버튼 지음, 홍연미 옮김, 시공주니어, 1993)

디자인은 작가가 의미 있는 전체로서의 통합성을 전달하기 위해 미술적 요소를 어떻게 배열하느냐의 문제이다. 이것은 구도(composition), 배치(placement), 원근법 또는 조망(perspective) 등의 요소와 관련이 있다. 돈 우드의 『낮잠 자는 집』에서는 전체적으로 조망의 변화를 통해 이야기를 이끌어 가고 있으며 『작은 집 이야기』는 원근화법을 이용하였고, 『노나 할머니』에서 토미 드 파올라는 사각형 윤곽을 통해 무대를 연상시킨다.

(6) 매체와 기법

오늘날 그림책의 가장 큰 특징 중의 하나가 매체와 기법의 다양성과 혼합이다. 기법에는 크게 채색 기법과 드로잉, 판화, 콜라주, 스크래치 보드, 사진, 컴퓨터 그래픽, 점토, 조각 등 다양하다.

채색 기법 중 수채 물감은 부드럽고 섬세한 그림에 적당하며 베아트릭스 포터의 『피터래빗 이야기』, 유리 슐레비츠의 『새벽』, 이호백의 『도대체 그 동안 무슨 일이 일어났을까?』, 베라 윌리암스의 『어머니의 의자』, 데이비드 위즈너의 『이상한 화요일』 등을 들 수 있다. 불투명 물감에는 여러 종류가 있는데 안료 가루에 무엇을 섞느냐에 따라 템페라(모리스 샌닥의 『괴물들이 사는 나라』), 과슈(몰리 뱅의 『쏘피가 화나면- 정말, 정말 화나면…』), 아크릴 물감(바바라 쿠니의 『미스 럼피우스』, 데이빗 섀논의 『안 돼! 데이빗』), 유화(폴 오 젤린스키의 『룸펠슈틸츠헨』) 등이 있다. 템페라는 화려한 색감, 아크릴은 유화보다 빨리 마르며 수채화의 섬세함을 느낄 수 있는 장점이 있다. 크레용이 쓰인 예로는 죠 신타의 『나의 크레용』이 대표적이다. 드로잉(drawing)만으로 완성도 높은 작품을 만들기도 한다. 크리스 반 알스버그는 『압둘 가사지의 정원』에서 연필과 콩테로, 버지니아 리 버튼은 『말괄량이 기차 추추』에서 콩테, 레이먼드 브릭스는 『곰』에서 색연필을 사용하였다. 판화 기법으로는 게일 헤일리의 『이야기 이야기』를 들 수 있으며, 콜라주 기법은 에즈라 잭 키츠의 『눈 오는 날』, 레오 리오니의 『프레드릭』, 『새앙쥐와 태엽쥐』 등 어린이 그림책에 많이 등장하는 기법이다. 레오 리오니의 『으뜸 헤엄이』에서는 찍기 기법이 활용되었다. 그 외에 사진 기법도 가끔 등장하는데 보통 다른 기법들과 혼합할 때가 많다. 『구름 나라』에서 존 버닝햄은 사진과 콜라주를 복합적으로 사용하였고, 『고래들의 노래』에서 블라이드는 사진에 유화를 함께 사용하였다.

현대 그림책의 경향은 갈수록 매체와 기법에서의 혼합이 늘고 있다. 우리나라에서는 화선지와 염료 등 새로운 매체를 개발해서 사용하는 경우가 늘고 있다(김세희, 2000). 유애로의 『쪽빛을 찾아서』의 경우 천에 염료와 아크릴 물감으로 그렸고, 이영경의 『아씨방 일곱 동무』는 화선지에 아교와 백반을 바른 뒤 작업하였으며, 정승각의 『강아지똥』의 경우 화선지에 호분을 입혔고, 권윤덕은 『일과 도구』에서 비단에 아교를 칠한 후에 먹으로 선을 뜨고 색을 올리는 등 새로운 느낌의 표현을 위해 작가들은 늘 매체 선택에 도전하고 있다.

압둘 가사지의 정원
(크리스 반 알스버그 글, 이상희 옮김, 베틀북, 2002)

일과 도구
(권윤덕 글 · 그림, 길벗어린이, 2008)

(7) 양식(style)

양식은 화가의 예술적인 개성을 반영하는데, 다양한 그림책 양식을 통해 유아들은 폭넓은 예술 양식을 경험한다. 그림책에 많이 등장하는 양식으로 몇 가지를 알아 본다.

① 재현주의(representationalism)

재현주의란 사물을 사실적으로 표현하는 방법으로 작가는 등장인물이 실제인 것처럼 믿어지기를 원한다. 정교하게 묘사된 폴 오 젤린스키의 『라푼젤』을 예로 들 수 있다(Galda & Cullinan, 2002). 이태수의 『심심해서 그랬어』 등 '도토리 계절 그림책' 과 일련의 세밀화 그림책도 대표적인 예이다.

심심해서 그랬어
(윤구병 글, 이태수 그림, 보리, 1997)

② 표현주의(expressionism)

표현주의란 정밀한 사실주의에 대한 반발로 생겨났으며 사물을 본 대로 정확하게 묘사하기보다는 작가가 자신이 느낀 대로 표현하는 방법이다. 표현주의적 그림에서는 의도적인 비틀기와 과장이 포함되는데 이는 선, 공간, 색, 형태, 질감, 구도와 같은 미술적 요소에서 다양한 실험을 거쳐 이루어진다. 루드비히 베멀먼즈의 『씩씩한 마들린느』(1939)에서는 과장된 선과 변형된 형태, 모든 것을 아이 같은 단순함으로 처리한 화풍을 볼 수 있다. 표현주의의 극단은 추상주의인데 너무 모호해서 어린이를 위한 그림책에서는 보기 드물다. 그림이 무얼 말하는지 알 수 없으면 이야기를 만들기가 어렵기 때문이다.

씩씩한 마들린느
(루드비히 베멀먼즈 글 · 그림,
이선아 옮김, 시공주니어, 1994)

③ 인상주의(impressionism)

인상주의적 그림은 빛과 색채의 상호작용을 강조하며 실제에 대한 인상을 창조해 낸다. 에드 영은 『론포포』에서 일체의 부수적인 배경이나 구체물을 사용하지 않고도 여러 페이지에 걸쳐져 있는 어렴풋한 그림자와 눈과 이빨에 쓰인 약간의 흰색 터치만으로 으스스하고 위협적인 분위기를 효과적으로 만들었다(Cullinan & Galda, 2002).

론포포(에드 영 글 · 그림,
김윤태 옮김, 보림, 1996)

④ 초현실주의(surrealism)

초현실주의 그림에는 놀랄 만한 이미지와 부조화가 포함되어 있고 이는 관습에 대한 풍자적 태도를 나타낸다. 초현실적 그림은 종종 꿈이나 환상 속에서 경험한 이미지로 이루어져 있다(Cullinan & Galda, 2002). 크리스 반 알스버그의 『주만지』, 앤서니 브라운의 『고릴라』, 데이비드 위즈너의 『이상한 화요일』 등이 있다.

이상한 화요일
(데이비드 위즈너 글·그림, 비룡소, 2002)

⑤ 만화(cartoon)

만화는 표현주의의 한 형태로 볼 수 있다. 인물의 특징을 묘사하기 위해서 선을 강조하고 유머의 효과를 위해 형태를 단순화시키거나 과장한다. 만화는 상업 광고나 인쇄 영상 매체를 통해 친숙한 기법이어서 유아에게 설득력이 크다. 윌리엄 스타이그의 『실베스터와 조약돌』, 데이비 섀논의 『안 돼, 데이빗!』이 대표적인 예이다.

안 돼, 데이빗!
(데이빗 섀논 글·그림, 지경사, 1999)

⑥ 민속 그림(folk art)

민속 그림은 고유한 문화가 있는 민족이면 갖고 있는 전통적인 상징과 기법, 모티브를 사용한 그림으로 세계적으로 광범위하게 쓰이고 있다. 정승각의 『까막나라에서 온 삽사리』는 우리 고유의 단청 색과 고대 사회의 동물 형상을 재현하고 있다.

까막나라에서 온 삽사리
(정승각 그림, 초방책방, 1994)

3) 그림책 평가를 위한 기준

(1) 그림

잘롱고(Jalongo, 1988)는 그림책의 그림에 대한 종합적 평가 준거를 다음과 같이 예시하였다.

- 그림과 글이 통일된 의미를 가지는가?
- 그림이 전달하는 분위기가 이야기의 분위기를 보완하는가?
- 그림의 세부 묘사가 글과 일치하는가?
- 어린이가 그림을 봄으로써 기본적 개념이나 이야기 줄거리를 알게 되는가?
- 그림이나 사진에서 아름다움을 느낄 수 있는가?
- 인쇄(명확성, 형태, 선, 사진)가 양질의 것인가?
- 어린이가 그림을 보면 볼수록 더 많은 것을 느끼고 알게 되는가?
- 그림의 스타일과 복잡성이 어린이의 연령 수준에 맞는가?

(2) 글

그림책의 글에 대한 평가 기준으로는 크게 문학성, 발달 적합성, 내용의 교육적 가치 등을 들 수 있다. 성인 문학이 소재와 주제 면에서 광범위하고 비도덕적이거나 비정상적인 범위까지 표현이 가능한 반면, 유아문학은 가치관이 형성되기 이전의 유아를 대상으로 하는 것이니만큼 전인적 발달에 합당한 작품을 전제로 한다. 그림책의 교육적 요소란 '교훈적' 이거나 '학습적' 인 것과는 구별되는 것이다. 글에 대한 평가 준거를 구체적으로 살펴보면 다음과 같다.

- 내용 또는 문체가 즐거움을 주는가?
- 어린이에게 가치 있는 주제를 담고 있는가?
- 건전한 언어 습득과 심미적 언어 경험을 격려하는가?
- 호기심을 격려하고 사고를 북돋우는가?

(3) 그림책 선정을 위한 평가 준거

여러 이론과 현장 교사들의 의견을 종합해 다음과 같은 그림책 선정을 위한 평가 준거가 마련되었다. 이는 본서 실제편의 그림책 선정 기준이기도 하다.

- 유아들에게 즐거움을 주는 책인가?
- 유아가 이해할 만한 수준인가?
- 주제는 가치 있고 새겨 볼 만한 것인가?
- 그림은 개성이 있으면서 글과 조화를 이루는가?
- 글은 즐겁고 새로운 언어 체험을 제공하는가?
- 그림과 글은 유아의 상상력과 호기심을 자극하고 창의적인 사고를 하도록 격려하는가?
- 인종이나 성, 연령에 대한 고정관념을 탈피하는가?
- 적은 비용으로 쉽게 구할 수 있는 책인가?

연구 문제

1. 일반 화가의 그림과 그림책의 그림, 전공 서적에 쓰이는 삽화를 비교하여 설명해 보자.
2. 그림책에 나오는 등장인물 중 유아들이 좋아하는 등장인물을 한 명 선정하고 그 이유를 설명해 보자.
3. 권정생의 '강아지똥'이 시대에 따라 대상 독자에 따라 문체가 어떻게 변화했는지를 알아 보자.
4. 드로잉만으로 된 그림책을 두 권 선정해 채색 그림책과 비교해 보자.
5. 그림 작가를 한 명씩 선정해 작품들을 통해 작가의 작품 세계를 알아 보자.
6. 유아문학 강좌에서 그림책의 미술적 요소를 다루는 이유는 무엇일까?

제 5 장

유아문학의 장르

문학의 장르를 나누는 기준은 여러 가지가 있다. 이야기(인물과 갈등과 문제 해결이 있는 구성을 가진)가 있느냐에 따라 서사(narrative) 문학과 비서사(nonnarrative) 문학, 허구적인 것이냐 사실적인 것이냐에 따라 픽션(fiction)과 논픽션(nonfiction), 길이와 음률에 따라 산문과 운문, 시대와 저자 유무에 따라 전승 문학과 창작 문학으로 나눌 수도 있다. 이 중 가장 장르별 중복이 없으면서 유아문학에 가까운 분류는 다음 표와 같다(김현희 · 박상희, 2008).

| 표 5-1 | 유아문학의 종류

<table>
<tr><th></th><th colspan="2">산문(prose)</th><th>운문(verse)</th><th rowspan="3">그림책</th></tr>
<tr><td>전승 문학</td><td colspan="2">• 민담(folklore)
• 신화 및 전설(myths, legend)
• 우화(fable)</td><td>전래 동요</td></tr>
<tr><td>창작 문학</td><td>〈환상문학〉

〈사실문학〉

〈논픽션〉</td><td>• 환상동화(fantasy)
• 공상과학동화(science fiction)
• 사실동화(contemporary realistic fiction)
• 역사동화(historical fiction)
• 전기(biography)
• 정보책(informational book)</td><td>동요
동시</td></tr>
</table>

그림책은 초기에는 장르라기보다 글과 그림이 함께 하는 형태적 성격이 강하였으나 20세기 후반부터는 영상과 감성을 중시하는 포스트모더니즘의 영향으로 그림책을 글과 그림의 유기적 관계로부터 새로운 의미가 발현되는 고유한 문학 장르로 보는 관점이 대두되고 있다.

장르별 그림책의 예

- 전래 동화

우렁각시
(김용철 글·그림, 길벗어린이, 2009)

- 동시

나비가 날아간다
(김용택 시, 정순희 그림, 미세기, 2001)

- 정보그림책

강아지가 태어났어요
(조애너 콜 글, 제롬 웩슬러 사진, 이보라 옮김, 비룡소, 2000)

- 환상그림책

마녀 위니
(밸러리 토머스 글, 코키 폴 그림, 김중철 옮김, 비룡소, 1996)

1. 전래 동화

1) 전래 동화의 개념

전래 동화란 말 그대로 예로부터 전해 내려오는 이야기로서, 크게 보면 전승 문학의 산문들을 아우르는 개념이다. 전래 동화의 뿌리는 원시시대의 설화문학, 즉 신화, 전설, 민담, 우화 등으로 이러한 것들이 구전, 채록, 정착화되는 과정에서 그 중 어린이에게 적합하도록 재화(再話)된 것이 전래 동화이다.

2) 전래 동화의 특징

(1) 전래 동화의 특징과 동심

전래 동화는 문학적 요소 면에서 다음과 같은 특징을 갖는다. 먼저, 일반적으로 작가가 누구인지 알려져 있지 않고, 배경은 불특정적이며 모호하고, 등장인물은 선과 악이 분명하게 드러나는 전형적인 성격이다. 주제는 권선징악이나 해학과 유머 등 한정적이다(예: '콩쥐 팥쥐' 나 '흥부 놀부'). 전래 동화 중 가장 대표적인 것이 민담(folktales, fairy tales)인데, 유아가 민담을 좋아하는 이유는 여러 가지가 있다. 먼저, 민담은 활기 있게 시작되어 풍부한 줄거리와 이야기가 전개된다. 또 민담은 유머가 있고, 아이들의 정의감에 호소한다. 게다가 민담이 갖는 전형적 특징인 '권선징악' 주제와 전형적 성격 묘사, 반복된 구절과 만족할 만한 뚜렷한 결론 등 단순 명쾌한 구조는 유아들도 이해하기 쉽다.

(2) 문화에 따른 특징

① 유럽 민담의 특징(김현희 · 박상희, 2008)

유럽의 민담은 대체로 다음과 같은 특징이 있다. 먼저, 단어와 구, 문장, 상황의 반복이 많고, '3' 이라는 숫자(예: 세 가지 소원, 삼형제)가 많이 등장하며 단순한 이야기가 전개되고, 여행을 떠나는 모험담, 대립되는 요소(선한-악함, 인간-초능력자, 하녀-왕비)가 많고, 주인공이 그 대립되는 요소로 변화해 가는 것을 볼 수 있다.

② 우리나라 전래 동화의 특징(김인애, 1985)

한국의 민담은 3회 반복의 법칙, 선과 악의 대결, 현실세계와 환상세계가 구분돼 있지 않고 자유 왕래하며, 다양한 마술이 구사되지만 서양에 비해서는 마술이 적으며, 유교적 윤리관이 개입하고(예: 효성이 지극한 주인공이 도움을 받음), 악에 대해서는 소극적으로 대처해 악인의 처벌에 관대하다(예: 흥부가 놀부를 용서함). 현실에 대한 관념은 비극적이고 염세적이지만 천상 등 초현실의 세계는 화려하게 묘사된다.

③ 전래 동화를 통한 가치관 비교

'해와 달이 된 오누이'(혹은 '해님 달님')와 '늑대와 일곱 마리 아기염소'를 살펴보면, 두 이야기 모두 어머니의 지시를 따르지 않으면 어려움을 당한다는 내용을 통해 어머니에 대한 복종과 외부 침입에 대한 경각심을 일깨우고 있으나 어머니상은 대조적이다. 먼저, '해와 달이 된 오누이'에 등장하는 어머니는 아이들에게 빨리 가야겠다는 일념에 팔과 다리를 떼어 주고 끝내 잡아먹히는 지극히 자기 희생적이고 무력한 모습의 어머니라면, '늑대와 일곱 마리의 아기염소'에서는 늑대의 배를 가위로 갈라서 아기염소를 구출하는 적극적인 어머니가 등장한다(김현희 · 박상희, 2008).

해님 달님
(이효성 글, 하의정 그림, 지경사, 2007)

3) 전래 동화의 가치

옛이야기 속에는 겨레의 삶과 생각, 슬기와 용기, 웃음과 눈물이 마디마디 들어 있다(서정오, 1995). 정서 장애 아동을 치료하였던 베텔하임(Betteleim, 1998)은 옛이야기의 분석을 통해 환상적 요소가 유아의 상상력을 격려할 뿐만 아니라 공포를 극복하고 위로를 받고 희망을 준다고 하였다. 그는 또 옛이야기는 어린이들이 읽은 어떤 유형의 이야기보다도 인간의 내면 문제들에 대해 많은 가르침을 준다고 보았다. 옛이야기는 수백 년 동안 거듭되면서 표면적 의미와 심층적 의미를 함께 지니게 되었고, 그리하여 인간의 모든 심리적인 측면에 동시에 호소할 수 있게 되었으며, 어른은 물론, 순진한 어린이의 마음에까지 닿을 수 있는 방법으로 의미를 전달한다(Betteleim, 1998).

옛이야기의 교육적 가치를 간추려 보면 다음과 같다(김현희 · 박상희, 1999).

- 문학적으로 풍성한 경험을 제공한다.
- 환상성에 기반을 둔 단순 명쾌한 구성이 주는 재미가 있다.
- 권선징악, 친절, 정직 등의 미덕을 장려하는 도덕적 가치가 있다.
- 현실의 불만족을 상상적으로 보상해 주는 욕구 만족의 가치가 있다.
- 옛이야기를 통해 오늘날의 세계를 이해하는 것을 돕고 어린이에게 삶의 의미를 제공해 준다.

4) 민담의 기원

민담에 대한 기원은 크게 일원발생론, 다원발생론, 정신분석적 해석이 있다. 이 중 다문화사회에서 특히 눈길을 끄는 것은 다원발생론적 관점이다. 다원발생론이란 세계 어느 곳에 있든지 사람들은 모두 똑같은 정서를 갖고 있으며, 문화 발전 과정이 비슷하기 때문에 비슷한 민담이 세계적으로 분포되어 있다고 보는 것이다(Sutherland, 1997). 이 이론은 오늘날까지도 유력한 설명으로 남아 있으며 인류학자들에 의해 주장되었다. 대표적인 예로 '신데렐라' 이야기가 전 세계에 퍼져 있는 것을 들 수 있다(한국의 '콩쥐 팥쥐', 베트남의 '떰과 깜'). 비슷한 줄

콩쥐 팥쥐
(박상률 글, 최기순 그림, 삼성출판사, 2003)

거리를 가진 옛이야기는 다문화교육에 있어서 나라 간 이야기들을 서로 비교하면서 문화의 보편성과 특수성을 다룰 수 있으므로 유용하다. 한편, 일원발생론이란 모든 민담이 게르만 민족 신화에서 유래되었다고 보는 것으로 현재는 별 주목을 받지 못하고 있다. 정신분석학적 입장에서 융(Jung)은 집단 무의식의 과정을 가장 뚜렷하게 나타내는 것이 민담이라고 보았다.

떰과 깜(베트남 민담 책)

5) 전래 동화와 패러디 문학

패러디(parody)란 특정 작품의 소재나 작가의 문체를 흉내 내어 익살스럽게 표현하는 수법 또는 그런 작품을 말한다(네이버 국어사전, 2013). 아동문학에서는 특히 전래동화에 대한 패러디가 많다. 패러디된 동화를 유아에게 소개할 때 유의할 점은 유아가 원전을 정확하게 알고 난 후에 접하게 해야 한다는 점이다. 그래야 패러디 동화를 이해하기도 쉽고, 원전을 잘못 알게 되는 오류도 막을 수 있다. 패러디 동화의 예로는 『늑대가 들려주는 아기돼지 삼형제 이야기』(원전: 아기돼지 삼형제), 『신데룰라』(원전: 신데렐라) 등을 들 수 있다.

2. 전래 동요

전래 동요는 오랜 세월 동안 입에서 입으로 전해져 내려온 노래이며 글이 생기기 이전부터 있었던 형태이다. 영어 문화권에서는 마더구스(mother goose) 또는 너서리 라임(nursery rhyme)이라고 부르며 현재도 중요한 장르로 다루고 있다.

1) 전래 동요의 가치

전래 동요는 다음과 같은 교육적 가치를 지니고 있다(김세희, 2000).

- 자연스럽게 민족 정체감을 형성하는 것을 도와준다.
- 모국어의 특징을 알게 하고 언어 발달을 돕는다.
- 유아의 사회성 발달을 돕는다.
- 음악적 경험을 제공한다.

오랫동안 전해져 내려오는 동요 속에는 민족의 사상과 풍속 등이 들어 있고 외우기 쉽고, 재미있는 구절이 많아서 어휘 발달과 자연스러운 문해 발달에도 도움이 된다. 또 전래 동요는 혼자서 하는 놀이보다는 집단놀이를 할 때 부르는 경우가 많아 사회성을 촉진하며, 민족 고유의 가락을 체험할 기회를 제공한다. 어려서부터 서양의 7음계와는 다른 음과 가락을 접함으로써 음악적 감수성의 폭이 넓어질 수 있다.

전래 동요의 유형으로는 언어놀이 노래, 동작놀이 노래, 대상놀이 노래 등이 있다(김세희, 1994). 언어놀이 노래는 전래 동요 중에 특히 비중이 높고 종류가 다양해서 유아언어교육에 바로 적용할 수 있으며 '나무 노래', '성씨가', '글자 공부', '숫자 풀이', '말꼬리 기차' 등이 있다. 동작놀이 유형에는 '어디까지 왔니?', '우리 집에 왜 왔니?' 등을 들 수 있으며, 대상놀이 노래에는 '비야 비야 오지 마라', 동물을 소재로 한 노래는 '여우야 여우야', '두껍아 두껍아' 등을 들 수 있다.

전래 동요의 예

- **꼬마야 꼬마야**

꼬마야 꼬마야 뒤로 돌아라
꼬마야 꼬마야 땅을 짚어라
꼬마야 꼬마야 만세를 불러라
꼬마야 꼬마야 잘 가거라.

- **우리 집에 왜 왔니?**

우리 집에 왜 왔니? 왜 왔니? 왜 왔니?
꽃 찾으러 왔단다 왔단다 왔단다
무슨 꽃을 찾으러 왔느냐 왔느냐?
○○꽃을 찾으러 왔단다 왔단다
가위, 바위, 보!

나무 노래

가자 가자 감나무
오자 오자 옻나무
갓난아기 자각나무
거짓말 못해 참나무
꿩의 사촌 닥나무
낮에 봐도 밤나무
너하고 나하고 살구나무
입맞추자 쪽나무
동지섣달 사시나무
따끔따끔 가시나무
바람 솔솔 소나무
방귀 뀌는 뽕나무
깔고 앉자 구기자나무

어디까지 왔니?

어디까지 왔니? – 아직 아직 멀었다
어디까지 왔니? – 동산 건너 왔다
어디까지 왔니? – 개울 건너 왔다
어디까지 왔니? – 대문 밖에 왔다
어디까지 왔니? – 마루까지 왔다
어디까지 왔니? – 다 왔다!

말꼬리 기차

원숭이 엉덩이는 빨개
빨가면 사과
사과는 맛있어
맛있으면 바나나
바나나는 길어
길면 기차
기차는 빨라
빠른 것은 비행기
비행기는 높아
높은 것은 백두산!

숫자 풀이

하나 하면 할머니가 지팡이를 짚는다고 잘잘잘
둘 하면 두부 장수 두부를 판다고 잘잘잘
셋 하면 새색시가 거울을 본다고 잘잘잘
넷 하면 냇가에서 빨래를 빤다고 잘잘잘
다섯 하면 다람쥐가 알밤을 깐다고 잘잘잘
여섯 하면 여학생이 공부를 한다고 잘잘잘
일곱 하면 일꾼들이 나무를 벤다고 잘잘잘
여덟 하면 엿장수가 깨엿을 판다고 잘잘잘
아홉 하면 아버지가 장보러 간다고 잘잘잘
열 하면 열무 장수 열무를 판다고 열무 사려!

※ 전래 동요 참고 문헌

『가자 가자 감나무』(편해문 글, 박향미 그림, 창비, 1998)
『동요그림책』(편집부 편, 곽선영 외 그림, 삼성출판사, 2001)
『우리 할아버지가 똑 나만했을 때』(전래 동요, 주경호 인형, 보림, 1999)
「원숭이 엉덩이는 빨개」, 『뜨레풀 책놀이 5』(전래 동요, 김보미 그림, 동심, 2009)

3. 동시

동시란 동심을 소재로 하여 인간과 사물에 대한 사고와 경험을 함축된 언어로 표현한 운문으로 리듬감과 이미지를 특징으로 한다. 동시의 구성 요소는 심상(image), 리듬(rhythm), 언어(words)를 들 수 있다(구인환 외, 1990).

1) 동시의 교육적 가치와 선정 기준

어렸을 때의 동시 경험은 유아의 정서 함양뿐 아니라 유아들이 가지고 있는 감성과 상상력을 통한 인간 교육의 기초가 되며, 모국어의 아름다움을 느낄 수 있게 하는 가장 적절한 매체이다. 또한 정선된 시어를 통하여 언어 기능을 체험하고 사물에 대한 직관력을 기를 수 있으며 나아가 자신의 감정을 자연스럽게 표현할 수 있는 능력을 길러 준다(이상금 · 장영희, 1986).

유아들에게 적합한 동시의 기준은 학자마다 다른데, 버크(Burke, 1990)는 '시를 다시 듣고 싶은가? 리듬이 뚜렷한가? 간결하고 단순한 심상이 들어 있는가? 시가 주제를 갖고 있는가? 운율과 유머가 있는가?' 등을 기준으로 삼았다.

유아를 위한 통합적인 동시 활동을 위해서는 다음과 같은 동시 선택 기준이 필요하다(이송은, 2001a).

- 유아들이 이해할 수 있는 시
- 유아들의 생활 체험이 녹아 있는 시
- 리듬과 운율이 살아 있는 시
- 독창적인 아이디어가 들어 있는 시
- 움직임이 들어 있는 시
- 감각적이고 심상이 뚜렷한 시
- 유머가 있는 시

꽃씨

김완기

몰래
겨울을 녹이면서
봄비가 내려와 앉으면

꽃씨는
땅속에서 한 바퀴 돌아누우며
눈을 뜹니다.

봄날

신형건

엄마, 깨진 무릎에 생긴
피딱지 좀 보세요.
까맣고 단단한 것이 꼭
잘 여문 꽃씨 같아요.
한 번 만져 보세요.
그 속에서 뭐가 꿈틀거리는지
자꾸 근질근질해요.
새 움이 트려나 봐요.

출처: 바퀴 달린 모자(푸른책들, 2013)

개구쟁이

문삼석

개구쟁이래도 좋구요,
말썽꾸러기래도 좋은데요,
엄마,
제발 '하지 마, 하지 마, 하지 마세요'
그럼 웬일인지
자꾸만 더 하고 싶거든요.

꿀밤을 주셔도 좋구요,
엉덩일 두들겨도 좋은데요,
엄마,
제발 '못 살아. 못 살아.' 하지 마세요.
엄마가 못 살면
난 정말 못 살겠거든요.

기린

손동연

기린은
하루에
한 끼만 먹어도 될 거야

목
이
길
어
서

뱃속까지
가는 데도
하루가 다 걸릴 테니까

출처: 참 좋은 짝(푸른책들, 2004)

바람과 빈 병

문삼석

바람이
숲 속에 버려진 빈 병을 보았습니다.
"쓸쓸할 거야."
바람은 함께 놀아 주려고
빈 병 속으로 들어갔습니다.
병은 기분이 좋았습니다.
"보오, 보오."
맑은 소리로
휘파람을 불었습니다.

빗방울은 둥글다

손동연

만약에
빗방울이
세모나 네모여 봐
새싹이랑
풀잎이
얼마나 아프겠니?

출처: 참 좋은 짝(푸른책들, 2004)

이름

엄기원

병아리 병아리
참 귀엽다.
강아지 강아지
참 귀엽다.
그 이름 모두
누가 지었지?

방울꽃 방울꽃
참 예쁘다.
토끼풀 토끼풀
참 예쁘다.
그 이름 모두 누가 붙였지?

손등 물기

김소운

엄마가 아기 손등을
잘근잘근 물었습니다.
"엄마! 내 손등을 왜 물어?"
"응, 그건 엄마가 너를
너무너무 사랑하기 때문이야"

아기도 엄마 손등을
꽈~악 깨물었습니다.
"아야야! 아프게 물면 어떡하니?"
"응, 그건 내가 엄마보다
더 많이 사랑하기 때문이야"

왜가리

박경종

왜가리야!
왝!
어디 가니?
왝!
엄마 찾니?
왝!
아빠 찾니?
왝!
왜 말은 않고 대답만 하니?
왝!
……
왝!

동시들 중 엄기원의 「이름」은 리듬과 운율이 잘 살아 있고 김완기의 「꽃씨」는 움직임이 두드러지며 김소운의 「손등 물기」나 문삼석의 「개구쟁이」는 유아의 생활 체험이 잘 드러나 있고, 그에 비해 신형건의 「봄날」, 손동연의 「빗방울은 둥글다」, 문삼석의 「바람과 빈 병」 등은 참신한 아이디어가 돋보인다. 동시 특성에 따라 적절한 감상 방법도 달라지는데, 「이름」처럼 정형률에 가까우면서도 동사보다 형용사가 많은 동시는 여러 번 소리 내어 읽어 보며 운율을 느껴 보는 것이 좋으며, 동사가 많이 사용된 경우는 몸으로 내용 표현해 보기 등의 감상법이 효과적이다. 생활 속 체험이 반영된 「손등 물기」나 「개구쟁이」 등의 동시는 이야기 나누기를 충분히 하는 것이 적절하다. 「기린」은 유아들이 좋아하는 동물을 소재로 하였으며 목이 긴 기린의 형상을 쉽게 연상할 수 있도록 연과 행을 배열하였고 유머를 느낄 수 있다.

2) 동시 낭송 기법

동시는 소리 내어 읽어 보며 감상하는 것이 중요하다. 이때 다양한 형태의 시 읽기를 통해 음운 간의 색다른 맛을 경험할 수 있으며 동시를 여러 가지로 읽어 보고 자신들의 소리를 녹음해서 같이 들어 보면서 서로의 느낌을 이야기해 보는 활동으로 확장할 수 있다.

동시 낭송 기법에는 후렴 읽기(refrain arrangement), 행별 읽기(line arrangement), 대화식 읽기(dialogue arrangement), 누적식 읽기(cumulative arrangement), 전체 읽기(unison arrangement) 등 여러 가지가 있다(김금희, 2003).

이 중 전체 읽기는 전체 어린이가 처음부터 끝까지 같이 읽는 것을 뜻하며, 후렴 읽기는 한 명의 리더가 내용이 전개되는 부분을 읽고 반복되는 부분인 후렴은 나머지 그룹이 받아서 읽는 형식이다(예: 윤석중의 「어깨동무」). 누적식 읽기는 행 또는 연별로 낭송 인원이 점차 증가하는 방식이다. 이때는 청각뿐만 아니라 피부로도 소리의 떨림을 느낄 수 있다(예: 윤석중의 「새 달력」). 행별 읽기는 말 그대로 한 행씩을 한 그룹이 읽는 것으로 오케스트라의 소리처럼 그룹마다 달라지는 음색을 느낄 수 있다(예: 김영일의 「달팽이」). 대화식 읽기는 팀을 나누어 대화하듯 낭송한다(예: 김소운의 「손등 물기」, 박경종의 「왜가리」).

한편, 유아교육 현장에서는 생활 주제 전개상 필요에 의해 동시가 사용되는 경우도 있다.

춤추는 칫솔

이송은

치약님, 나오세요
아래부터 사뿐사뿐
살그머니 앉으세요
아래위로 치카쓰카
옆으로는 안 돼요
고르고르 푸아아
치약님, 또 만나요
하얀 모자 잘 썼나요?
하루 세 번 열리는
칫솔 치약 춤 잔치.

출처: 우리 아이 말 배울 때 들려주는 동시(삼성출판사, 1999)

고드름

이송은

처마 밑의 고드름
주루룩 꽁!
밑으로 밑으로
거꾸로 자라요
똑!
하나 떼어서
연필로 쓰고
뚝!
하나 떼어서
얍! 얍! 얍!

출처: 표현력과 창의성을 키우는 손유희 101가지(동심, 2001)

발자국

이송은

쿵쿵
아빠 발자국

콩콩
엄마 발자국

삐깍삐깍
아기 발자국

와당탕!
내 발자국

3) 동시책

초등 어린이를 위한 동시 단행본은 푸른책들 출판사의 『참 좋은 짝』, 『거인들이 사는 나라』, 아동문예의 『한국연작시화선집』을 들 수 있다. 창작과비평사의 '우리 시 그림책' 시리즈는 시 한 편을 작품으로 하는 본격적인 동시 그림책의 시도라 할 수 있다(예: 『넉 점 반』, 『내 동생』).

유아를 위한 동시 그림책은 한 권에 수십 편의 동시가 실리는 형태가 일반적이다. 1990년대 말, 한 펼침면에 한 편의 시화를 싣듯 작품마다 다양한 일러스트를 적용하고 고급스러운 제본을 했던 『우리 아이 말 배울 때 들려주는 동시』(삼성출판사, 1999)를 비롯해 유아용 동시 그림책이 양산되었으나 그 후 활발히 이어지지는 못하였다.

넉점반
(윤석중 글, 이영경 그림, 창비, 2004)

내 동생
(주동민 글, 조은수 그림, 창비, 2003)

4) 유아를 위한 동시 감상과 짓기 활동

유아교육 현장에서 동시 분야는 동화에 비해 상대적으로 큰 주목을 받지 못해 왔다. 이송은(2001a)의 연구에 따르면 교사들은 동시 활동을 많이 하지 않는 이유로, '동시가 어려워서', '동화에 비해 활동 소재가 적어서', '동시 작품이나 활동 방법에 대한 정보가 부족해서' 등을 꼽았다. 서혜정(1996), 안경숙과 정연희(1999) 등이 동시를 통한 통합적 접근을 시도하였으며, 이송은(2001a)은 현장 적용 연구를 통해 감상과 표현이 어우러진 유아를 위한 통합적인 동시 짓기 프로그램을 제시하였다. 이 프로그램은 감상부터 동시 짓기까지 오감각을 중요시하고 문학적 감수성을 함께 깨우치는 나선형 방식을 취하고 있는데 그 기본 원리와 방법론, 통합적 수업안의 예는 다음과 같다.

| 표 5-2 | 통합적인 동시 짓기의 원리와 방법론(이송은, 2001a)

기본 원리	방법론
• 유아는 감각을 통한 직접 체험을 통해 잘 배울 수 있다. • 자연 친화적 체험은 유아의 정서적 안정을 주고 감각의 활성화를 돕는다. • 유의미한 학습이 이루어지려면 유아 중심의 통합적 활동이 구성되어야 한다. • 활동 전개에 있어 부분이나 지식보다는 전체와 이해를 선행한다. 즉, 유의미한 맥락 속에서의 의미 발견, 분석적인 지식보다는 감동을 느끼는 것이 우선이다(전체 → 부분, 느낌 → 해석). • 언어 능력에 대한 유아의 개인차를 인정한다. • 유아에게 발달에 적합한 동시 짓기는 말로 느낌을 표현하는 것으로 출발해야 한다.	• 감각에 의한 직접 체험과 자연 친화적 경험을 바탕으로 한 활동을 구성한다. • 동시 짓기는 동시 감상으로부터 시작한다. • 문해를 전제로 하지 않는다. • 동시 짓기를 강요하지 않으며 그리기 등 다른 형태의 참여도 허용한다. • 동시 짓기에 있어 교사 개입 정도는 수업 전개에 따라 점차 줄여 나간다. • 감각이나 동시에 대한 감수성 키우기 단계는 점진적이고 장기적이다. • 동시 관련 활동은 대체적으로 ① 동시 감상을 통한 동시 개념 익히기 ② 언어/문학적 감수성 키우기 ③ 동시 짓기 등 3과정을 거치며 주제에 따른 통합 활동의 부분이 된다. 초기일수록 ①, ②의 비중이 높으나 세부적 기법 적용은 반드시 순차적으로 행해야 함을 뜻하는 것은 아니다.

| 표 5-3 | 동시 관련 기본 활동(1) – 동시 개념 익히기

단계	목 표	활 동	내 용
동시 개념 익히기	감상을 통해 동시의 개념을 자연스럽게 익힌다.	낭송을 통한 리듬감 익히기	리듬이 뚜렷한 짧은 동시를 가볍게 몸을 움직이며 함께 낭송해 본다(예 엄기원 「이름」).
		동시 듣고 그림 그리기	동시를 반복해 들으면서 연상되는 장면이 무엇인지, 그림으로 나타내 본다. 이는 동시가 지닌 이미지를 형상화할 수 있고 언어적 표현이 서툰 아이들도 할 수 있는 장점이 있다(그리기를 힘들어하는 유아에게는 언어로 묻는다. 예 서정숙 「빗방울」).
		동시 듣고 이야기 나누기	동시를 듣고 어떤 느낌이 드는지, 무슨 생각이 떠오르는지 이야기 나눈다(이때 초기 단계일수록 짧게 한다).
		재미있는 표현 찾기	함께 소리 내어 읽으면서 내용 중 재미있는 어휘를 찾아보도록 한다. 시어로 선택된 말들은 평소 느끼지 못했던 말의 재미를 새롭게 깨닫게 해 준다(예 손동연 「빗방울은 둥글다」).
		동시 몸으로 표현하기	시 감상의 심화 단계이면서 구체적 경험을 좋아하는 유아의 특성상 유쾌하게 할 수 있는 몸놀이이다. 이때 동작 표현은 유아들의 의사를 존중해서 만든다(예 김완기 「꽃씨」).
		동시로 극놀이 하기	주고받는 대화체로 표현돼 있는 동시를 선택해서 역할을 팀별로 나누어서 동작과 함께 간단한 극놀이를 한다(예 서정숙 「꽃씨」).
		줄글과 동시의 차이 알기	동시와 줄글, 운문과 산문이 어떻게 다른지 알아 본다. 동시를 설명체 문장으로 풀어 쓴 다음 차례로 비교해 보면서 운문의 함축성과, 행과 연이 왜 있는지 이해한다. 이때도 원론적인 설명보다는 글로써 대조적인 속성을 체험한다. 반대로 동화를 동시로 만들어서 줄거리는 같지만 동화와 동시일 때 각각 느낌이 어떻게 다른지 느껴 본다.

| 표 5-4 | 동시 관련 기본 활동(2) – 언어/문학적 감수성 키우기

단계	목 표	활 동	내 용
언어·문학적 감수성 키우기	감각을 통해 느낀 것을 적절한 언어로 표현한다. 어휘와 연상의 폭을 넓힌다. 부분적으로 동시 표현하기를 익힌다.	감각 단어 발견하기	감각에 관련된 주제 활동 시 감각 단어를 탐색한다. 촉각, 청각, 시각, 미각, 후각 등 오감에 관련된 단어를 탐색하고 단어 카드로 묶어 언어 영역에 비치해 둔다(예 촉감책–꺼끌꺼끌, 맨질맨질 등).
		큰 말/작은 말	의성어와 의태어 중 어감의 크기가 다른 말을 찾아봄으로써 감각표현을 세분화시킨다(예 주물럭–조물락, 철썩–찰싹).
		알맞은 꾸밈말 넣기	짧은 동화 내용 중 꾸밈말 부분을 비워 놓고 알맞은 말이 어떤 것인지 찾아본다.
		창의적 의성어 발견하기	감각에 전달되는 그대로 표현해 봄으로써 고정관념화되어 있는 의성어의 틀을 깬다(예 전화벨 소리–따르릉/렐렐렐/미레미레/삐리릭, 시냇물–졸졸졸/초르르/샐랑샐랑). 이때 자연 상태의 소리가 있으면 더 좋다.
		내러티브 판토마임	해설에 따라 대사 없이 동작으로만 표현하는 것으로 주제와 관련된 상황을 교사가 말하면 그 상황대로 유아가 몸으로 움직여 본다(예 나는 씨앗이에요. 여기는 어두운 땅 속이에요. 온몸이 근질근질하더니 어! 싹이 나오려고 해요. 힘을 내서 땅 밖으로… 그런데 돌멩이…).
		단어 연상 릴레이	연상이 쉬운 단어로 시작해서 계속해서 연상되는 단어를 찾아본다(예 빨강 → 사과 → 단풍잎 → 불사조 → 인간 → 먹는 것…)
		말놀이	가가가 자로 시작하는 말, 끝말 잇기, '리' 자로 끝나는 말 등
		사물 묘사하기	구체적인 대상을 앞에 두고 꾸밈말을 넣어 자세히 묘사한다(예 동그란 사탕–동그랗고 알록달록한 사탕–동그랗고 알록달록하고 향긋한 사탕–동그랗고 알록달록하고 향긋하고 살살 녹는 사탕).
		그림 보고 이야기 꾸미기	그림만 보고 그 전후 이야기를 예측해서 이야기를 꾸민다. 글자 없는 그림책 등을 이용한다.
		비유법 익히기	직유와 은유 등 비유법을 동시와 게임을 통해 익힌다(예 사과 같은 내 얼굴, 포도알은 구슬).
		2행시 짓기	'사과' 등 친숙한 낱말로 2행시를 짓는다.
		동시 재구성하기	동시를 부분적으로 바꿔서 지어 봄으로써 동시 짓기에 대한 두려움을 없애고 동시 형식을 부분적으로 체험한다.
		좋아하는 동시 뽑기	동시 그림책에 제시된 동시들을 한 달 이상 충분히 감상한 뒤 자신이 가장 좋아하는 동시에 별을 붙이는 방법으로 유아들이 좋아하는 동시를 뽑아 본다. 이때 먼저 그룹별로 2편의 동시를 추천하게 하고 그 동시를 좋아하는 추천의 이유를 말한다.

| 표 5-5 | 동시 관련 기본 활동(3) – 동시 짓기

<table>
<tr><th>단계</th><th>목 표</th><th colspan="2">활 동</th><th>내 용</th></tr>
<tr><td rowspan="9">동시 짓기</td><td rowspan="9">자기 생각을 언어로 표현하는 것에 대한 두려움을 없앤다.

동시 형식에 가깝게 표현한다

독창성 있는 창작을 지향하게 한다.</td><td colspan="2">브레인스토밍</td><td>어떤 주제에 대해 떠오르는 것을 가능한 한 많이 이끌어 낸다. 엉뚱해 보이는 것도 수용하되 가능하면 그 이유가 무엇인지도 물어본다. 그룹 동시 짓기에서 많이 사용하며 초기일수록 이 과정의 비중이 크다.</td></tr>
<tr><td colspan="2">순서대로 정리하기</td><td>주제 활동 후 관련 아이디어를 브레인스토밍한 경우 순서대로 정리하면서 아이디어들을 다듬는다. 대집단 동시, 중 · 소집단 동시에서 두루 쓰이며 개별 동시 초기에도 유용하다.</td></tr>
<tr><td colspan="2">자기 표현에 이름 적기</td><td>그룹 동시인 경우 각 유아가 말한 부분이 어디인지를 표시해 줌으로써 참여를 북돋울 수 있다. 이때 언어 표현이 서툰 유아는 삽화나 제목 등 여러 가지 방법으로 자신의 의견을 표출하여 소외감을 느끼지 않도록 유의한다.</td></tr>
<tr><td colspan="2">리듬 살려 짧게 줄이기</td><td>반복해서 읽어 보며 산문식으로 표현된 글을 운율을 맞춰 압축시킨다. 이때 "좀 더 읽기 쉽게 고쳐 볼까?", "너무 길지 않니? 어떻게 줄이면 좋을까?" 등 유아가 방법을 찾아낼 수 있도록 기다려 준다.</td></tr>
<tr><td colspan="2">꾸밈말 넣어 짓기</td><td>의성어나 의태어, 부사 등 꾸밈말을 통해 이미지가 더 뚜렷해지도록 한다. 이때 "'기어간다'라고 했는데 어떻게 기어갔니?" 등 표현을 구체화시킬 수 있도록 한다. 특히 창의적인 의성어나 비유의 사용 등을 격려한다.</td></tr>
<tr><td rowspan="4">여러 가지 문학적 기법으로 짓기</td><td>대화법</td><td>따옴표를 넣어서 대화하듯이 지어 본다.</td></tr>
<tr><td>의인법</td><td>여러 대상들을 의인화하여 짓기로 서경이 아닌 서정시인 경우 의인법은 유아로 하여금 감정이입이 가능케 한다.</td></tr>
<tr><td>~없다면으로 짓기</td><td>현재 존재하는 것을 없다고 가정하여 동시를 짓는 것은 유아의 연상력을 높이고 창의적인 사고를 하는 데 도움이 된다.</td></tr>
<tr><td>역순으로 짓기</td><td>누에 기르기 등 생장 과정이 일정한 순서가 있는 경우 시간적으로 거슬러 올라가 보면 동시에 대한 시각을 넓힐 수 있다.</td></tr>
<tr><td rowspan="3">기타</td><td rowspan="3">동시 짓기를 촉진하는 환경적 요인을 제공한다.</td><td colspan="2">동시 종합장</td><td>소집단 동시가 진행될 무렵, 각 유아에게 줄 없는 종합장을 나눠 주는데 이는 동시와 관련된 개인 결과물들을 모을 수 있는 편리함과 자신의 작품에 대한 애착을 가지게 하는 결과가 있다. 문자적 표현이 싫은 유아는 그림을 그리기도 한다.</td></tr>
<tr><td colspan="2">동시 그림책</td><td>교사가 제시해 주는 동시가 아닌, 자발적인 감상, 능동적이고 수시로 일어나는 감상이 가능하다. 폭넓은 감상을 통해 다양한 소재와 여러 가지 형태의 기법을 자연스럽게 익히는 효과가 있다.</td></tr>
<tr><td colspan="2">가정과의 연계</td><td>소집단 동시부터 유아들의 동시를 가정으로 보내 부모와 함께 읽어 보며 각자 말한 부분이 어디인지 찾아보게 한다.</td></tr>
</table>

| 표 5-6 | 통합적 교육 계획안(1) – 주제의 선정 '갯벌'

주 제	갯 벌
주제 선정의 이유	지난 주에 촉감에 대한 활동을 하면서 밀가루 점토를 이용한 활동을 하였다. 어린이들이 활동에 대단한 흥미를 갖고 단순히 손으로만 하는 것이 아니라 발 등 우리 몸의 다른 부분도 이용할 수 있었으면 좋겠다는 의견이 나왔다. 다른 방법을 알아 보면서 물, 모래, 진흙이 한데 어울려 있는 갯벌에 대한 활동을 하게 되었다.

주제망

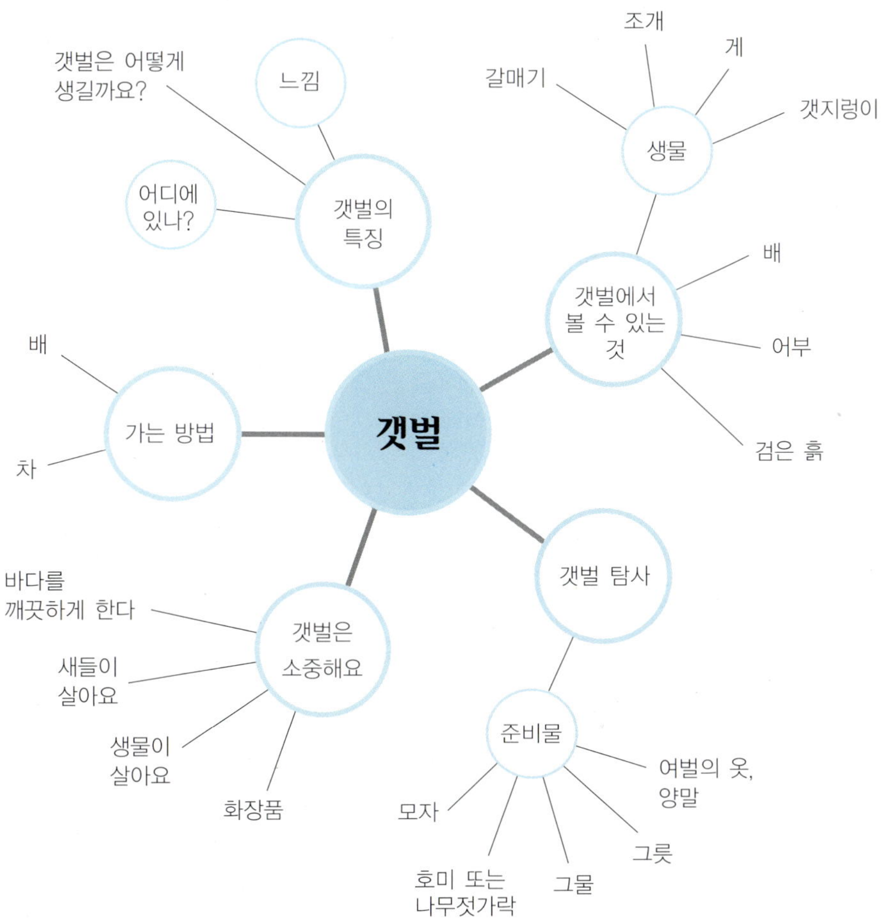

| 표 5-7 | 주제를 위한 통합적 교육 계획안(2)

갯벌

언어
- 이야기 나누기
  갯벌은 어떤 곳일까?
  갯벌을 가는 방법은?
  갯벌을 밟는 느낌
- 단어 카드 만들기
- 동화 감상 「놀리지 말아라」

현장 학습
- 강화도 동막
  해수욕장

미술
- 밤게 만들기
- 불가사리 만들기

수
- 서열
  갯벌에 사는 동물 크기
  순서대로 놓기
- 수의 상징 알기
  동물 다리 수 세기
- 측정
  컵으로 젖은 모래 양 재기

신체 표현
- 바다 속 동물 표현하기
- 밤게처럼 움직이기
- 고동처럼 움직이기
- 갯벌에서처럼 움직이기

음률
- 노래 바꿔 부르기
  '갯벌로 갔었지'

과학
- 갯벌에 사는 생물
  알아 보기
- 비디오 감상
  '갯벌은 살아 있다'

동시
- 동시 감상
  '불가사리'
  동시 재구성하기
- 동시 짓기
  '갯벌'

| 표 5-8 | 단위 교육 활동 계획안(7주-1)

활동명	갯벌을 가 보았어요	활동 형태	견학	7주차-1(총 14주)
활동 목표	• 갯벌을 탐사한다. • 관찰력을 기르고 촉감으로 갯벌을 느낀다.			
활동 자료	여벌 옷, 양말, 수건, 호미(나무젓가락), 컵			
활동 방법				

도입

(전날 '갯벌은 살아 있다' 비디오를 감상한다.)

1. 갯벌에 대한 이야기를 나눈다.
   - 우리가 지금 가고 있는 갯벌에는 어떤 동물이 살고 있을까?
   - 갯벌을 발로 밟으면 어떤 느낌일까?
   - 갯벌에 관련된 동시 '불가사리'를 다시 감상해 보자.
2. 갯벌에 도착하면 유아들에게 플라스틱 컵, 나무젓가락, 소꿉놀이 기구를 나눠 주고 갯벌 탐사를 시작한다.
   - (갯벌에 들어가기 전 백사장에서) 마른 모래를 밟으니까 느낌이 어떠니?
   - 진흙을 밟으니까 느낌이 어떠니?
   - 갯벌에서는 어떤 냄새가 나니?
   - 갯벌을 손으로 만지는 느낌이 어떠니? 뭐 만질 때 같으니?
   - 구멍 뚫린 곳은 누구의 집일까?
   - 밤게/고동/갯지렁이는 어떻게 움직이니?
   - 갯벌을 파면 무엇이 나올까?
   - 갯벌 속으로 손과 발을 넣어 보자. 어떤 생각이 나니?
3. 회상한다.
   - 갯벌은 무슨 색이었어?
   - 갯벌에는 누가 살고 있었니?
   - 갯벌을 손과 발로 느꼈을 때 기분이 어대땠니?
   - 갯벌에서 제일 재미있었던 것은 무엇이었니?

(다음 날 '갯벌'을 소재로 동시 짓기를 하기 위해 기록해 둔다.)

수업 노트

밀가루 점토 활동 시 실내에서 조심하느라 마음껏 몸을 움직여 보지 못했던 유아들이 한껏 만지고 움직이고 탐색했다. 더운 날씨였음에도 한 명도 지치거나 싫증 내지 않고 다양한 표정과 움직임, 호기심, 언어 표현이 터져 나왔다. 천연 지형을 이용한 즉흥 극놀이도 나왔고 넓은 공간과 새로운 감촉에 몰입하는 분위기 때문인지 종래 활동 중 흥분 시 나오던 몸싸움은 발견되지 않았다. 이날은 고동, 밤게, 갯지렁이 등의 실제 움직임을 보고 그에 따른 의태어, 촉감에 대한 감각 단어의 세분화된 탐색을 했다.

| 표 5-9 | 단위 교육 활동 계획안(7주-2)

활 동 명	동시 짓기 – 갯벌	활동 형태	동시 활동 (소집단 5~6명)	7주차
활동 목표	• 비유법을 활용하여 동시를 짓는다. • 새로 발견한 감각 단어를 넣어 시를 짓는다.			
활동 자료	큰 종이, 사인펜			
활동 방법				

도 입

교사	유아
– 어제 갯벌 재미있었니?	– 네. – 밤게랑 조개로 된장도 끓여 먹었어요. – 밤게 잡은 것 자랑했어요.
– 선생님도 어제 정말 신이 났어. 이제 갯벌로 동시를 지어 볼 건데 우리가 커서 형아 되어서 볼 때도 아! 하고 생각날 수 있게 말이야. (갯벌에서의 경험을 다시 한 번 회상한다.) – 어제 재미있었던 내용을 동시로 옮겨서 가족들에게도 보여 주자. 가장 재미있었던 게 무엇이었는지 모여서 이야기해 보겠니? (진행이 잘 안 되는 조에는 교사가 전날 기록한 것을 보며 어제 한 말들을 일러 주고 기록이 어렵거나 글자를 물으면 교사가 가르쳐 주었다.) – 재미있었던 일들이 아주 많았네.	(5~6명씩 모여 앉고 가장 재미있었던 내용이 무엇인지 회상) – 갯벌이 목욕탕처럼 쑥 들어간 거가 재미있었어. – 고동이 스케이트 타는 것처럼 움직였어. – 물방울이 뽀로롱 나오는데 파 보면 아무것도 없었어. – 우리가 까만 흙칠한 게 재미있었어. – 밤게가 내가 잡으려니까 내 손 물었어…. (각 모둠이 갯벌에서 사는 동물, 갯벌에서 한 놀이, 갯벌의 느낌 등을 섞어서 소그룹 동시를 지었다.)
– 수고했구나. 그런데 고동이 움직이는 모양을 넣어서 쓰면 어떨까? 무엇처럼 움직였니? – 그래, 넘어질 때 어떤 소리가 났었지? 어떤 모습이었지? – 이 부분은 설명처럼 길게 풀어 썼는데 동시처럼 줄여서 써 보겠니? – 이 동시를 가족이 함께 읽기 좋게 하려면 박자가 맞으면 더 좋지 않을까?	– 낼름낼름. – 스케이트 타는 것처럼요. – 철퍽, 쭈다닥. – 흑인 됐어요.

소집단 동시(5명)	짝동시	개별 동시 1	개별 동시 2
갯벌 놀이 정리: 교사 꿈틀꿈틀 갯지렁이 집게 다리 밤게 질퍽질퍽 갯벌 목욕탕 같은 갯벌 첨벙첨벙 꽃게가 귀여워요 조개로 된장찌개 먹어요	갯벌 갯벌 놀러 갔어 불가사리가 없었어 갯지렁이 꿈틀꿈틀 징그러웠어	갯벌 갯벌이 끈적끈적 갯벌이 미끌미끌 재미있었다 갯벌은 우리 친구	갯벌 정리: 교사 집게 집게 밤게를 잡았다 딱딱 조개도 잡았다 낼름낼름 고동도 잡았다 첨벙첨벙 진흙 목욕탕에 들어갔다

수업 노트

이날 소그룹 동시 짓기와 비유 넣어서 짓기, 움직임 묘사해서 짓기, 리듬 살려 짓기를 했다. 개별 동시에 대한 욕구가 일어나 개별 동시가 처음 나왔으며 그룹 동시 4편, 개별 동시 5편, 짝동시 1편이 나왔다. 이 주에 개별 동시 종합장을 나눠 주었다. 이날 그룹 동시는 워드로 작업해서 시인란에 참여 유아들의 이름을 넣어 귀가 시 가족에게 보냈다.

신나는 갯벌 탐사 – '쭈다닥', '뽀그르', '질퍽질퍽'

통합적인 동시 짓기 활동이 진행됨에 따라 유아들의 행동에 큰 변화가 나타났는데 창의적 의성어와 의태어를 구사하기도 하고, 집에 돌아가서도 글감을 찾아 동시를 짓고 연구 기간이 지난 후에도 자발적으로 동시를 감상하고 동시를 짓는 모습이 지속되는 것이었다. 글자를 읽지 못하는 유아들의 경우 동시 그림책 읽기와 글씨를 받아써 주는 짝동시 짓기 과정 등을 거치면서 문해가 급속히 신장되었다(이송은, 2001a).

◘ 창의적 의성어가 나타난 유아 동시 – '추와추와', '가록가록'

또 유아들의 개별 동시에는 몇 가지 단계적 특징이 나타났다. 기존 동시를 그대로 모방해서 쓰는 시기(모방기) → 자신의 생각을 산문식으로 표현하거나 일정한 패턴을 여러 편 반복해서 짓는 시기(문장식 표현기, 일정 패턴 반복기) → 형태는 미숙하지만 시적 표현이 나타나고 수업과 관련 없이도 습작이 왕성하게 일어나는 시기(양적 확산기) → 참신한 아이디어와 운율 등 내용과 형식 면에서 동시다운 짓기가 이루어지는 시기(성숙기) 등으로 나눌 수 있었다. 실제 유아의 예를 들어 보면, 유아 A의 문해 관련 출발점 행동은 글을 절반쯤 읽고, 쓰기는 이름 외에 몇 단어 쓰는 정도이며, 문해 과정에서의 주된 방법은 부모가 책을 많이 읽어 준 것이었다. 처음엔 거의 표현이 없거나 모방해서 그대로 쓰는 수준이었지만, 석 달이 지나자 문장식 표현기, 양적 확산기, 성숙기가 급속히 일어났다(이송은, 2001a).

유아 A의 시간에 따른 개인 동시 짓기 발달 예

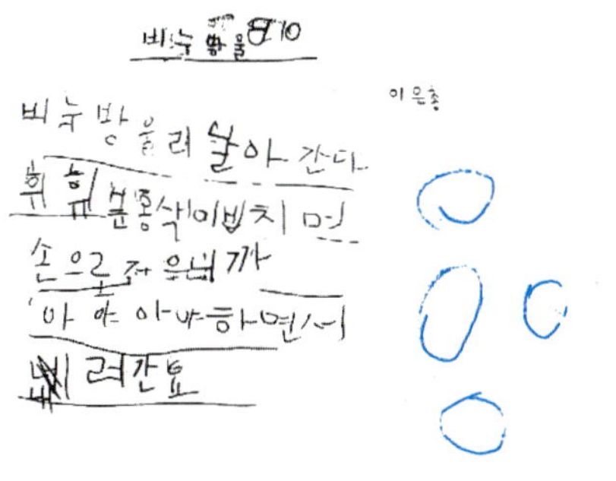

① 8/10 – 의인법 등 시적 표현이 나타나지만 설명식 문장 표현이 섞여 있음

② 8/13 – 동시 형식을 띠지만 참신성은 없음

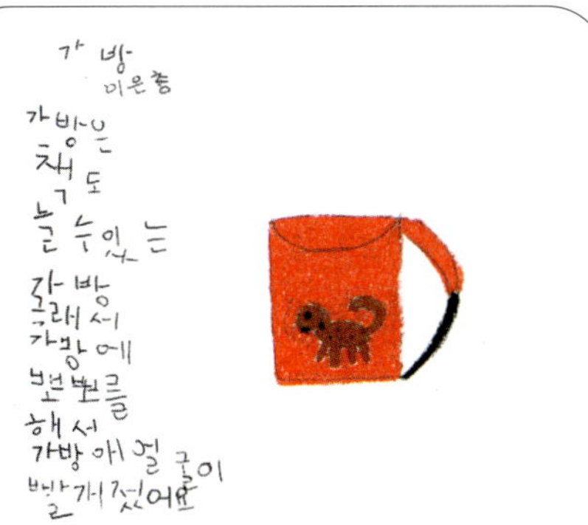

③ 8/27 – 의인법, 참신한 아이디어가 눈에 띄지만 시적 형식은 덜 가다듬은 상태

④ 8/31 – 창의적인 의성어와 자신의 감동이 담겨 있음

4. 환상동화

1) 환상동화의 정의와 특성

환상동화(fantasy)는 현실과 다른 초자연적인 소재나 대상, 사건이 중심이 되는 이야기이며 유아문학에서 높은 비중을 차지하는 장르이다. 환상동화는 그 뿌리를 전래 동화의 환상성에 두고 있으나 배경, 등장인물, 주제 등에서 전래 동화와 뚜렷하게 구별된다. 우선, 배경을 보면 전래 동화는 '옛날 옛날 어느 산골에~' 처럼 불특정적이고 모호한 공간과 시간적 배경인 반면, 환상동화는 아주 구체적이면서도 믿을 만한 공간적 · 시간적 묘사를 전제로 한다. 등장인물의 경우 전래 동화는 선과 악이 분명하게 드러나는 전형적인 성격인 반면, 환상동화의 경우는 다양한 성격을 지닌 인물들이 등장하고 또 이야기가 진행됨에 따라 성장과 변화를 보여 준다. 주제 면에서는 전래 동화가 권선징악, 해학과 유머 등 주제가 한정적인 반면, 환상동화는 인간 내면의 문제들에 대한 통찰과 관련한 다양한 주제를 다루고 있다. 가령 『괴물들이 사는 나라』의 맥스는 환상 속에서 괴물들과 부딪치면서 이겨내고 따뜻한 스프가 있는 현실로 돌아오는데 엄마에게 심한 꾸지람을 들은 유아의 심리적 상처와 극복이라는 내면 세계가 잘 드러나 있다.

동물들이 자주 등장한다는 점에서 환상동화와 우화를 비교할 수도 있다. 우화가 인간의 선과 악을 묘사하는 성격을 가진 교훈적인 이야기로 인간을 교화시키고자 한다면, 환상동화는 인간의 감정을 반영하는 동물들을 통해 유아들이 등장인물을 자연스럽게 동일시하고 문제를 해결해 가는 과정에서 감동을 주고자 한다.

환상동화의 등장인물들은 유아의 물활론적 사고, 인공론적 사고에 부합하기 때문에 가까이 가기가 쉽다. 유아와 아동들이 환상동화에 열광하고 심취하는 이유에 대해 학자들은 다양한 의견을 내놓는다. 메이(May, 1984)는 "어린이들은 환상동화가 자신들의 사회적 문제 해결에 도움이 되리라 기대하지는 않지만 환상동화가 그들의 영혼에 닿을 만큼 감동을 주기 때문에 읽고 즐기는 것이다."라고 했으며 쿠퍼(Cooper, 1981)는 "환상동화는 독자로 하여금 자신으로부터 도피하여 환상의 세계로 들어가게 한다기보다 자신이 누구인지, 세상이 무엇인지를 생각하도록 한다."고 보았다. 로이드 알렉산더(Lloyd Alexander, 1970)는 "가상의 요소를 다루는 문학은 인간의 삶에 당장도 영향을 미치지만 두고 두고 장기간 동안 영향을 미치는데, 사회를 보는 관점에 영향을 주고 사회에 대한 의문을 제기한다."고 하였다(Cullinan & Galda, 2002 재인용).

어린이를 위한 본격 환상동화의 출발은 19세기 루이스 캐럴의 『이상한 나라의 앨리스』로 볼 수 있으며, 그림책으로는 베아트릭스 포터의 『피터 토끼 이야기』가 환상그림책의 전형을 제시했고, 모리스 샌닥의 『괴물들이 사는 나라』는 현대 환상그림책의 시점으로 평가되고 있다.

2) 환상동화의 교육적 가치와 평가 준거

환상동화의 교육적 가치는 다음과 같이 정리할 수 있다(한국어린이문학교육연구회, 1999).

- 많은 환상 그림책은 어린이에게 기쁨을 준다(예: 『제가 잡아먹어도 될까요?』).
- 환상동화는 어린이의 상상력을 발달시킨다(예: 『달 샤베트』).
- 사회적 관습과 시공을 초월하여 간접 경험을 제공함으로써 삶을 풍요롭게 한다.(예: 『세 강도』).
- 좋은 환상동화는 인간의 행동과 문제에 대한 통찰력을 제공한다(예: 『으뜸 헤엄이』).

제가 잡아먹어도 될까요?
(조프루아 드 페나르 글·그림, 이정주 옮김, 베틀북, 2002)

달 샤베트
(백희나 지음, 스토리보울, 2010)

세 강도
(토미 웅게러 글·그림, 양희전 옮김, 시공주니어, 1995)

으뜸 헤엄이
(레오 리오니 글·그림, 이명희 옮김, 마루벌, 2000)

슈나이더(Snyder)는 어린이가 환상동화로부터 기대하는 것이 두 가지가 있다고 하였다(Rusell, 1991, p. 99, 재인용). 하나는 비상식적(nonsense)인 것을 포함하지 않는 것이며, 또 하나는 독자의 기대에 어긋나지 않는 것이다. 어린이는 환상이 불가능하다는 것을 알고 있는 경우에도 그것이 가능한 것처럼 제기되기를 바란다. 즉, 환상 작가가 그 환상의 세계 안에서 지켜지는 어떤 규칙을 세우고 그 규칙에 충실하기를 바라며 그러한 맥락에서 이야기 끝부분에서 별안간 꿈이 되거나 아무것도 일어나지 않은 걸로 되는 식으로 터무니없이 무너지지 않기를 바란다는 것이다. 좋은 환상동화의 준거로 등장하는 '믿을 만한가(believable)?' 는 바로 이러한 측면에서 이야기의 논리성을 강조한 것이다.

컬리넌과 갤더(2002)는 환상동화의 평가 준거를 다음과 같이 제시한다.

- 환상의 세계는 이야기 맥락 내에서 상세하며 믿을 만한가?
- 사건은 상상 속에서 일어나면서도 이야기 내에서 논리적으로 일관성이 있는가?
- 등장인물은 다차원적이며 일관성 있고 논리적인 행동을 하는가?
- 생생한 이미지와 확고하고 이해할 만한 구조가 있는가?
- 주제는 독자에게 의미 있고 삶에 대해 생각하도록 하는가?

3) 환상동화의 유형

환상동화를 나누는 방법은 환상의 정도, 문학적 요소, 현실에서 환상 세계로 가는 장치 등 여러 가지가 있겠으나 유아를 대상으로 한 환상동화는 크게 민담의 요소를 가진 환상동화, 순수한 상상으로 쓴 환상성이 높은 동화, 의인화된 동물 · 장난감을 다룬 동화, 공상 과학 동화 등 네 가지의 유형으로 나누어 볼 수 있다(김현희 · 박상희, 1999). 그중 공상 과학 동화는 현재 유아 그림책으로 다루어진 것이 거의 없어서 여기서는 다루지 않기로 한다.

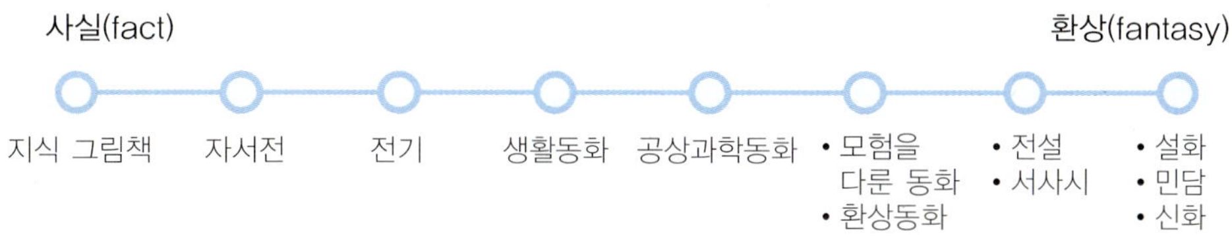

| 그림 5-1 | **사실과 환상의 정도에서 본 유아문학 장르**(김현희 · 박상희, 1999)

(1) 민담의 요소를 가진 환상동화

환상동화의 초기 형태는 민담의 특성을 가진 이야기가 많았다. 구전되어 온 이야기가 아니라 작가의 상상력을 통해 무생물이나 동 · 식물이 의인화되었는데 안데르센의 작품이 이 유형에 속한다.

완다 가그(Wanda Gag)의 『백만 마리 고양이』는 '옛날 옛날에' 로 시작하고 수많은 고양이가 살았으나 사라지는 환상적 요소, 못생긴 고양이가 결국 사랑을 받게 된다는 결말이 꼭 한 편의 옛이야기 같다. 『손 큰 할머니의 만두 만들기』는 울타리 밖으로 퍼져 나갈 만큼 큰 반죽과 모두 배불리 먹고도 남을 만큼의 양, 집채만큼 큰 만두 등의 환상적 요소가 배불리 먹는 소원이 종종 등장했던 옛이야기를 연상시킨다.

(2) 순수한 상상에 의해 써진 환상성이 높은 환상동화

주인공이 초현실적인 상황에 처하게 된다든지 사람을 축소시키거나 확대시키고 시간과 공간 속으로의 자유로운 여행 등을 다룬 이야기들이 이 유형에 속한다. 『이상한 나라의 앨리스』, 『피터팬』은 주인공이 환상적 상황에 처하게 되는 대표적 예이다. 유아 그림책으로는 『괴물들이 사는 나라』, 『깊은 밤 부엌에서』, 『바바빠빠』, 『도깨비를 빨아 버린 우리 엄마』, 『구름빵』, 『구름 나라』 등을 들 수 있다.

(3) 의인화된 동 · 식물, 장난감을 다룬 환상동화

유아 환상동화의 절대 다수를 차지하고 있는 유형으로, 동물의 특성을 가지고 있으나 사람처럼 말하거나 생각하고 사람의 옷을 입는다. 장난감 등 무생물도 의인화된 동화이다. 이호백의 『도대체 그 동안 무슨 일이 일어났을까?』, 마해송의 『바위나리와 아기별』, 권정생의 『강아지똥』이 그 예가 될 수 있다. 롤러브레이드를 타는 토끼, 아기별을 사랑하는 바위나리 꽃, 의인화된 강아지똥 등은 모두 인간처럼 행동하고 생각한다. 사물이나 장난감이 의인화된 경우는 레오 리오니의 『새앙쥐와 태엽쥐』가 있고, 동물이 의인화된 동화는 『피터래빗 이야기』, 『치과의사 드소토 선생님』, 『누가 내 머리에 똥 쌌어?』, 『나도 아프고 싶어!』 등을 들 수 있다. 동물을 의인화한 경우에는 움직임이 없는 물체보다는 동일시가 쉽고 유아들이 친근감을 갖는다.

새앙쥐와 태엽쥐
(레오 리오니 지음,
이명희 옮김, 마루벌, 1999)

5. 사실동화

사실문학에는 사실동화(realistic fiction)와 역사동화, 전기가 포함된다. 이 중 역사동화는 시간 개념 획득이 중요한데, 유아의 발달 단계상 소화하기가 쉽지 않은 탓에 유아를 위한 사실문학은 사실동화와 전기가 주를 이룬다.

1) 사실동화의 정의와 특성

사실동화란 실제로 일어날 수 있는 가능성의 범위 안에서 설정된 이야기이다. 동시대의 또래 유아나 어린이들의 생활 이야기를 다루므로 생활동화라고 부르기도 한다. 컬리넌과 갤더(2002)는 사실동화의 특징을 '유아가 그것을 통해 세계를 보는 창문 같은, 그 안에서 자신의 모습을 비춰 볼 수 있는 거울 같은 기능을 하는 동화'라고 설명하였다. 즉, 잘 써진 사실그림책은 그림책을 읽는 동안 '이건 내 얘기다, 나도 이렇게 느꼈어' 라는 동일시가 이루어진다는 것이다.

2) 사실동화의 교육적 가치와 평가 준거

사실동화의 일반적인 교육적 가치는 다음과 같다.

- 주인공에 대한 동일시가 쉽고 작품에 대한 이해가 쉽다.
- 유아가 현실에서 당면하는 많은 문제를 해결하는 데 도움을 준다.
- 이야기의 주제나 소재가 다양하여 유아들에게 다양한 경험을 제공한다.

컬리넌과 갤더(2002)는 사실동화의 평가 준거로 동화 속에 그 사회의 가치관을 얼마나 섬세하게 담고 있는가를 꼽았는데, 다음과 같이 문학 요소별로 사실동화의 평가 준거를 제시하였다.

- 사건이 일어나는 배경은 생생하고 실제적인가?
- 등장인물은 실존하는 것 같고 다차원적이며 전형성에서 탈피했는가?
- 구성 면에서 이야기 속의 문제는 유아에게 납득될 만하고 사실적으로 해결되었는가?
- 주제는 유아의 삶에 적용 가능한 것인가?
- 문체 면에서 등장인물의 대화와 사고는 자연스러운가?

3) 사실동화의 유형

사실동화의 유형은 몇 가지로 나눌 수 있다(김세희, 2000).

① 유아의 내적 세계를 다룬 사실동화

『휘파람을 불어요』, 『이슬이의 첫 심부름』 등은 자립심과 성취감을 다룬 사실동화이다. 특히 에즈라 잭 키츠의 『휘파람을 불어요』는 주인공인 피터의 휘파람을 불고 싶은 바람이 잘 나타나 있다. 피터가 결국 휘파람을 불 수 있게 되었을 때, 피터의 성취감은 곧 독

휘파람을 불어요
(에즈러 잭 키츠 글·그림, 김희순 옮김, 시공주니어, 1999)

자인 유아 자신의 성장에 대한 바람과 그에 대한 성취감으로 감정이입될 수 있다.

② 가족 세계를 다룬 사실동화

『피터의 의자』, 『나도 갈래』, 『난 형이니까』, 「몽글몽 따끔따끔」『뜨레풀 책놀이 6』, 『순이와 어린 동생』, 『내 동생 싸게 팔아요』 등은 형제와의 갈등을 해결해 가는 과정을 보여 주는 동화이다. 『엄마의 의자』는 가족 안에서의 어머니의 의미를, 『부엉이와 보름달』은 아버지와 아들 간의 신뢰와 성장으로 가는 통과의례가 담겨 있다. 『오른발 왼발』은 할아버지와 손자 간의 끈끈한 사랑을 담고 있다.

순이와 어린 동생
(쓰쓰이 요리코 글, 하야시 아키코 그림, 이영준 옮김, 한림출판사, 1989)

③ 사회적 세계를 다룬 사실동화

유아가 가정이라는 울타리를 벗어나면 친구를 사귀게 되고 사회적 문제와도 맞닥뜨리게 된다. 『우리 친구 하자』, 『피터의 편지』는 친구 관계를, 『솔이의 추석 이야기』는 사회 풍습, 『민수야 힘내!』, 『내게는 소리를 듣지 못하는 동생이 있습니다』는 장애에 대한 인식, 『여섯 사람』은 전쟁의 결과와 평화의 중요성을 소재로 하고 있다. 인종 차별 문제를 소재로 한 『사라, 버스를 타다』와 『1964년 여름』은 탄탄한 구성을 자랑하며, 메시지와 문학적 재미를 함께 담아 내는 데 성공한 사실그림책의 수작으로 꼽힌다. 주제가 진지하고 무게감이 있어서 초등아동이 보기에 적절하다.

민수야 힘내
(아오키 미치요 글, 하마다 케이코 그림, 이영준 옮김, 한림출판사, 2000)

솔이의 추석 이야기
(이억배 글·그림, 길벗어린이, 1995)

1964년 여름
(데버러 와일즈 글, 제롬 리가히그 그림, 김미련 옮김, 느림보, 2006)

④ 자연적 세계를 다룬 사실동화

『바람 부는 날』, 『눈 오는 날』은 날씨를 소재로 하였으며 『심심해서 그랬어』는 농촌을 배경으로 자연적 풍경이 주요한 요소가 된다.

바람 부는 날
(정순희 글 · 그림, 비룡소, 1996)

6. 전기

전기(biography)란 사실문학의 한 분야로 과거에 살았던 어떤 특별한 실제 인물을 다룬 사실적 이야기이다. 국내에서 유아도 볼 수 있는 그림책으로 나오기 시작한 것은 1990년대 후반부터로, 여전히 위인전이라면 어렵게만 생각하고 초등학교 어린이가 주로 보는 것이라는 인식이 있다. 물론 유아의 시간이나 역사 개념에는 한계가 있지만, 그러나 일상 속에서 혹은 수업 현장에서 유아에게 전기가 필요한 최적의 순간들이 종종 있다.

전기는 순수하게 사실로만 쓴 개인의 일생이나 시기에 대한 사실적 정보를 전하고자 하는 순수 전기(authentic biography)와 역사적 사실에 기초하여 사실에 대한 해석을 한 전기적 소설(ficionalized biography)이 있다. 전기의 평가 준거를 정리해 보면 다음과 같다.

- 등장인물에 대한 묘사는 역사적 고증을 거친 정확하고 진실한 것인가?
- 주제는 유아에게 의미 있고 건전한 것인가?
- 배경은 특정한 시대와 장소가 잘 나타나 있는가?
- 사건은 유아의 관심을 끌 만한가?

이 중 특히 중요한 것이 주제인데, 주제에서 작가의 관점이 뚜렷하게 드러난다. 가령 『그림 그리는 아이 김홍도』에서 김홍도는 노는 것을 좋아하는 개구쟁이였지만 그림을 좋아하여 가난한 형편 속에서도 꿈을 잃지 않고 그림을 그려 훌륭한 화가가 된다. 이때 주제는 위인의 위대함 자체보다 어릴 때 꿈과 소망을 가지고 노력하면 이룰 수 있다는 것이 된다. 『프리다』는 장애를 딛고 화가로 성공한 멕시코의 실존 인물을 아름답고 강렬하게 묘사한 그림책이다. 『다이빙을 사랑한 한국인 소년 새미 리』는 실존하는 한국계 올림픽 영웅에 관한 책으로 초등아이들이 즐겨 볼 만한 전기다. 전기의 교육적 가치는 유아가 실존 인물의 생애를 통해 삶에 대한 간접 경험을 하며, 자신이 닮고 싶은 인물을 갖게 되며, 자신의 잠재적 능력을 개발하려는 노력을 하게 된다는 점이다.

프리다
(조나 윈터 글, 아나 후안 그림,
박미나 역, 문학동네어린이, 2000)

다이빙을 사랑한 한국인 소년 새미 리
(유보라 글, 이담 그림, 이재원 옮김,
길벗어린이, 2006)

7. 정보그림책

정보책(informational book)이란 유아들에게 자신을 포함하여 이 세계에서 흥미 있어 하는 것에 대해 정보와 지식을 주는 책이다.

"유아들은 알고자 하는 욕구가 있으며 책에 해답이 있다는 걸 발견한 순간부터 평생학습이라는 배에 승선하게 된다." (Cullinan & Galda, 2002)

위에 소개된 이 표현 속에는 정보책이 생겨난 근원과 앞으로의 전망까지 들어 있다. 정보책은 흔히 논픽션이라고 하는데 그 이유는 사실(fact)과 개념(concept)을 최우선으로 여기기 때문이다. 정보책에도 허구가 쓰이기도 하지만 그것은 핵심적 개념을 설명하기 위한 기법으로 쓰일 뿐이다.

정보그림책의 역사는 1658년 『세계도회』로부터 시작되어 최근에는 잘 구성된 텍스트, 때로는 그림 사이로 감추어지기도 하는 플롯의 전개, 필요에 따라 환상적 기제까지 가미되는 다양한 기법, 일러스트와 텍스트의 유기적 통합 등 다양한 시도를 통해 유아문학의 중요한 장르로 자리 잡고 있다. 외국의 경우, '신기한 스쿨버스' 시리즈의 조애너 콜처럼 픽션 분야의 작가를 능가하는 전문성을 인정받고 있는 정보그림책 작가도 있고, 영국의 DK사나 프랑스의 갈리마르 출판사처럼 논픽션 전문 출판사도 있지만, 국내에서는 아직 정보그림책 분야가 환상동화에 비해 상대적으로 취약하다고 볼 수 있다.

1) 정보책의 평가 준거

정보책의 평가 준거는 정확성과 최신성, 주제 및 전개 방식의 연령 적합성, 정보의 논리적 조직, 매력적인 디자인과 흥미 있는 글 등을 들 수 있다(Cullinan & Galda, 2002).

- 사실은 최신의 것이며 사실과 이론을 구분하고 있는가?
- 대상 독자(유아)와 주제에 적절한 정도의 범위로 다루고 있는가?
- 저자는 믿을 만하며 사용된 근거는 분명한가?
- 아이디어를 논리적으로 전개시키고 순차적인가?
- 유아들이 이해할 수 있도록 적절한 방식으로 정보가 제시되었나?
- 책의 형태가 독자에게 매력적이며 그림이 전략적으로 배치되었는가?
- 그림은 사실과 개념을 조명해 주고 있는가?
- 글은 독자가 주제에 열중하게끔 흥미 있고 호소력이 있는가?
- 결말 부분은 독자의 호기심을 자극할 만큼 풍부한 언어를 사용하고 있는가?

이를 토대로 유아 그림책에 적용할 만한 준거를 정리해 보면 다음과 같다.

- 주제는 유아가 관심을 가질 만한 것이며 적절한 범위까지 다루고 있는가?
- 다루고 있는 정보는 정확하며 최신의 것인가?
- 그림은 사실과 개념을 잘 반영하며 정보의 논리적 체계를 갖추었는가?
- 글은 유아가 주제에 열중하는 것을 도울 만큼 흥미 있고 호소력이 있는가?
- 유아에게 끊임없이 의문을 제기하고 호기심과 사고를 자극하는가?
- 인종과 성 등에 관해 편견을 담고 있지는 않는가?

2) 주제별 정보그림책

정보그림책의 소재 중 유아와 관련이 높은 분야를 주제별로 알아본다.

(1) 글자

글자를 다룬 정보책으로는 『기차 ㄱㄴㄷ』, 『준영 ㄱㄴㄷ』, 『개구쟁이 ㄱㄴㄷ』, 『생각하는 ㄱㄴㄷ』이 대표적이다. 『요렇게 해 봐요』와 폴란드 작가 이보나 흐미엘레프스카의 『생각하는 ㄱㄴㄷ』은 2013년 개정 1학년 교과서 수록 도서이기도 하다. 박은영의 『기차 ㄱㄴㄷ』은 기차라는 유아가 좋아할 만한 대상이 움직이면서 거치게 되는 각종 사물과 자연을 소재로 한글의 기본 자모를 소개하고 있는데, 일단 여행이 시작되면 끝까지 가게 되고 끝부분에서 해가 지는 등 시간의 논리적 흐름도 함께 담고 있다. 글자 책은 '맥락 속에서 흥미 있고 자연스럽게 소리와 글자를 결합하고 있는가?' 가 중요하다.

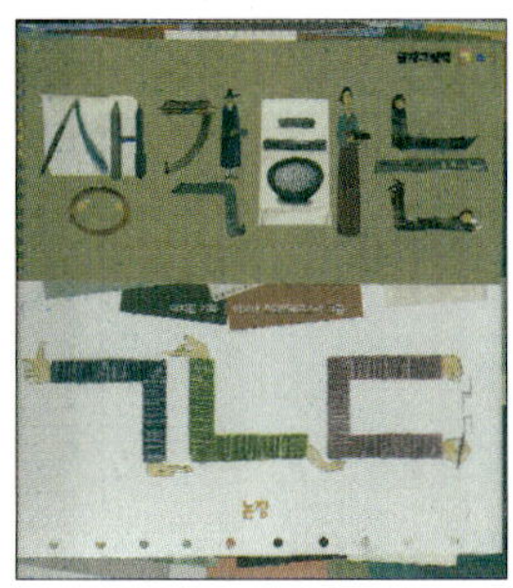

생각하는 ㄱㄴㄷ
(이지원 기획,
이보나 흐미엘레프스카 그림,
논장, 2005)

(2) 수

수책은 유아의 발달적 특성을 먼저 고려해야 한다. 전조작기이므로 상징과 그림을 함께 제시하는 것이 좋으며, 적절한 학문적 개념(일대일 대응, 양, 서열, 덧셈과

뺄셈, 0의 개념, 부분과 전체 등)이 포함되어야 하며 그림은 명확하고 분명하게 제시되어야 한다. 가령, 여섯 마리의 강아지와 꼬리만 보이는 강아지 한 마리를 합쳐서 '7'로 나타내는 것은 수책에서는 피해야 한다. 수에 관한 흥미 있는 정보책으로는 『함께 세어 보아요』, 『사냥꾼 하나』, 『10까지 셀 줄 아는 염소』 등을 들 수 있다. 『함께 세어 보아요』는 안데르센 상 수상 작가 미쯔마사 안노의 그림책으로 아름다운 그림으로 숫자의 의미를 알려 준다.

(3) 색과 모양

색과 모양을 알려 주는 책으로는 『아기 세모의 세 번째 생일』과 『알록달록 동물원』이 대표적인 예이다. 『아기 세모의 세 번째 생일』은 도형을 주인공으로 했으며, 로이스 앨러트의 『알록달록 동물원』은 열 가지 도형과 열여섯 가지 색깔로 동물 9마리의 모습을 나타내 색깔과 모양을 흥미 있게 익힐 수 있도록 했다. 『쪽빛을 찾아서』는 우리 민족이 만들어 낸 전통 색채에 관한 이야기로 끝부분의 설명 글은 어른과 함께 보면 더 좋다.

(4) 교통기관

『트럭』은 글 없는 장난감 같은 그림책으로 길과 교통신호에 대한 정보를 알려 준다. 다양한 기차들을 강렬한 색채와 굵은 선으로 소개한 『기차』, 소방서의 살수차, 구급차, 사다리차가 하는 일을 알려 주는 『삐뽀삐뽀 불자동차』 등도 좋은 예이다.

(5) 동·식물

『세밀화로 그린 보리 아기그림책』과 '뭐야 뭐야 시리즈'는 동·식물에 대한 정보와 말놀이를 곁들였고 『까맣고 하얀 게 무엇일까요?』는 한 가지 동물을 수수께끼 형식으로 다룬 영아용 정보책이다. 이에 비해 동물을 소재로 하더라도 흑백 사진들을 곁들여 강아지의 탄생 과정을 자세히 담고 있는 『강아지가 태어났어

세밀화로 그린 보리 아기그림책 1
(편집부 편저, 이태수 그림, 보리, 1997)

요』는 정보책의 새 장르를 연 '신기한 스쿨버스'의 작가 조애너 콜이 쓴 것으로 연령이 높은 유아에게 적합하다.

(6) 우리 몸, 성

『몸한테 여보세요』는 간단한 건강 상식을 예방주사 맞는 날의 상황을 통해 친근감 있게 알려 주며, 『등을 쭉』은 뼈와 근육의 기능, 『우리 몸의 구멍』은 일상생활 속에서 볼 수 있는 구멍과 신체 부위의 여러 구멍을 통해 몸에 대한 정보를 흥미 있게 소개한다. 『내 동생이 태어났어』는 아기의 탄생 과정을 그린 그림책이며, 『슬픈 란돌린』은 성폭력이라는 무거운 주제를 본격적으로 다루고 있다.

(7) 전통문화(우리나라)

유아기 전통 교육을 위해서 전통문화를 소재로 한 책은 유용하게 쓰인다. 명절, 음식, 그릇, 집, 풍습 등 다양한 간접 경험은 실제 생활과 이어져 경험의 폭을 넓힐 수 있다. 대표적 전통문화 시리즈로 보림출판사의 '솔거나라 시리즈'가 있다. 그중 『숨쉬는 항아리』는 옹기의 특성을 자연스럽게 소개하고 있는데 딱딱한 설명체가 아니라 그릇을 의인화하여 숨쉬는 그릇의 특징을 이야기 속에 담았다.

숨쉬는 항아리
(정병락 글, 박완숙 그림, 보림, 2005)

(8) 다른 나라

인종과 민족에 대한 편견이 없는 건전한 관점을 제시하는 것이 중요하다. 『맛있는 동그라미』, 『모자 쓰고 인사해요』, 『가면 쓰고 춤춰요』는 각각 세계 여러 나라의 음식과 모자를 소개하고 있다. 『나의 첫 세계 여행』, 『펠릭스의 세계 여행』 등은 세계 여러 나라의 풍습과 문화를 직접 여행하듯이 보여 준다.

가면 쓰고 춤춰요
(국립한경대학교 디자인학부 기획, 김삼현 그림, 보림, 2006)

(9) 환경

『바람이 불 때에』는 핵폭탄의 위험성을 고발한 내용으로 만화 기법을 도입한 책이다. 퇴직을 하고 시골에 사는 노부부가 핵폭탄이 터진 뒤에 방사능에 오염되어 기력을 잃어 가지만 삶을 포기하지 않는 모습을 보여 준다. 『수달이 오던 날』은 인간이 자연을 훼손해 가면서 도로를 내고 건물을 지으면서 점차 개체수가 줄어들게 된 수달의 얘기를 통해 자연의 보존과 보호가 얼마나 중요한지를 보여 준다. 뒷면에 수달의 서식지 등 수달에 관한 정보를 함께 싣고 있다.

수달이 오던 날
(김용안 글, 한병호 그림, 한성용 감수, 시공주니어, 2012)

연구 문제

1. 전래 동화가 오랫동안 전해져 내려올 수 있었던 이유는 무엇일까?
2. 동시의 교육적 가치에 대해 예를 들어 설명해 보자.
3. 각 장르별로 그림책 한 권을 선정해 문학적 요소 및 평가 준거로 평가해 보자.
4. 우수한 정보책 작가를 발굴, 양성하기 위해서는 어떤 방법이 있을까?

제 6 장

스토리텔링의 이해와 적용

책 읽어 주기와 관련해 '스토리텔링(storytelling)' 이란 용어가 우리 주변에 등장한 것은 그다지 오래되지 않았다. 스토리텔링의 등장 배경, 유사 용어와의 관계, 현장 책 읽기와 관련된 최신 이론을 살펴본다

1. 스토리텔링의 이해

1980년대까지만 해도 어린이에게 책을 재미있게 읽어 준다고 하면, '동화구연' 을 먼저 연상하였다. 당시만 해도 그림책이 본격적으로 보급되기 전이라 읽을거리는 주로 동화책이었고, 그러다 보니 '많은 양의 텍스트를 어떻게 실감나게(때로는 문장까지 다듬어서) 전달해야 어린 연령대의 아이들도 몰입할 수 있을까?' 가 주된 관심사였다. 자연히 개작과 화술이 핵심인 '동화구연' 에 대해 관심이 높을 수밖에 없었다.

그러나 1990년대 중반 이후 그림책이 대거 등장하면서 텍스트의 양도 줄고, 글 대신 그림이 메시지 전달의 상당 부분 을 담당하게 되자 종래와는 다른 유아와의 소통이 요구되었다(이송은, 2012). 장르 면에서도 전처럼 서사[10]에 국한되지 않고 정보그

10) 敍事, 사건과 상황이 시간 순서대로 기술된 이야기

림책, 운문그림책 등 폭이 넓어짐에 따라 구연식 읽기뿐만 아니라 담백한 낭독식 읽기, 함께 이야기 만들어 가기(예: 글 없는 그림책) 등 다양한 읽기를 아우를 필요가 생겨났다. 여기에 부합되는 것이 '스토리텔링' 이다. 스토리텔링은 구연뿐 아니라 큰 틀에서 '이야기 전달하기' 의 뜻을 갖고 있기 때문이다.

두 용어의 관계를 좀 더 자세히 알아보면, 동화구연(童話口演)이란 동화를 입으로 연기하듯이 들려주는 활동을 말한다. 반면, '구연동화' 란 눈으로 읽는 문장동화를 소리 내어 읽는 구연동화로 바꾸어 놓은 작품 그 자체를 말한다(이송은, 2004).

이에 비해, 스토리텔링(storytelling)은 협의(俠義)로 사용될 때는 동화구연과 동일한 의미로서 스토리리딩(storyreading)과 대척점을 이루지만, 광의(廣義)로 사용될 때는 '이야기 전달하기', '이야기 구성하기' 등의 의미를 지닌다. 사전적 정의를 보면, 스토리텔링이란 '이야기하기' 의 뜻으로, 작가의 이야기 전개를 가리키거나, 일반적으로 화자가 청자에게 이야기를 전달하는 것을 말한다. 최근에는 쓰임에 따라 청자가 화자의 이야기에 참여하는 것을 포함하는 더욱 넓은 의미를 갖기도 한다(Daum 국어사전, 2012. 7. 30). 즉, 외연(外延)에 있어서 스토리텔링은 동화구연보다 더 큰 개념이며, 스토리텔링이 잘 이루어지게 하기 위해 필요할 때 동화구연을 적용하는 관계에 있다.

스토리텔링과 책놀이의 관계를 살펴보면, 책놀이에서는 읽는 과정을 중요시한다. 종래의 독서 지도나 문학 활동이 책 읽기를 내용 파악을 위한 수단 정도로 여기고 독후 활동에 치중했던 것과는 시각을 달리 한다. 어린이 스스로 다시 책이 보고 싶어지도록 격려하려면 책의 특성에 맞는 스토리텔링을 연구해야 한다고 강조한 것이다.

2. 책 읽어 주기

스토리텔링의 유형을 알아 보기 전에 '읽어 주기' 의 의미와 가치를 살펴보자. 사람들이 흔히 쓰는 표현 중에 '책 읽듯 말하다' 라는 말이 있다. 그렇게 말한 사람이 배우라면 연기를 못한다는 뜻이고, 교사나 부모라면 건성으로 감정을 담지 않고 대

충 말한 것이 된다. 또, 책 읽어 주기와 관련해 어른들은 종종 이렇게 묻는다.

"책 읽어 주기도 연습이 필요한가?"

"글을 읽을 줄 아는 아이한테도 책을 읽어 줄 필요가 있는가?"

이 질문들의 이면에는 '초등학교를 다닌 사람 정도라면 누구나 글을 읽을 줄 알 텐데 굳이 읽기 연습을 할 필요가 있는가?', '혼자 책을 읽을 수 있는 아이에게 굳이 읽어 줘야 할 필요가 있는가?' 등의 의구심이 들어 있다. 이런 의구심은 책 읽어 주는 행위를 단순히 '글 →소리'로 변환하는 과정 정도로 여길 때 일어난다.

책 읽어 주기의 의미와 가치(이송은, 2012)

최근 책 읽어 주기는 글자를 읽지 못하는 어린 영유아뿐만 아니라 데이케어센터, 실버센터 등에 있는 성인들에게도 필요한 활동으로 부각되고 있다. 책 읽어 주기는 단순한 음독(音讀)이나 문자에 미숙한 아이들을 위한 해독(解讀) 정도가 아니다. 책 읽어 주기에는 혼자서 책을 읽을 때는 얻을 수 없는 여러 가지 가치가 있다. 책 읽어 주기의 가치를 정리해 보면 다음과 같다.

- 읽어 주는 사람과 듣는 사람 간의 정서적 교감을 통해 친밀감을 형성한다.
- 책 내용에 대한 이미지 형성을 도움으로써 내용이 이해가 잘 된다.
- 듣는 사람의 구어를 활성화시켜 준다.
- 사건과 사물의 핵심에 집중하는 힘을 길러 준다.
- 문학을 즐길 수 있도록 도움으로써 책에 대한 긍정적 태도를 형성한다.
- 몰입된 읽기를 통해 읽는 사람에게도 정서적 카타르시스를 준다.

3. 읽기 유형 분류

스토리텔링에는 어떤 유형이 있고, 유아교육 현장에서는 어떻게 적용될 수 있을까? 어린이 독서 활동과 관련한 여러 분야가 주장하는 읽기 형태를 포괄적으로 수용하면서, 독자가 중심이 되는 읽기 방법을 제안한 것이 『어린이 담당 사서를 위한 스토리텔링 운영 매뉴얼』(국립어린이청소년도서관, 2009; 2011)의 읽기 유형 분류이다. 여기에 실린 다섯 유형의 읽기는 도서관, 어린이집, 유치원, 학교, 가정 등 여러 곳에서 성인들이 아동에게 책을 읽어 주는 상황을 관찰한 연구(이송은, 2009)를 근간으로 하였으며, 원문의 개작 여부와 구연 여부가 분류의 주요 축이 되었다. 이 유형 분류가 보여 주는 핵심은 읽기에는 다양한 방식이 있으며, 동일한 책이라도 작품 장르에 따라, 들려주는 청중에 따라, 활동 목적에 따라 읽기 방법을 달리 할 수 있다는 것이다.

| 표 6-1 | 읽기 유형 분류

읽기 유형	I	II	III	IV	IV-1 (기타 유형)
개작 여부	원문대로 읽기		개작해서 읽기		상황에 따라 선택
구연식 읽기	적용하지 않음	적용	적용	적용	상황에 따라 선택
방식	• 책 내용을 글자 그대로 또박또박 읽어 주기	• 책 내용을 그대로 다 읽되, 등장인물을 입체적으로 설정하고, 상황을 살려서 읽음 • 약간의 상호작용 곁들임	• 어미 처리와 비교육적인 부분의 삭제 등 간단한 수준의 각색 포함. 틈틈이 그림에 대한 질문 등 상호작용 곁들임 • 등장인물을 입체적으로 설정하고 상황을 살려서 읽음	• 책 내용 줄거리를 살리고, 각색을 하여 구연 식으로 읽어 줌 • 읽어 주는 사람의 해석이 가미됨	• 그림 읽기, 부분 읽기, 페이지 건너뛰며 읽기 등을 한 가지 또는 여러 가지를 병행함
장점	• 누구든 별 노력 없이 할 수 있다. • 문자와 소리가 바로 대응되어 문자 터득을 도와준다.	• 입체적 읽기를 통해 이미지 연상을 도움으로써 심화된 감상을 제공한다. • 아동이 내용을 쉽게 이해할 수 있도록 도와준다.	• 입체적 읽기를 통해 이미지 연상을 도움으로써 심화된 감상을 제공한다. • 아동이 내용을 쉽게 이해할 수 있도록 도와준다.	• 내용의 의미를 총체적으로 흥미 있게 전달할 수 있다. • 아동의 주의 집중과 흥미 유지 효과가 크다.	• 영아가 흥미를 가질 만한 요소를 골라 읽으므로 주의 집중 효과가 크다.

읽기 유형	Ⅰ	Ⅱ	Ⅲ	Ⅳ	Ⅳ-1 (기타 유형)
장점		• 각 인물에 따른 목소리 구별 등 약간만 노력하면 할 수 있다. • 작가가 쓴 어휘 하나, 하나를 그대로 음미할 수 있다.	• 상호작용 과정을 통해 아동이 능동적으로 참여할 수 있다. • 수업 중 사용하는 간단한 상호작용에 대한 이해만 있으면 할 수 있다.	• 구어체가 살아 있어 아동의 표현언어 계발을 돕는다.	• 글자 외에 그림책의 그림 요소, 놀잇감으로서의 기능(영아), 활동 목표 중심의 읽기(유아, 초등) 등 그림책의 새로운 활용 방법을 보여 준다.
단점 (한계)	• 아동의 흥미를 끌기가 어렵다. • 읽어 주기의 전문성이 없어 평범한 책 읽기와는 다를 것 이라고 기대하는 수요자들의 요구에 부응할 수 없다. • 책 읽어 주는 사람이 자신의 감정을 통제할 수밖에 없어 답답함을 느낀다.	• 텍스트의 양이 많을 경우, 입체적으로 읽어 주더라도 내용을 다 읽으려면 무리가 있다.	• 텍스트의 양이 많을 경우, 입체적으로 읽어 주더라도 내용을 다 읽으려면 무리가 있다. • 초보자인 경우에는 간단한 상호작용 연습이 필요하다.	• 자소, 음소 간 대응이 어려워져 문자 해독 교육에 직접적인 도움을 주지 못한다. • 읽어 주는 사람의 구연 능력이 요구된다. • 읽어 주는 사람의 각색(개작) 능력이 요구되고, 읽기 경험이 필요하다.	• 이야기 구조에 대한 감각(story schema)을 형성하는 데 도움이 안 된다. • 문자 해독 교육에 도움이 되지 않는다.
이 방식이 적합하거나 요구되는 책의 유형 및 상황	• 문자 해독 교육 • 동시, 동요 그림책, 정보그림책 (※ 원작이 특별한 해석이 필요 없는 경우)	• 문자 해독 교육 • 동시, 동요, 정보 그림책이더라도, 원작에 대한 해석과 감정이입이 필요한 일부	• 비속어나 비교육적인 장면, 지나치게 길거나 배열이 자연스럽지 않은 부분이 있을 경우 • 아동의 이해를 돕기 위해 문장 첨가가 필요한 경우	• 대집단을 대상으로 하는 활동에서 텍스트의 양이 너무 많을 때 • 공연예술 작품으로서의 감상이 필요할 때	〈영아〉 • 놀이 속성이 강한 책 • 줄거리가 강조되지 않는 책 • 일종의 과도기적 책 읽기 형태 〈영아 외 연령〉 • 활동상 특정 장면 발췌식 읽기가 요구될 때
적용 범위	수업용/ 문해 교육	수업용/ 문해 교육	수업용/ 문해 교육	수업용/공연용	영아 초기 책 읽기 / 장면을 활용한 문학 활동

출처: 국립어린이청소년도서관(2011)

참고로, 국제아동도서협의회 세계대회(2008)의 천막도서관 티피(Tipi)에서 열렸던 현지 사서들의 스토리텔링의 예를 살펴본다(김경희, 2008).

"스토리텔러 사서는 45분쯤 이야기하면서 책장을 넘기지만 실제로 책을 읽지는 않고 어린이들과 눈을 맞추며 실감나게 이야기한다. 어린이들이 '책을 펼치면 재미있는 이야기가 쏟아져 나온다'고 느끼게 하려는 뜻이란다."

4. 기타 읽기 관련 이론

1) 유아 지향적 말하기 및 읽기(child-directed speech)

성인들이 영유아에게 말할 때 효과적인 화법으로서 일반적인 경우보다 톤이 높은 소리, 다양한 변화를 준 소리, 음절에 강한 강세를 둔 말, 멈춤(pause) 사용 등이 특징이다(Schickedanz, 1999).

2) 구연(口演)식 읽기(storytelling)

구연식 읽기란 등장인물에 어울리게 목소리를 구별하여 설정하고 상황을 실감나게 묘사하는 읽기이다. 이를 통해 듣고 있는 사람은 머릿속에서 이미지를 쉽게 형성할 수 있다. 표정과 약간의 제스처까지 곁들이기 때문에 시·청각적으로 전달이 잘 되며, 오 감각을 통해 세상을 학습해 가는 시기인 영유아기에 적합하다. 유아 지향적 말하기를 이야기 들려주기 속에서 더욱 구체화시킨 것이라 할 수 있다. 브랜드와 도네이토(Brand & Donato, 2001)는 구연식 읽기(storytelling)의 장점으로, 일반적인 읽기(story-reading)에 비해 정서적 카타르시스, 책 내용의 이해 증진, 이해 언어와 표현 언어의 발달, 심미적 즐거움, 읽어 주는 사람과 듣는 사람 간의 친밀감 형성, 책에 대한 강한 흥미를 제공하는 점을 꼽았다. 구연식 읽기를 잘하려면 자신의 소리가 잘 전달되는지, 발음이 정확한지, 발성이 자연스러운지 등을 먼저 체크하고 소리 연기에 대한 기본기를 갖추는 것이 필요하다.

3) 대화식 읽기(dialogic reading)

대화식 읽기란 성인과 영유아가 대화를 주고받듯 읽는 방식을 말한다. 영유아가 익히 알고 있는 익숙한 책을 대상으로 하며, 처음에는 성인이 주축이 되어 읽어 주다가 점차 영유아가 읽도록 격려하며, 영유아가 읽는 비중을 높여 나간다. 성인은 적극적으로 들으면서 가끔 내용을 일깨워 주고, 영유아가 말하려고 노력할 때 확대해 주고, 그림책에 제시된 이야기를 말해 주는 방식이다. 상호작용 위계를 보면, 영유아가 이야기를 잇지 못할 때 처음에는 그림책에 제시된 주인공과 물체에 대해 물어봐 주고, 다음에는 행위에 대한 단순한 질문을 한다. 그 다음엔 이야기 내용과 관련된 개방적 질문을 하게 된다(Whitehurst et al., 1988). 대화식 읽기의 장점은 글자를 모르는 영유아에게 독자로서의 유능감을 키워 주고 자율성을 격려한다는 점이다.

4) 몬테소리 언어교육의 발문 위계

영유아에게 책을 읽어 주거나 질문을 할 때는 다음의 순서에 따르는 것이 적합하다.

- 1단계: 'There is' – "여기 세모가 있네."
- 2단계: 'Where is' – "세모, 어디 있어?"
- 3단계: 'What is' – "이게 뭐지?"

5) 읽기행동의 발달 단계

영유아의 읽기행동은 일반적으로 다음의 발달 단계를 보인다(Sulzby, 1985).

- 1단계: 이야기가 형성되지 않은 그림 읽기 시도
    - 명명하기와 지적하기
    - 행위를 따라 하기
- 2단계: 이야기가 형성된 그림 읽기 시도(구어적 읽기 시도)
    - 대화적인 이야기 말하기
    - 독백적인 이야기 말하기
- 3단계: 문어적 읽기 시도
    - 읽기와 이야기 말하기가 혼합된 범주
    - 원래 이야기와 비슷하게 읽기
    - 원본대로 읽기
- 4단계: 문자 읽기 시도
    - 문자 인식에 기초한 읽기의 거부
    - 부분적으로 읽기
    - 부조화 전략으로 총체적 읽기
    - 독립적으로 읽기

6) 상호작용의 종류

성인의 언어적 상호작용은 크게 주의 환기(attention-recruiting), 설명(elaboration), 질문(question), 피드백(feedback) 등의 4가지 유형이 있으며 연령이 어릴수록 주의 환기를 많이 하고 연령이 증가할수록 질문하기와 피드백을 많이 사용한다고 보고되어 있다(Senechal, Cornell, & Broda, 1995). 2세 영아와 4세 유아를 대상으로 모-자 상호작용을 분석한 연구(김재순 · 김희진, 2003)에서도 2세아의 부모는 주의 환기와 설명, 4세아의 부모는 질문과 피드백을 많이 사용하는 것으로 나타났다.

유아의 언어 능력을 증진시키는 성인의 상호작용

예 (그림책을 보고 있는 영아) "빵빵"

- 확장 모방(expanding): 영유아가 한 말을 문법적으로 완전한 문장으로 살을 붙여 준다(새로운 차원의 정보가 가미되는 것은 아니다).
  → "'빵빵–', 자동차가 달려가요."
- 부연 설명(extending): 영유아가 한 말에 새로운 정보를 추가한다.
  → "'빵빵–' 달려가는 자동차 뒤에 곰돌이가 헐레벌떡 따라가네."
- 촉진하기(prompting): 질문을 통해 사고와 표현을 유도한다.
  → "왜 따라가는 걸까? 어떤 일이 벌어질까?"

5. 스토리텔링 기초로서의 동화구연

1) 화술의 기초

(1) 호흡과 발성

호흡은 생명체가 살아 있다는 증거이다. 호흡은 크게 복식호흡와 흉식호흡 두 가지로 나눌 수 있다. 복식호흡이란 배를 이용한 호흡으로 깊이 들이마시고 내뿜는 것을 말한다. 흉식호흡이란 호흡 시 가슴이 움직이는 것인데, 몸 안에 충분히 공기를 담기 어렵다. 들숨과 날숨은 소리를 내는 데 기본 수단이 되는데 들숨에서 머금은 공기는 소리를 낼 때 날숨과 함께 배출된다. 좋은 소리 연기를 하기 위해서는 목소리라는 재료가 풍성할수록 좋다. 발성 연습을 하면 좋은 목소리로 말할 수 있는데, 좋은 목소리란 듣기 편하고 힘이 있는 소리를 뜻한다. 발성 연습을 통하여 자신의 음성의 높낮이, 음성의 폭 등을 감지하고 음색과 성량을 조절하는 능력을 계발할 수 있다.

(2) 소리의 요소

① 크기(volume)

다음의 예문을 소리의 크기 단계를 나눠 소리 내고 역순으로도 해 보자.

〈예문〉

- 자장가는 조용히 불러 〈 농요는 슬겁게 불러 〈 행진곡은 힘차게 불러!
- 고요한 바다 〈 잔잔한 바다 〈 물결치는 바다 〈 파도치는 바다 〈 폭풍 치는 바다

② 음조(tone)

음조는 말하는 사람의 음성에 실린 특유한 개성을 말한다. 높낮이, 강약, 빠르기 등이 연관돼 있다. 구연자가 좋은 음조를 지니고 있으면 이야기가 살아나고 감동을 준다(이규원, 2000).

③ 음색(timber)

음색이란 말에 대한 감정 표현이라고 할 수 있는데 희로애락 등 자기 감정을 섬세하게 담는 것이다. 어떤 분위기에서 어떤 음색으로 표현하느냐에 따라 동일한 대사도 완전히 달라질 수 있다.

④ 억양(intonation)

억양은 말하는 사람의 감정 상태를 반영한다. 대사의 감정을 먼저 연구하고 변화를 주면서 말한다. 다음 예문을 억양을 다른 억양으로 읽어 봄으로써 올릴 때와 내릴 때가 어떻게 다른지 느껴 보자.

〈예문〉

- "뭐? 주희가 아직도 안 왔다고?"
  - 유괴를 걱정하는 부모가
  - 직장에서 컴퓨터 작업을 하며 친구 전화를 건성으로 받으며

⑤ 강세(accent) · 어세(emphasis)

강조하고자 하는 단어의 발음에 힘을 주어 말하거나 음성에 무게를 실어 한 문장 안에서 특정 단어를 강조함으로써 말의 변화를 만들어 낸다. 다음 문장을 강조하는 단어를 바꿔 가며, 의미가 어떻게 달라지는지 살펴보자.

〈예문〉

"역시 항아리에 익힌 된장이 최고야."

(1: 항아리에, 2: 익힌, 3: 된장이)

한편, 문장과 문장의 흐름 속에서 한 문장을 상대적으로 더욱 강조하는 경우도 있다.

⑥ 속도(tempo)

말의 속도는 말하는 이의 감정 상태의 강도와 상황의 다급함을 나타내는 데 도움을 주는 요소이다. 동화구연에서는 성격 설정에도 중요한 역할을 하며 일반적으로 나이가 어릴수록 빠르게, 나이가 들수록 느리게 한다. 때로는 중요하지 않은 나열 부분을 재미있게 하기 위해 빠르게 읽기도 한다. 다음 문장을 빠르게 한 번, 천천히 한 번씩 읽어 보자.

〈예문〉

a. (소녀) "난 콩하고 당근하고 감자하고 버섯하고 스파게티하고 달걀하고 소시지는 (∨) 안 먹어."

b. (소년) "아저씨, 길고 가늘고 구불구불하고 고양이 꼬리처럼 보드라운 거 있으시죠?"

(초로의 남성) "뭐라고? 천천히 차근차근 이야기해 보렴."

⑦ 일시 정지(pause)

뒷말을 강조하거나 주인공이 처한 상황을 상상할 수 있도록 하는 데 일시 정지(pause)가 효율적으로 사용될 수 있다. 특정 단어의 강조뿐 아니라 등장인물의 성격 설정을 돕고, 청중의 호기심을 불러일으킬 수 있어 긴장을 증가시키는 데 효과적이다. 다음 예문을 (∨) 부분에서 쉼으로써 어떤 효과가 나는지 살펴보자.

〈예문〉
- "머리 위에 나무가 자라면(∨) 그늘도 생기고 열매도 열릴 테니 그거 재미있겠다!"
- (캄캄한 동굴 속에 거꾸로 매달린 박쥐에게 아기개똥벌레가 두려움 속에서) "우리(∨) 엄마인가요?"

⑧ 리듬(rhythm)

말의 리듬은 음의 고저, 음역, 강도, 속도, 포즈 등의 적절한 배합에 의해서 자연스럽게 생겨난다. 말하기 쉽고, 듣는 사람이 편안하게 들을 수 있는 리듬이 좋다.

2) 화술의 실제

(1) 역할에 따른 성격 설정(characterization)

줄거리가 있는 그림책에서 대화체 인물이 두 명 이상 등장할 때, 듣는 사람이 구별해서 떠올리기 쉽도록 각 등장인물에 어울리게 목소리를 설정해 준다. 역할에 따라 소리를 설정할 때에는 성별, 노소, 높낮이, 청탁, 굵기, 속도 등이 활용된다. 가장 손쉬운 것이 남자, 여자 소리로 구별하는 것이며(예: 토끼, 나비, 장미꽃-여성 / 악어, 독수리, 코끼리-남성), 작품 속 등장인물이 동물이나 사물인 경우는 작품 속에 드러난 크기나 평소의 연상 이미지로 가는 것이 좋다. 그래야 이야기를 들으면서 장면이 쉽게 떠오르기 때문이다. 속도도 역할 설정에 도움을 준다. 나이가 어린 인물은 빠르게, 노인은 상대적으로 천천히 말하며, 몸집이 크거나 둔한 이미지를 만들고 싶을 때에도 느리게 말한다. 힘센 남성 캐릭터가 불가피하게 다수 등장할 때에도 속도로 구별할 수 있다. 가령, 사자와 곰이 서로 힘이 세다고 자랑하는 내용에서 사자는 빠르게, 곰은 천천히 말해 보자. 성미 급한 사자와 느긋한 곰이 연상될 것이다.

| 표 6-2 | 신체 부위를 통한 발성법

신체 부위	동물 소리로 연결	가족 음성 묘사	음색 표현
배 밑 (골반 밑)	어-흥 (배 밑에서 올라와 코로 공명된 소리)	할아버지	안녕하세요. 우리 손주 착하지.
배 밑 (골반 밑)	음 메헤헤- (배 밑에서 올라와 가슴부터 조음하며 목을 떨며 코로 공명된 소리)	할머니	안녕하세요. 이리 오너라.
배 (배 전체)	멍 멍 멍 멍 멍 (배 전체가 힘차게 움직이며 가슴, 목, 코 등 소리통이 된다.)	아버지	안녕하십니까. 자, 모두 모이세요.
배 (배 전체)	아- (발성의 50높이 음성으로 배, 가슴, 목, 코 등에서 감싸안는 동그란 느낌으로 조음)	어머니	안녕하세요. 얘들아, 먼 곳에 가지 마라.
가슴	개굴 개굴 개굴 (가슴에서 나오는 소리를 눌렀다 위로 올림으로 젊은 느낌이 들게 한다.)	오빠	안녕하세요. 난 축구를 좋아해.
가슴	쪼로롱- 쪼로롱- (가슴에서 소리를 위로 올리며 조음 후에 굴린다.)	언니	안녕하세요. 난 노래를 좋아해요.
목	골- 골- 골- (목에서 누르면서 조음하는 소리)	남자 아기	안녕하세요. 엄마, 밥 주세요.
목	삐악 삐악 삐악 삐악 (입술에 힘을 주고 목에서 가늘게 나오는 소리)	여자 아기	안녕하세요. 아, 목말라.

출처: 이규원(2000)

(2) 상황 분석하기

화술의 가장 중요한 전제는 '자연스럽게, 재미있게' 이다. 지나친 과장은 동화구연을 자칫 현실과 격리된 가상적 꾸미기나 성대모사의 장으로 가두어 버릴 있다. 앞에서 살펴본 성별, 연령별 소리 내기(발성)가 자신이 낼 수 있는 여러 가지 음색을 탐색해 보는 과정이라면 상황 분석은 청중이 쉽게 몰입하고 연상할 수 있도록 설득력 있게 전달하는 과정이다.

상황별 하술 연습

다음의 대사는 글자는 같지만 상황에 따라 담긴 정서가 다르고 그를 표현하기 위해 높이, 길이, 거리감, 억양이 모두 달라진다. 이때 소리와 더불어 표정, 시선, 필요하면 제스처까지 곁들여 하면 더욱 실감이 난다.

"엄마"

① 초인종이 고장 났을 때 문밖에서 안을 향해 엄마를 부르는
② 어려운 부탁하려고 말을 꺼내며
③ 일곱 살 아이가 사달라고 조를 때
④ 문을 열고 들어왔는데 쓰러진 엄마를 보고 깜짝 놀라서
⑤ 비가 쏟아지는 날, 기대를 하지 않았는데 우산을 갖고 찾아와 줘서 반가워하는 여중생
⑥ 열감기로 아파 누운 상태로 엄마를 쳐다보며

"이게 뭐야?"

① 바닥에 놓여 있는 이상한 물체를 보며
② 자기 방을 어질러 놓고 건넌방으로 가 버린 형에게 소년이
③ 학습지를 선물이라고 내민 엄마에게 심술이 나서 실망한 아이
④ 결혼식에 가려고 흰 옷을 갈아입혔더니 아이스크림을 엎질러 엉망이 된 아이를 보며 엄마가 속이 상해서
⑤ 연인에게 뜻밖의 선물을 받고 좋아서
⑥ 금고 안을 열어 보고 돈 대신 신문지뭉치가 있어서 너무 놀라 주저앉으며

(3) 해설로 변화 주기

화술의 기본이 등장인물 소리의 변별이라면 평서문으로 돼 있는 해설 부분을 편

안하고 자연스럽게 하면서도 상황에 맞게 변화를 구사하는 것은 화술의 완성으로 가는 중요한 단계이다. 형태적 변화('-어요', '-지요', '-대요' 등) 외에도 해설의 톤, 분위기, 속도 등을 앞 뒤 대사에 맞게 맛깔스럽게 할 필요가 있다.

〈예문〉
① 수미는 활짝 열린 대문을 지나 집 안으로 들어섰어요.
② 그런데, 거기엔 아무도 없었어요. "엄마, 엄마 어디 있어?"
③ 수미는 금방이라도 울음이 터질 것 같았지요.
④ 그때, 어디선가 이상한 소리가 들려왔어요.

위 예문의 경우 ①은 편안하고 부드럽게 내려온다면 ②는 그보다 좀 더 상기된 억양으로 할 필요가 있으며 ③과 ④도 나름대로 변화를 주어 가며 해야 한다. 해설은 밑그림이면서 이야기의 분위기와 구성진 맛을 끌고 가는 중요한 부분이다. 작품 전반적으로 볼 때에도 경쾌한 동화인지 감동적인 동화인지에 따라 해설의 톤과 속도를 달리 할 필요가 있다.

(4) 표정과 몸짓 곁들이기

사람의 말 속에는 정서와 전후 맥락, 상황이 담겨져 있다. 예를 들어 다음의 문장을 처음엔 표정 없이 담담하게 읽고, 다음엔 표정을 실어서, 그 다음엔 표정과 제스처까지 담아서 나타내 보자.

〈예문〉
① "저기 바위 밑에 애가 떨어졌어요!"
② "아함~ 책을 읽으니까 졸음이 와요."
③ "이 다음에 말이야, 우리 딸이 엄마만큼 크면 그땐 알게 될 거야."

(5) 원고를 이용한 화술 실습

에코 (그리스 신화/ 개작: 이송은)

옛날 그리스 숲 속에 수다쟁이 요정이 살았어요.

"어머머, 코끼리야, 코가 어쩜 그렇게 기니?"

"안녕, 종달새야, 너 오늘도 노래하니?"

숲 속 동물들은 시끄러워서 잠을 잘 수가 없었어요.

"에코야, 제발 좀 조용히 해. 필요한 말만 하라고."

"쉿! 아기들이 깨요."

동물들이 타일렀지만 에코는 들은 척도 하지 않았어요.

"난 샘물의 요정, 촐랑촐랑 조잘조잘 얼마나 재미있는데?"

에코는 쉴 새 없이 떠들고 다녔지요.

동물들은 참다못해 신을 찾아갔어요.

"에코 버릇을 고쳐야 해요."

"제발 잠 좀 자게 해 주세요."

에코의 버릇이 계속되자 마침내 헤라 여신은 한 가지 벌을 내렸어요. 그건 바로 남의 말만 따라 하는 것이었지요. 어느 날 에코는 연못가에서 멋진 청년을 만났어요.

"안녕, 귀여운 아가씨!"

"안녕, 귀여운 아가씨!"

"허허! 장난치지 마세요."

"허허! 장난치지 마세요."

나르키소스는 얼굴이 빨개졌지요.

"남을 놀리는 건 나쁜 일이에요."

"남을 놀리는 건 나쁜 일이에요."

나르키소스는 화를 버럭 내고 가 버렸어요.

'그게 아닌데, 그런 게 아닌데,'

에코는 너무 슬퍼서 산 속으로 들어갔어요.

그리고는 울다 울다 지쳐서 소리만 남게 되었대요.
산에 가서 '야호~' 소리쳐 보세요.
되돌아오는 메아리, 그게 바로 에코 소리지요.

성격 설정의 예:

- 에코: 빠른 속도로 말하는 귀여운 수다쟁이 소녀
- 나르키소스: 보통 속도, 약간 굵은 톤의 씩씩한 청년
- 동물 A: 느릿느릿 말하는 아저씨풍의 동물, 코끼리
- 동물 B: 느릿느릿 목에서 가느다랗게 나오는 할머니 소리, 부엉이

3) 동화구연 시연

동화구연을 들려주는 상황은 일반적으로 유아교육기관이나 집에서 책을 읽어 주거나 이야기를 들려주는 상황인 수업용과 무대용(공연 및 대회 경선을 위한 시연), 두 가지로 나눌 수 있다.

(1) 순수 구연

- 준비 과정: 묵독 또는 음독(내용 파악) – 개작 – 대화체 인물 파악 및 성격 설정 – 상황 분석 – 연습 – 시연
- 시연 단계: 매체를 이용하지 않고 순전히 목소리와 표정, 제스처만으로 시연할 때는 다음을 고려한다.

① 인사를 하고 여유를 둔 후 구연을 시작한다(양손은 주먹을 가볍게 쥔 채 늘어뜨린다.)

인사 후 2초 정도의 포즈는 청중이 이야기를 기대하며 주의를 집중하게 되는 효과가 있다. 온몸의 힘을 빼고 편안한 마음가짐으로 임한다.

② 처음 시작 부분은 여유 있는 속도와 탄력감 있게 처리한다.

시작 부분은 보통 평서문인 해설로 시작한다. 청중이 이야기 속으로 들어올 수 있도록 여유 있는 속도로 안정감 있게 시작한다.

③ 청중들에게 골고루 시선을 주면서 구연한다.

정면을 가장 많이 보되 서서히 좌, 우도 둘러본다. 이때 지나치게 빠르게 돌아보거나 자주 돌아보면 이야기가 산만해지므로 유의한다.

④ 호흡할 곳을 적절히 조절하고 소리를 분명하게 전달한다.

복식호흡이 중요한 것은 청중에 대한 전달력 때문이다. 아무리 작은 소리라도 나름대로의 힘이 있어야 하며 지나치게 끊어 버리거나 주르르 이어지지 않도록 리듬감 있게 처리한다.

⑤ 해설은 대화체와 구별되게 하며 해설의 어미를 변화 있게 연기한다.

해설은 배경 그림이면서 동시에 이야기를 재미있고 맛깔스럽게 하는 중요한 연결고리이다. 해설 문장의 끝 어미 처리는 다음 대사의 분위기를 결정한다. 해설과 대화체를 띄지 않고 너무 붙여 버리면 이런 맛을 살릴 수가 없다.

⑥ 표정과 제스처를 적절히 곁들인다.

이야기에 적절한 표정과 제스처를 분명하게 곁들인다. 엉거주춤한 제스처는 오히려 방해가 된다.

⑦ 각 단어의 어감을 살리고 문맥의 상황을 충분히 살린다.

각각의 어휘는 그 안에 소리 값과 뜻을 담고 있는데 이를 효과적으로 살려야 한다.

⑧ 불필요한 습관은 버리고 자신감 있고 자연스럽게 한다.

거울이나 가까운 사람, 녹음기 앞에서 미리 연습하고 '이 이야기는 이 세상에서 내가 제일 재미있게 전한다.' 라는 자신감을 갖고 자연스럽게 한다.

⑨ 마지막 부분은 훈화를 곁들이지 말며 여유 있는 속도로 하며 끝말까지 잘 마무리한다.

교훈을 곁들여야 교육적일 것 같은 조바심은 사족이다. 또한 끝맺음을 할 때는 여유 있는 속도로 하여 암시를 준다. 화자도 마무리가 필요하지만, 청중 역시 자신이 감상한 내용에 대해 여운을 갖고 마무리할 여지가 있어야 하기 때문이다.

화술 메모: 자세와 시선

대회에서는 보통 사회자가 제목을 소개하기 때문에 구연자가 제목을 소개하지 않는 것이 일반적이다. 편안하게 선 상태에서 상체를 약간 앞으로 구부린 상태가 일반적 기본 자세이며 손은 뒷짐을 지거나 앞으로 모아 쥐지 말고 자연스럽게 내려뜨린다. 마이크와는 주먹 하나 정도의 여유가 있는 것이 좋으며 날숨에서 '훅' 하고 거친 소리가 나지 않게 유의한다. 조명이 있는 무대에서는 청중이 잘 보이지 않을 수 있으나 너무 높은 데를 보거나 바닥을 내려다보는 것은 좋지 않으며 편안히 앞쪽 청중을 보면서 간간이 좌우를 둘러보는 정도가 좋다. 손으로 무엇을 가리킬 경우에는 시선은 손끝 쪽을 향한다. 동화에 어울리게 의상 분위기를 맞추는 것도 필요하다.

(2) 매체를 이용한 구연(그림책 읽기)

● 1단계: 전체적인 내용 파악과 읽기 유형 선택

책을 처음부터 끝까지 한 번 훑어보고, 책의 장르와 성격, 목적에 따라 어떤 읽기 유형을 선택할지 결정한다. 동시그림책, 정보그림책이라면 대개 담담하게 낭독하는 것만으로 충분하다. '기-승-전-결' 구성이 있는 이야기책이라면 입체적인 구연이 필요하다. 개작 여부는 작품, 청중, 활동의 목적에 따라 결정하며, 개작이 필요한 경우는 그림책에 간단히 메모지를 붙이는 방식으로 읽기 과정에서 참조한다.

● 2단계: 등장인물 파악 및 성격 설정

구연식 읽기가 필요한 상황이라면, 변별해야 할 등장인물의 수를 파악하고 각 역할에 맞는 목소리를 설정한다. 등장인물을 구체화하는 작업을 성격 설정(characterization)이라 하는데 간혹, 따옴표 속 대사가 아닌 평서문도 성격을 설정해 줘야 하는 경우가 있다. 작중 화자가 처음부터 설정돼 있는 경우이다(예: 『난 토마토 절대 안 먹어』의 오빠 찰리).

● 3단계: 상황 분석해 적용하기

모든 이야기에는 상황이 있다. 그림책을 읽어 주는 사람은 '나라면 이 상황에 처했을 때 어떤 기분이고, 어떻게 말할 것인가?' 를 떠올려 봐야 한다. 공간적으로 멀리 떨어져 있는 상황이라면, 원거리감이 느껴지도록 끝을 약간 여운 있게 소리 내고, 공포에 처했을 때에는 교사의 얼굴에도 약간의 두려움이 묻어나게 해야 한다. 단, 상황에 따른 구연에서 유의할 점은 소리를 절제해야 한다는 점이다. 책 읽기는 현장을 실사(實寫)로 되살리는 것이 아니라, 듣는 사람이 떠올리도록 돕는 것이 목적이기 때문에 지나친 과장이나 성대모사는 오히려 전체 맥락에 방해가 된다. 교사나 부모가 성우나 연극배우처럼 될 필요는 없다. 각 역할과 상황에 맞는 소리에 80% 정도만 접근한다고 보면 된다. 그래야, 아이들도 이야기를 편안히 들을 수 있다.

● 4단계: 전체를 소리 내어 읽기

전체적으로 책 한 권을 소리 내어 읽어 본다. 어디에서 강조하고, 어디에서 중간 질문을 던질지 구상한다. 반복되는 구절은 아이들과 함께 읽으면 더 좋다. 시간이 허락한다면 녹음해서 들어 보면 더 좋은데, 녹음된 본인의 소리를 듣는다는 것이 쑥스럽기도 하지만 자신의 발음과 소리의 특징을 객관화해 볼 수 있는 기회가 된다.

이상의 4단계는 짧게는 십여 분에 끝날 수도 있고, 한두 시간이 걸릴 수도 있다. 몇 번 해 보면, 갈수록 시간이 단축될 것이다.

다음은 외국에서 유아 및 아동교사를 위해 제시한 책 읽어 주기 지침이다. 수업용과 무대용, 모두 참조할 만한 내용이 들어 있다.

| 표 6-3 | 읽기를 위한 교사 자기평가(Teacher Self-Assessment) (Jalongo, 2003)

책 선택	• 처음에는 쉬운 이야기로 시작한다(예: 반복되는 이야기, 누적되는 이야기). • 교사 자신이 진정으로 재미있다고 느끼고, 남들과 나누고픈 이야기를 고른다. • 생활주제나 단원 등 단순히 교육적 목적에 맞다는 이유만으로 책을 선정하지 않는다. • 유아의 요구, 흥미, 능력 등을 고려한다.
읽기 연습	• 교사에게 도움이 될 만한 것들은 폭넓게 사용한다(예: 녹음기, 메모지 등) • 순서를 기억하기 위해 다양한 단서를 사용한다. • 익숙하지 않은 단어의 올바른 발음을 익힌다. • 구절이나 문장이 부드럽고 편하게 느껴질 때까지 연습한다. • 개인의 스타일이 형성될 때까지 연마한다. • 내 목소리를 통해서 단어의 자연스런 리듬이 느껴지도록 한다. • 풍부하게 표현하되, 과도하지 않게 한다. • 자신감이 드러나도록 유아와 눈을 맞추고 몸 자세를 갖춘다. • 목적에 맞는 제스처를 사용한다. • 이야기의 절정 부분에서 점차적으로 긴장감을 고조시켜 표현한다. • 갑작스레 끝내지 말고, 유아에게 이야기의 마무리를 알리는 느낌을 준다.
책 읽어 줄 때	• 자신감 있게 표현할 수 있도록 앞부분 서너 줄은 외울 정도로 연습한다 • 편안하고 깊게 심호흡을 하고 시작한다. • 목소리를 명확하게 하고, 유아들에게 알맞게끔 속도를 조절한다.
교구 사용 시	• 교구 사용을 적절하게 한다(매체 종류의 적절성, 교구 조작의 원활함). • 교구 때문에 주의가 분산되어서는 안 되며, 주의를 집중하기 위한 것임을 기억한다.

연구 문제

1. 동화구연과 스토리텔링과의 관계를 간단히 설명해 보자.
2. 각 읽기 유형의 장단점을 간략히 설명해 보자.
3. 각 유형별 읽기가 어울리는 책을 한 권씩 찾아보자.
4. 동화구연에서 시작과 끝부분을 여유 있는 속도로 하는 이유는 무엇인가?
5. 역할이 뚜렷이 나타나지 않은 주변 인물(예: 친구, 지나가는 사람) 두 명의 대사가 있다. 이들을 어떻게 목소리 성격 설정을 하면 좋을까?
6. 「우리 엄마인가요?」『뜨레풀 책놀이 4』(동심)를 읽기 유형 Ⅰ과 Ⅱ로 읽어 보고 차이점을 발표해 보자.

제 7 장

문학 활동을 위한 교수매체

그림책을 감상하는 방법은 여러 가지가 있다. 가장 손쉽게는 그림책을 읽어 주는 것이고, 교수 활동이나 대상 유아의 연령에 따라 다른 교수매체를 이용하기도 한다. 본 장에서는 전통적 교수매체와 그 특성, 교육적 가치에 대해 알아본다.

1. 유아문학 활동과 교수매체

매체(media)란 라틴어에서 유래된 말로서 'between-맺어 주는 역할, 다리'의 의미를 갖는다. 교수매체란 교육 현장에 사용되는 여러 가지 구체물로 된 교육 자료를 말하며 교과서를 포함하여 모든 인쇄 매체, 실물, 표본, TV, 컴퓨터를 비롯한 기계 도구, 놀잇감 등 일체의 도구가 여기에 포함된다.

유아기는 발달적으로 전조작기에 속하기 때문에 구체물을 활용한 활동이 유아의 이해를 돕고 활동에 참여하고자 하는 동기를 높인다. 또 반응 중심 문학 활동에서는 유아가 폭넓고 깊이 있는 감상을 할 수 있도록 해야 한다고 제안한다. 이때 적절한 교수매체의 사용은 문학을 즐기는 데 도움이 될 것이다. 그러나 문학 활동 시 지나치게 교수매체에 의존하는 것은 유아의 일상적인 책 읽기와의 연계를 저해할 우려가 있으므로 매체의 사용은 적절한 범위 내에서 해야 한다.

문학 활동 교수매체 활용은 1990년대 중반, 창작 및 번안 그림책이 본격적으로 보급되기 시작하면서 큰 변화가 일어났다. 즉, 과거 문학 매체의 대표적 형태였던 낱 장식 그림동화 제작이 줄어들고 대신, 실물 화상기나 컴퓨터 등 첨단 기계를 이용하는 사례가 증가한 것이다.

2. 교수매체의 종류

문학 활동 교수매체는 전통적인 교수매체 유형과 실물이나 일상적 소품을 교구로 사용하는 경우, 두 가지로 나눌 수 있다.

1) 전통적인 교수매체의 종류

(1) 그림동화

그림동화의 종류에는 낱장식, 병풍식, 괘도식이 있고 그중 낱장식 그림동화가 대표적이다. 낱장 그림동화는 하드보드지 등에 크게 확대하여 색칠하거나 색지를 붙여 화면을 구성하고 필요에 따라 뒷면에 동화 내용을 적는다. 그림책이 본격적으로 나오기 전에 많이 사용되었던 형태이며, 뒷면의 대본을 읽느라 유아의 시선을 놓치지 않도록 유의해야 한다. 낱장 그림동화는 화면을 크게 확대해서 보여 주거나 동시에 나란히 게재해 보여 줄 수 있다는 장점이 있다.

병풍식 그림동화

최근에는 정지된 평면에 변화를 주기 위해 '움직이는 그림동화'로 만드는 경우가 많다. 움직이는 그림동화는 배경판 그림에 칼집 선을 내고 그 선을 따라 등장인물 컷이 별도로 움직일 수 있게 만드는 것이다. 컷 뒷면에 'ㄱ'자로 구부린 책받침이나 코팅필름 조각을 붙이고 손잡이 부분을 배경판의 칼집 선 틈을 관통해 뒤로 빼낸 다음, 배경 판 뒤에서 조작한다. 선에 따라 컷이 상하, 좌우, 또는 곡선으로도 움직일 수 있다. 이 외에 컷을 움직이는 도구로 할핀을 사용하기도 한다.

움직이는 그림동화(1)

움직이는 그림동화(2)

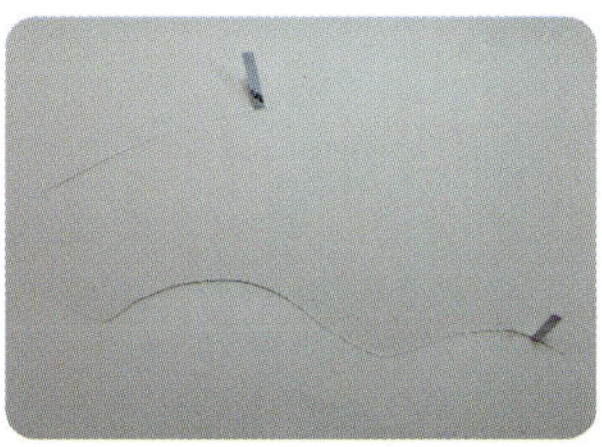
움직이는 그림동화 뒷면

(2) 낚싯줄동화

낚싯줄동화는 크게 보면 움직이는 그림동화에 속하며, 직선 이동을 단숨에 시각적으로 나타내 보여 줄 수 있다. 움직이고자 하는 컷 뒤에 낚싯줄을 대고 투명 테이프로 고정시킨 다음, 배경판 위에 컷이 움직이는 동선 양 끝에다 송곳으로 구멍을

낚싯줄동화(1)

낚싯줄동화(2)

낚싯줄동화 뒷면

뚫는다. 낚싯줄의 양 끝을 그 구멍으로 지나가게 한 다음 뒤에서 낚싯줄을 서로 묶어 매듭을 짓는다. 매듭을 보들이로 감싸면 조작할 때 손잡이로도 쓸 수 있다. 낚싯줄동화는 등장인물이 높이 올라가거나 내려오는 것, 앞뒤로 왔다 갔다 하는 것 등을 가장 효과적으로 보여 줄 수 있다. 가령, '방귀 시합' 이라는 전래동화에서 방귀쟁이의 방귀바람에 이웃집 처녀가 굴뚝 밖으로 튕겨져 나가는 모습을 표현할 때 효과적이다.

(3) 융판동화

융판동화는 현장에서 가장 보편적으로 쓰이는 교수매체 중 하나이다. 융판동화의 장점은 등장인물이 점차 증가하거나, 점차 줄어드는 상황을 가장 효과적으로 보여 줄 수 있고, 계절이나 공간적 배경 바뀌었을 때 배경판을 달리 해 줄 수 있다는 점이다. 기관에 비치돼 있는 고정식 융판을 활용하거나 또는 접이식 이동 융판을 삼각대처럼 놓고 쓰기도 한다. 융판을 앞치마 형태로 만들어 보여 줄 수도 있으며, 접이식 융판은 양쪽을 펄럭거릴 수 있어서 새나 나비 등의 움직임을 역동적으로 보여 주거나, 두 면을 분할해서 차례로 등장인물을 소개할 때 효과적이다. 컷은 펠트나 종이 등 여러 소재로 만들 수 있고 뒷면에 까끌이를 붙인다. 융판동화를 좀 더 역동적으로 보여 주기 위해서 해당 등장인물의 대사를 할 때 그 컷만 가볍게 움직여 줄 수도 있다. 특수 종이로 만든 패널씨어터도 융판동화의 일종이라 볼 수 있다.

융판동화 – 무지개꽃이 피었어요(1)

융판동화 – 무지개꽃이 피었어요(2)

(4) 자석동화

등장인물이나 사물의 컷 뒤에다 자석을 붙이고, 배경판 맞은편 쪽에서 또 다른 자석을 조작함으로써 앞에 있는 컷을 움직이는 기법을 말한다. 배경판은 하드보드지, 아크릴 판 등 다양한 소재가 있으며, 뒤에서 이끄는 자석의 힘이 강력해야 한다. 자석동화는 특히 물고기 움직임처럼 전후, 좌우, 상하, 곡선으로 움직여야 하는 동화에 적합하다. 예를 들면, 물고기 외에도 날아가는 나뭇잎, 풍선, 새 등을 평면에서 표현할 때 자석동화가 효과적으로 사용될 수 있다.

자석동화 – '으뜸 헤엄이'

(5) 텔레비전동화

바나나 상자 등 튼튼한 판지로 된 박스로 텔레비전 틀을 만들고, 그림이 붙어 있는 지관을 움직임으로써 화면이 바뀌게 하는 기법이다. 박스 상단 양쪽에 구멍을 내어 두루마리 형태의 연속 그림 양 끝을 각각 붙인 지관 두 개를 끼운다. 지관을 위에서 잡고 돌림으로써 화면을 움직이는 기법이다. 이때 그림은 틀 너비만큼 화면이 가려지는 것을 감안하여 보여지는 크기보다 좀 더 확장하여 그리는 것이 좋다. 텔레비전동화의 가장 큰 특징은 등장인물을 틀 전면에 오게 하고 배경 그림을 움직였을 때, 등장인물이 마치 그 반대 방향으로 움직이는 것처럼 착시 효과를 만들어 낸다는 점이다. 주인공이 계속해서 누군가를 만나며 다니거나, 여행을 떠나는 내용의 동화가 이런 효과를 내기에 적합하다.

텔레비전동화 – '타와 다의 여행'

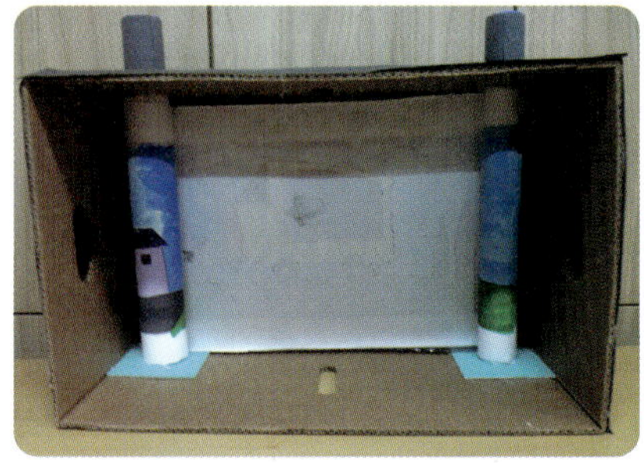

텔레비전동화 뒷면

(6) OHP동화

OHP 필름에 그림을 그려서 동화를 들려주는 기법이다. 투명한 소재를 사용하기 때문에 겹침 효과를 낼 수 있다는 점이 가장 큰 특징이다. 색깔 유성 매직을 사용할 경우에는 색의 혼합을 보여 줄 수 있다. OHP 기기가 아니더라도 하얀 칠판이나 도화지를 배경판으로 이용할 수 있다. 『이건 막대가 아니야』 그림책은 두 장면이 겹침 효과로 설명될 수 있는 대표적인 예이다.

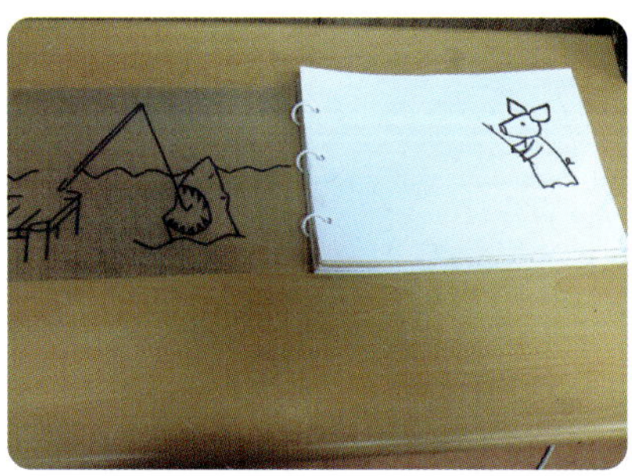

OHP동화 – '이건 막대가 아니야'

(7) 그림자동화

빛과 막 사이에 컷 자료 또는 물체를 둠으로써 막에 비치는 그림자로 이야기를 이끌어 가는 것이다. 전통적인 방법은 흰 천과 전등을 설치하고 중간에 연기자가 앉아서 컷 자료를 조작하는 것인데 이때 빛의 원근으로 크기를 조절하고 셀로판지로 색을 넣기도 한다. OHP 기기가 있을 경우에는 화면 자체에다 폴리우레탄이나 셀로판지 등 빛을 투과하는 소재를 배경으로 놓고 표현할 수도 있고, 화면 위에다 유니트 블록과 소품을 놓고 벽면에다 그림을 비춰 보여 줄 수도 있다. 최근에는 상자곽을 'ㄷ' 자 모양으로 설치한 다음, 오려 낸 면에 한지나 기름종이를 붙인 다음 스마트폰의 플래시 기능을 활용하여 간단하게 그림자극을 들려주기도 한다.

그림자동화

그림자동화 뒷면

(8) 인형극

인형극은 크게 손인형, 손가락인형, 막대인형, 테이블 인형, 큰 인형, 줄인형 등이 있다. 이 중 큰 인형은 성인의 키를 넘어서는 대형을 말하며, 주로 공연용으로 쓰인다. 유아교육 현장에서 간편하게 쓸 수 있는 인형의 몇 가지 종류를 알아 본다.

① 막대인형

막대인형은 코팅하거나 펠트로 만든 컷 자료 뒤에다 나무젓가락, 빨대 등을 붙여서 쓴다. 융판동화와 더불어 현장에서 가장 손쉽게 쓸 수 있는 매체 형태이며, 교사 혼자서 보여 줄 때는 테이블 위에 순서대로 놓고 앉아서 보여 주는 것이 안정적이다. 감상 후 유아가 역할별로 극놀이를 할 때에도 활용할 수 있다. 가장 큰 장점은 별도의 배경 없이 사용할 수 있다는 점이며, 장면당 여러 명이 등장하지 않고 1~2명이 등장하는 화면 구성에 알맞다. 이때 유의할 점은 등장인물 컷들의 방향이 서로 바라보거나, 적어도 정면을 바라보아야 한다는 것이다. 막대인형끼리 서로 외

면한 채로 대화를 하는 것은 부자연스럽기 때문이다.

막대인형 – '데글데굴 금방울'

② 손인형

손인형(hand puppet)은 연기자가 손을 인형 속으로 넣어 조종하는 것으로 목장갑, 양말, 스펀지, 봉투 등 다양한 재료가 있다. 손인형 중에서도 입이 벌어지게끔 조작할 수 있게 한 인형을 '입인형(mouth puppet)' 이라고 한다. 손가락인형(finger puppet)은 손가락마다 하나씩 캐릭터를 끼우거나 붙이는 형태 외에도, 처음부터 장갑의 손가락 끝부분에 등장인물의 얼굴을 꾸미고 손가락을 몸통으로 활용하는 경우도 있다. 손가락 인형은 등장인물이 5명 미만이거나 가족을 소재로 할 때 많이 쓰인다.

손인형 – '입인형'

손인형과 손가락인형

또 『바닷물고기 덩치』의 경우처럼 내용을 실감나게 표현하기 위해 아래와 같이 입 안으로 소품이 들어갈 수 있게 손인형을 만들 수도 있다.

● **만드는 법**

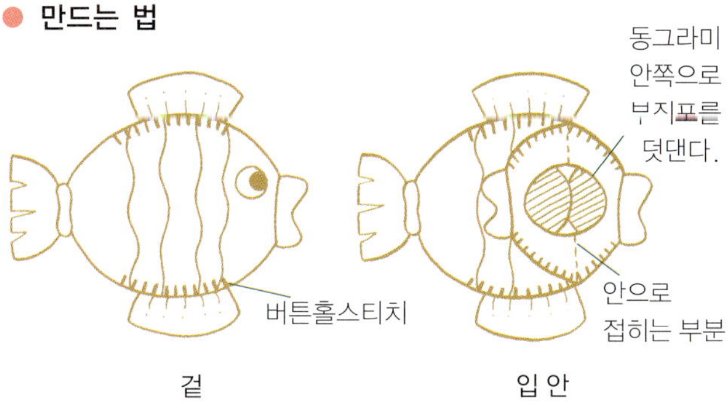

③ 테이블인형

테이블인형이란 테이블을 무대 삼아 인형극을 보여 주는 것으로 인형이 테이블 위에 설 수 있도록 요구르트 통, 음료수 캔, 휴지심 등을 지지대 또는 몸통으로 사용한다. 배경판을 'ㄱ' 자로 세우고 그 앞에서 등장인물의 움직임을 보여 줄 수 있어서 인형극의 무대를 교실로 옮겨 온 듯한 효과를 낼 수 있다. 이때 인형을 조작하는 손잡이나 막대는 투명한 아크릴 막대가 더 적합하다.

테이블인형 – '말랑말랑 물렁물렁'

인형극의 교육적 가치

인형극은 이야기 구연하기(story telling)와 더불어 역사적으로 오랫동안 발전되고 계승되어 온 표현 양식이다. 인형극은 구연의 형태에 시각화와 경이로움을 보탠 것이라고 할 수 있다(김현희·박상희, 1999). 인형극은 유아들이 가장 좋아하고 실제 해 보기를 원하는 문학 관련 활동 중의 하나인데 여러 가지 교육적 가치가 있다(Jenkins, 1980).

① 상상력과 창의적 사고를 발달시킴
② 의사소통 기술 촉진
③ 실생활의 상황을 간접적으로 시험해 볼 기회를 줌
④ 거부당할까 봐 두려워하지 않고 자기 표현할 기회를 줌
⑤ 책의 내용을 재구성해서 표상함으로써 이해력과 표현 능력을 향상시킴
⑥ 인형극 감상이나 표현 시 요구되는 주의력, 집중력을 키울 수 있음

(9) 동극과 동극 소품

유아가 할 수 있는 극놀이는 동극과 연극놀이, 두 가지가 있다. 동극이란 원래 어린이를 대상으로 보여 주는 극이라는 의미가 있으나, 유아교육 현장에서는 유아들이 직접 출연하는 연극을 이르는 말로 쓰이는 경우가 많다. 이때는 보통 대본이 정해져 있다. 주된 소품은 역할을 나타내는 등장인물 머리띠나 목걸이, 모자 등이다. 가장 일반적으로 하는 동극 수업 형태는 반복적인 대사와 예측 가능한 줄거리의 이야기(예: 『장갑』, 『검피 아저씨의 뱃놀이』, 『커다란 순무』, 『빨간 사과』 등)를 듣고 후속 활동으로 역할을 맡아 동극을 하는 것이다. 이때 자신이 쓸 등장인물 역할 소품은 미술 영역에서 직접 만드는 것이 더 의미가 있다.

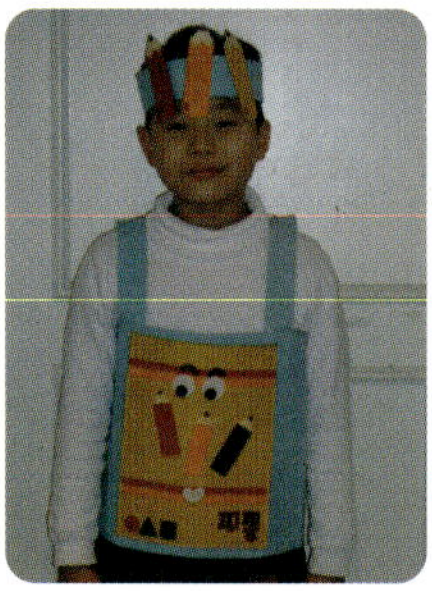

(10) 슬라이드 동화

그림책 장면을 슬라이드용 네거필름으로 찍어서 슬라이드 트레이에 넣고 환등기를 통해 스크린에 보여 주는 것이다. 컴컴한 실내와 장면을 넘길 때마다 나는 특유의 '철커덕' 하는 소리가 옛날 영화를 보는 듯한 긴장감을 준다. 빔 프로젝터가 대중화되면서 거의 사용되지 않고 있다.

연극놀이

연극놀이(creative drama)는 공연을 목적으로 하는 기존의 연극과는 달리, 연극적인 기법을 교육에 활용하는 것을 말한다. 연극놀이는 즉흥적이고, 비공개적이며 과정 중심이며 참여자들은 이끎이(leader)와 더불어 상상하고, 체현하고, 인간 경험을 반영한다.

유아에 있어서 문학과 연계한 연극놀이의 가치를 살펴보면, 문학의 내용을 극화하는 과정에서(가령, 판토마임, 역할 놀이 등을 사용하면서) 문학 속 사건에 적극적으로 몰입하게 된다. 이때 각 유아는 자신의 고유성과 창의성이 존중되는 가운데 극놀이에 참여하면서 협동적으로 문제 해결하는 것을 배운다. 극놀이에서 유아는 연기자이면서 동시에 관객이 되는 기회를 가지는데 이는 공연을 목적으로 하는 전통적인 극놀이의 입장과는 다르다. 전통적인 연극이 관객에게 보여 주기 위해 미리 짜여진 대본을 연습하고 교사 주도적으로 공연을 하는 것인 데 반해 창의적 극놀이로서의 연극놀이에서는 극화 과정에서 유아의 즉흥과 자발성을 최대한 활용한다(김선, 1999). 창의적 극놀이 자체가 과정 중심, 체험 중심의 활동이기 때문이다.

연극놀이의 가장 간단한 형태로는 판토마임을 들 수 있다. 이런 형태의 극은 유아로 하여금 언어의 부족이나 틀리는 것에 대한 두려움 때문에 놀이 활동이 제한받지 않도록 해 준다. 움직임으로 체현하는 동안 메시지 전달을 위해 유아는 그들의 신체 움직임과 얼굴 표정을 사용하게 되며(Rains & Isbell, 1994), 이러한 신체 표현 다음에는 자연스럽게 언어 표현이 따라오게 된다. 즉, 더욱 발전된 형태의 사회극놀이에서 능동적으로 참여하면서 유아는 인지적, 언어적 발달을 하게 되는 것이다. 내러티브 판토마임, 상상을 통한 물체 변형 놀이, 즉흥(improvisation), 정지 동작 만들기(tableau), 역할 내 교사(teacher-in-role) 등은 유아교육 현장에서 적용해 볼 만한 기법이다. 다음은 연극놀이 기법 중 하나인 '물체 변형 놀이'와 동시 짓기 문학 활동을 연계한 활동의 예이다.

- **활동명**: **변해라, 30cm 자!**
- **활동 목표**: 30cm 자를 여러 가지 쓰임새로 쓸 수 있음을 안다.
  물체 변형 놀이에 즐겁게 참여한다.
  놀이한 내용으로 동시를 지어 본다.
- **활동 자료**: 30cm 자, 큰 도화지, 동시판 색상지, 사인펜
- **활동 방법**: (활동 순서: 연극놀이 → 동시 감상 → 동시 짓기)

① 30cm 자의 쓰임에 대해 알아본다.
- 이게 뭐니? 어디에 쓰는 물건이니?
- (길이를 재는 것 말고) 다르게 쓸 수는 없을까?

② 30cm 자의 다양한 쓰임을 상상 속에서 변형해 표현해 본다.
- (둥글게 원형으로 앉거나 서서) 말은 하지 않고 이것을 사용하는 모습을 보고 그게 무엇인지 맞히는 게임을 할 거야. 생각이 잘 안 나면 옆 친구에게 넘겨 주었다가 생각나면 손을 들면 된단다.
- 선생님이 무얼 하고 있는지 맞혀 보겠니? (자를 잡고 지팡이를 잡은 노인처럼 움직인다.) (*지팡이*)
- 어떻게 그것인지 알 수 있었니?

③ 큰 글씨로 된 신형건의 '30센티미터 자를 산 까닭' 동시판을 함께 읽는다.
- 우리가 했던 놀이로 어떤 시인이 동시를 쓴 게 있어. 함께 읽어 볼까?

④ 시의 끝부분을 이어서 말로 연작시를 지어 본다.
- "뭐지? 뭐지…… 뭘까?" 지팡이로 쓸 수 있지. 뭐지 뭐지 뭘까? (아이들의 표현 내용으로 이어진다.)

⑤ 자신이 말한 것을 써서 모아 그룹 협동 시를 만든다.
- (띠 모양의 색상지를 주며) 이번에는 방금 자기가 얘기한 걸 종이에다 적어 볼까?

⑥ 한 반 또는 각 그룹의 이름으로 공동 작품을 만들어 언어 영역에 전시한다.

⑦ 활동을 회상하고 평가한다.
- 오늘 30cm 자로 했던 놀이 중에 어떤 것이 가장 기억에 남니?
- 오늘 동시 짓기가 다른 때 동시 짓기랑 다른 점이 있었니? 어떻게 달랐니?

(11) 기타: 창의적 교구 만들기

① 휴지곽 회전 동화

화장지 상자 두 개를 나사처럼 맞물리게 연결하고 일정 방향으로 계속 돌려 가며 조작한다. 회전 동화, 일명 요술 동화라고도 불린다. 우유팩을 이용해서 만들기도 하며 교사 혼자서 조작이 가능하고 유아들의 주의 집중 정도가 매우 높다. 헌 그림책을 이용하면 멀티비전식 회전 그림책의 효과를 낼 수 있다.

활동 자료

동일한 크기의 화장지 상자 2개, 양면 색상지 3장(4절지, 같은 색), 양면테이프, 셀로판테이프, 헌 그림책

활동 방법 :

❶ 상자의 길이를 3등분한 폭 너비만큼 색상지를 자른다.

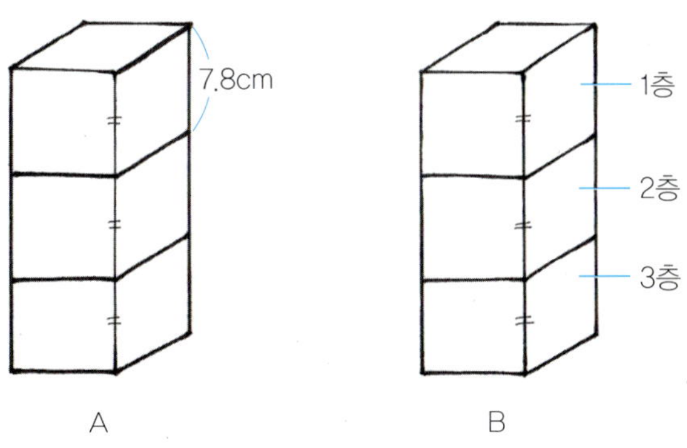

❷ 상자에 볼펜 등으로 3등분한 선대로 상자의 4면에 그려 넣는다.

❸ 자른 색상지를 4개씩 길게 이어 (양면테이프) 3줄을 만든다.

❹ A상자에는 1, 3층 모서리 같은 위치에 양면테이프를 붙이고 같은 방향으로 감는다. 띠의 끝은 풀리지 않게 셀로판테이프로 살짝 붙여 둔다.

❺ B상자에는 2층 모서리에 붙이되 A상자와 반대 방향으로 감는다. 띠의 끝은 풀리지 않게 셀로판테이프로 살짝 붙여 둔다.

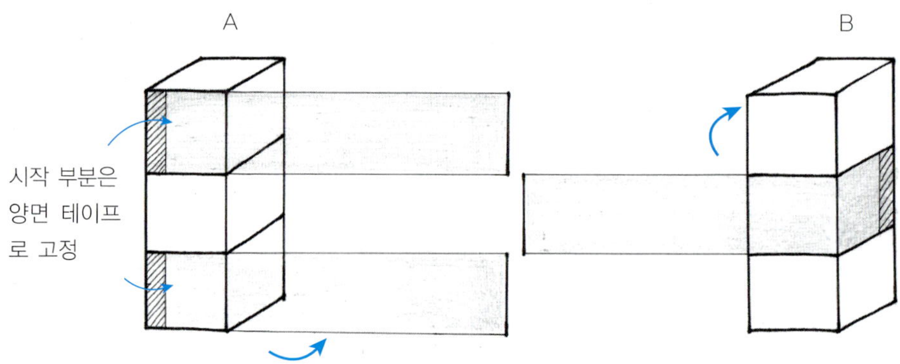

❻ 두 상자를 나란히 놓고 살짝 고정한 것을 떼어 상대편 상자로 각각 젖혀 붙인다. (A상자의 1, 3층 띠는 B상자의 비어 있는 1, 3층 자리에 양면테이프를 이용하여 적당히 당겨 붙이고, B상자의 2층 띠는 A상자의 비어 있는 2층 자리에 양면테이프를 이용하여 적당히 당겨 붙인다.)

❼ 회전을 확인하고 면 수를 센다.

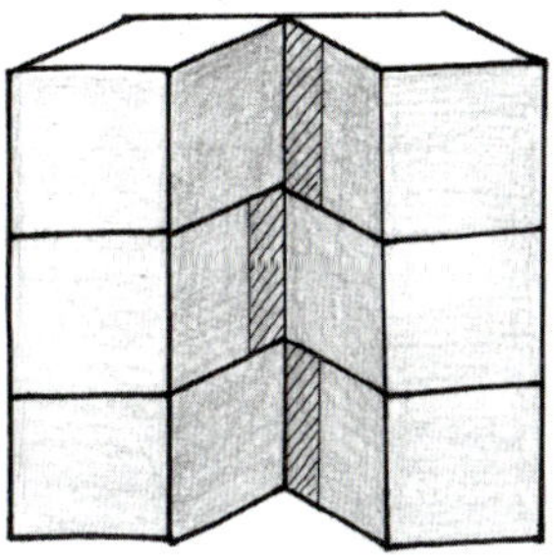

❽ 그림책의 한 장면을 6조각 내어 상자 화면에 붙이거나 그려 붙인다.

② 요술책

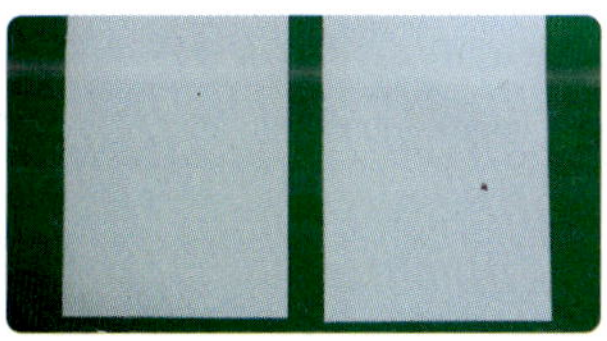

❶ 8절 도화지를 반으로 자른다.

❷ 자른 두 쪽을 겹쳐 양쪽 끝을 5cm 정도 'w' 자 형태로 접어 올린다.

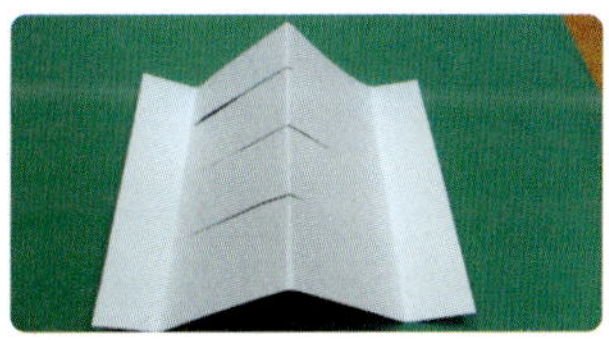

❸ ②의 한쪽은 손잡이 부분을 제외하고 4등분 되게 자른다.

❹ ②의 또 다른 한쪽은 접은 선을 따라 세 번 자른다.

❺ 요술책의 완성된 앞면. ④에서 자른 조각 중 큰 직사각형 두 개를 ③의 양쪽 틈새에 올록볼록한 형태로 끼운다.

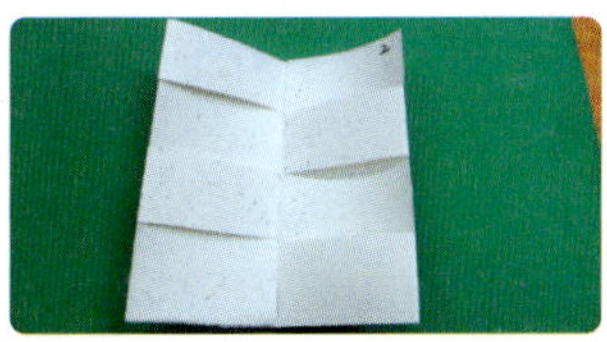

❻ ⑤ 속에 숨겨져 있던 비밀 화면. ⑤의 가운데를 양옆으로 펼치면 나온다.

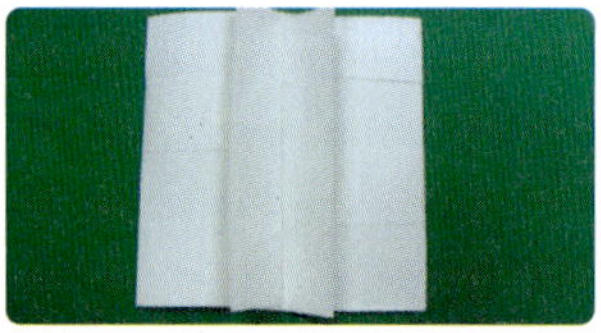

❼ 앞에서 숨겨진 화면을 열었을 때의 뒤편. ⑥의 뒷모습

❽ ⑤에다 그린 큰 사과(샘플)

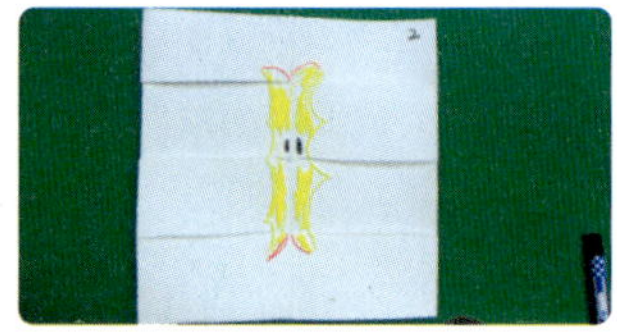

❾ ⑥에다 그린 다 먹은 사과(샘플)

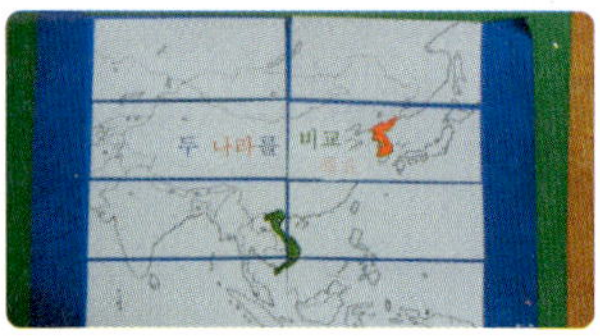

❿ 두 나라 비교하기 겉 면

⓫ 두 나라 비교하기 속 면

③ 끼우기 책과 캐릭터 책

별도의 접착제 없이 손쉽게 제본할 수 있고, 리본 끈에 사진 컷을 붙여 사진의 인물을 주인공으로 하여 각 페이지의 배경 컷에 따라 이야기할 수 있다.

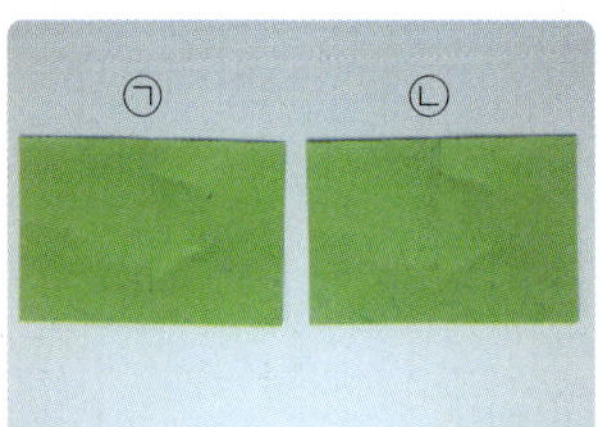

❶ 8절지를 '+'자 형태로 4등분해 자른 다음 2장(㉠)은 왼쪽과 그림과 같이 상하로 바깥 부분을 각각 3cm 되는 부분까지 자른다. 나머지 2장(㉡)은 오른쪽 그림과 같이, 상하 바깥 부분 3cm는 그대로 두고, 접은 선의 가운데 부분을 자른다.

❷ '㉠'을 둥글게 'u'자 형태로 반으로 접어 쥔 다음, '㉡' 절개선 안으로 집어 넣은 다음, 중간쯤 왔을 때 '㉠'을 상하로 펼친다.

❸ '㉠'과 '㉡', 각각 두 장의 종이가 서로 가운데 부분이 맞물려 끼워지도록 한다.

❹ 펀치로 구멍을 뚫는다.

❺ 유아 사진이나 캐릭터가 달린 리본 끈을 제본 책 구멍에 묶어서 책장을 넘기며 이야기할 수 있게 한다.

④ 코 책 만드는법

❶ 8절 도화지를 8개의 사각형으로 접는다.

❷ 반으로 접은 상태에서 가운데 한 마디를 잘라 펼치면 두 마디가 절개된다.

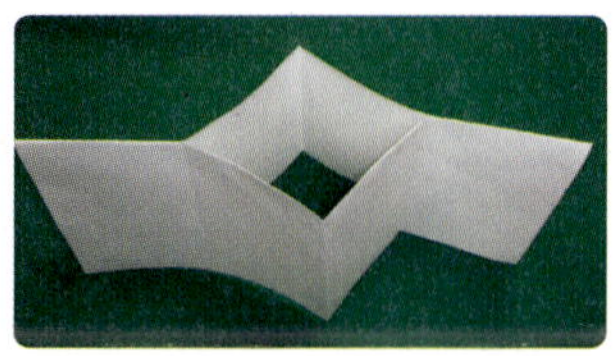

❸ 가로로 반으로 접어 마름모 모양 구멍이 나오게 접는다.

❹ '+'자 모양으로 접는다. (여기까지 기본 적인 병풍책과 동일)

❺ 접었던 8절지를 다시 펴서 대문 접기 형태로 포갠 다음, 세 칸의 모서리 중간쯤에 1cm 정도의 칼집을 넣고 중심을 향해 세모꼴로 접어 누른다.

❻ 다시 '+'자 모양으로 모아 쥔다.

❼ 칼집 부분 끝을 당겨서 세 개의 코를 만든다.

❽ 코를 중심으로 인물 얼굴을 그린다.

연구 문제

1. 교수매체를 각 유형별로 조별로 만들어 발표해 보자.
2. 교수매체가 적절하게 선정되어 효과가 잘 드러나는 경우를 예를 들어 설명해 보자.
3. 창의적 교구 중 하나를 만들고 실제 어린이를 대상으로 사용해 보자.

제 8 장

다문화교육과 문학 활동

한국은 20세기 후반부터 빠른 속도로 다문화사회로 전환하고 있다. 88 서울올림픽 이후 인적, 물적 교류가 늘어나고 인터넷 확대로 동시간대 정보 공유를 하면서 명실상부하게 지구촌화되고 있는 것이다. 여기에다 외국인 노동자 증가, 1990년대 이후 한국 남성과 동남아 출신 여성들의 국제결혼 증가, 새터민(탈북 주민)의 증가 등 여러 요인으로 인해 과거의 '단일민족 국가'나 '순혈주의'에 바탕한 교육이념으로는 변화하는 사회에 대처하기 어려운 상황에 이르렀다. 본 장에서는 다문화사회에 걸맞는 다문화교육은 무엇인지, 다문화교육을 위한 문학 활동은 어떠해야 하는지 알아 본다.

1. 다문화교육의 이해

1) 다문화사회와 다문화교육

다문화사회란, 한 사회 내에 다양한 문화가 공존하며 상호 영향을 미치는 사회를 말한다. 우리나라는 외국인 수가 2007년 100만 명을 넘어선 이래 계속 증가하고 있다(2013년 1월 1일 기준, 144만 5,631명/전체 인구 대비 2.8%). 또 1990년대 이후 한국 남성과 동남아 출신 여성들의 국제결혼이 늘어남에 따라 '한국인 아버지+외국인 어머니+자녀'로 이루어진 구조의 다문화가정[12]이 필연적으로 증가하고 있다. 당연히 유치원이나 어린이집, 초·중등학교에 입학하는 다문화가정 자녀들도 늘 수밖에 없다. 이제 이상적으로 '세계시민교육'을 주창했던 1990년대와는 성격이 다른, '삶'으로서의 다문화교육, 현장에서 직면해야 할 과제로서 다문화이해교육이 필요하게 된 것이다.

2) 문화접변 전략과 다문화주의

문화접변(文化接變, acculturation)이란 서로 다른 문화 전통을 가진 여러 사회가 접촉할 때 일어나는 인공물·관습·믿음의 변화 과정 및 그 결과를 말한다(브리태니커 백과사전). 나아가, 문화접변 전략(acculturation strategies)이란 한 문화권에서 거주하던 사람이 다른 문화권과 맞닥뜨릴 때 취하는 전략(혹은, 태도)을 말한다. 이주민들이 취하는 문화접변 전략은 '주류 정착사회 집단과의 관계를 얼마나 중요하게 여기는가?'와 '자신들의 문화적 특성이나 관습의 유지를 얼마나 중요하게 여기는가?'라는 두 가지 질문에 준거해 통합(integration), 동화(assimilation), 분리(separation), 주변화(marginalization) 등 네 가지 유형으로 나뉜다(Berry, 2005).

'통합'이란 이민자들이 이주국의 정착사회에 활발하게 참여하면서도 자신들의 고유 전통과 문화를 유지하는 경우를 말하며, '동화(同化)'는 이민자들이 정착사회에 활발하게 참여하는 과정에서 고유문화와 정체성을 상실하여 주류 집단에 흡수되는 경우를, '분리'는 정착사회 참여는 활발히 하지 않으면서 자신들의 문화 정체성을 강하게 유지하고 소수 이(異)문화집단 거주지에 격리되어 사는 등 정착사회와

12) '다문화가정'이라는 용어는 2004년 4월 시민단체, '건강가정 시민연대'가 '국제결혼가정', '혼혈인 가정' 등 차별성을 내포한 용어들을 지양하기 위해 사용을 권장하면서 부각되었다. 2008년 제정된 다문화가족지원법에서는 다문화가족을 결혼이민자와 귀화자, 그리고 기존 한국인으로 이루어진 가족을 일컫는 것으로 되어 있다. 광의로 접근할 때는 외국인 근로자, 새터민 가정까지를 포함하는 포괄적 의미를 갖는다.

일정 거리를 유지하는 경우, '주변화'는 주류 사회에 참여하지도 않고 자신들의 문화 정체성도 잃어버리는 경우를 말한다.

이에 대응되는 이주민에 대한 정착사회 주류 집단의 태도로는 정착사회로의 흡수를 강요하는 '융합(melting pot)', 이주민의 원 문화 특성을 인정하지 않고 정착사회에서 분리시키는 '배제(exclusion)', 이주민의 모국 문화 특성을 인정하지만 정착사회의 참여를 배제시키는 '격리(segregation)', 이주민의 문화 정체성을 인정하고 동시에 이주자를 다양한 수준에서 포용하는 '다문화주의(multi-culturalism)' 등을 들 수 있다(Berry, 2005). 이주민과 주류 사회 주민이 갖는 태도는 상호 영향을 미치며, 유기적으로 연관돼 있으며, 다문화주의는 현대 다문화이해교육의 근간이 된다.

| 표 8-1 | 이주민의 문화접변 전략(acculturation strategies)

			축 1 원(original) 문화의 정체성 및 특성 유지	
			강	약
축 2	주류 사회와의 관계 유지 (사회 참여)	강	통합(integration)	동화(assimilation)
		약	분리(separation)	주변화(marginalization)

| 표 8-2 | 이주민에 대한 정착 사회의 태도(strategies of larger society)

			축 1 원(original) 문화의 정체성 및 특성 유지	
			강	약
축 2	주류 사회와의 관계 유지 (사회 참여)	강	다문화주의(multi-culturalism)	융합(melting pot)
		약	격리(segregation)	배제(exclusion)

2. 다문화가정의 문제

다문화가정의 일반적 문제는 문화가 다른 데서 오는 긴장과 갈등, 서로 다른 언어로 인한 의사소통의 어려움, 낮은 경제적 수준 자체가 갖는 어려움, 경제적 보상 등의 결혼 동기와 그것이 충족되지 않았을 때의 갈등 등을 들 수 있다(안은미, 2007). 다문화가정의 교육적 문제를 보면, 일방적으로 한국문화를 강요당하면서 받는 부모의 스트레스가 자녀 양육에 미치는 부정적 영향, 아동이 성장해 갈수록 독해, 쓰기, 작문 등에서 어려움을 겪음, 정체성의 혼란, 집단 따돌림 등으로 인한 정서적 충격, 성장할수록 부모와의 의사소통에서 문제가 발생하는 점, 높은 중퇴율 및 미취학률[13] 등을 들 수 있다. 다음 사례는 다문화가정 아동이 겪는 따돌림 현상과 그로 인해 어려움을 겪는 가족 구성원의 예가 잘 나타난다.

사례

마리아 : 이런 날 울고 싶어요…… 화분 가지고 학교 갔는데 은주 짝이 '필리핀 아줌마다' 소리친 거예요. 이제 학교 오지 말래요. (한참 흐느낀다) 정말 열심히 사는데…… 좋은 엄마 하고 싶어요. (마리아 펑펑 운다) 2학년 때까지는 '우리 엄마는 예쁘고 영어도 잘해서 영어선생님이다' 자랑했거든요. 3학년 되니까….

출처: 이송은(2007). 필리핀 출신 어머니 마리아 면담

예화에서 보면, 유아기를 넘어 초등학교 저학년이 되면서 친구들의 놀림이 두드러지고 이로 인해 다문화 배경을 지닌 부모의 존재를 드러내고 싶지 않으려 함을 알 수 있다. 한편, 집단 따돌림의 원인은 일반적인 한국의 아동들의 경우에는 '잘난 척해서' 가 주를 이루는 데 반해, 다문화가정 아동들은 '엄마가 외국인이라는 이유만

13) 2008년을 기준으로 보았을 때, 다문화가정 자녀는 고등학교 70%, 중등 40%, 초등 15%가 학교를 다니지 않는 것으로 나타났다. 이러한 탈학교율은 일반 가정보다 초등 22배, 중등 10배, 고등 8배나 높은 수준이다(원희목, 2008).

으로' 따돌림을 당하는 경우가 가장 많은 것으로 나타났다(설동훈 외, 2005; 조영달, 2006).

편견

편견(prejudice)이란 "어떤 집단이나 집단 구성원에 대한 정당화할 수 없는 부정적 태도(Myers, 1987)"로서 인간이 태어나면서부터 시작하는 사회적 유목화(social categorization)의 결과이다. 따라서 편견 자체가 전혀 생기지 않도록 하는 것은 불가능하다. 어린이들은 사람들 사이에서 차이점과 유사성을 관찰하면서, 그리고 언어나 비언어적 메시지를 흡수하면서 차이를 알게 된다. 인종, 성, 장애에 대한 생각 역시 자신과 타인에 대한 감각을 발달시키면서 뿌리를 내리게 된다(Derman-Sparks & A. B. C. Task Force, 1989). 교육 현장에서 대처할 일은 바로 이러한 언어적, 비언어적 메시지가 풍부하게 일어나는 비형식적 교육 상황을 민감하게 활용하는 것

3. 다문화이해교육

1) 다문화이해교육의 목표

다문화이해교육의 목표는 '자신과 타인을 존중하는 태도를 갖게 함으로써 결과적으로 나와 다른 외모, 문화, 생각, 생활 방식을 가진 사람을 이해하고 수용하여 더불어 살 수 있는 기반을 만들고자 하는 것' 에 있다(교육인적자원부, 2007). 다문화교육을 시작하는 시기는 관점에 따라 차이가 있으나, 크게 보면 만 2세부터 문화의 유사성과 차이점에 대한 이해가 나타나기 시작하기 때문에 이 시기부터 다문화교육이 필요하다(교육인적자원부, 2007). 이때부터 유아들은 사람들 사이에서 차이점과 유사성을 관찰하면서, 언어나 비언어적 메시지를 흡수하면서 차이를 알게 된다.

2) 다문화이해교육의 내용

현재 국내 다문화교육에서 광범위하게 활용되는 다문화교육 내용체계를 살펴보면 다음과 같다.

| 표 8-3 | 다문화교육의 내용(채정란, 1999)

영역	내용
문화	• 문화 간의 유사점과 차이점의 특징 알기 • 각 문화에 대한 이해 및 존중심 기르기 • 문화 간 긍정적 태도 발달시키기
협력	• 다양한 사람들과 상호작용 능력 증진하기 • 다양한 사람들과 협동 능력 증진하기
(반)편견	• 선입견, 편견, 고정관념에 비판적 사고 형성하기 • 문제 상황에 대처 능력 기르기
정체성 형성	• 긍정적 자아 개념 기르기 • 자아 정체감 및 집단 정체감 형성하기
평등성	• 국가, 민족, 성, 능력, 계층에 대한 긍정적 태도 가지기 • 인간이 평등하다는 가치 형성하기
다양성	• 다양한 개인과 집단의 존재 인정하기 • 다양성 존중하는 마음 갖기

3) 다문화이해교육 시 유의점

종래 '세계 여러 나라' 주제에서 다룬 방식처럼 '관광적 교육과정(tourist curriculum)' 이 되어서는 안 된다. 관광적 교육과정이란 여행객이 표면에 드러난 것을 접하듯 여러 문화를 깊이 없이 방문하는 것을 빗대어 표현한 것이다. 일상적인 것보다는 축제 등 표면적인 것들을 다루기 때문에 결과적으로 문화 간의 차이가 강조된다. 이런 관점은 다른 문화권 사람들의 생활에 대한 이해를 왜곡시킬 우려가 있다. 예를 들어, "백인 어린이들이 비백인 문화를 단순히 '방문하고' 그리고는 지배적인 문화만을 반영하는 일상의 교실로 '돌아간다' 면 이는 관광객의 관점이 된다(Derman-Sparks & A. B. C. Task Force, 1989)." 반편견교육이 뿌리가 된 현대의 다문화교육은 문화의 내용(what)과 방법(how)뿐만 아니라, 왜 그런지에 대한 이유(why)를 더 중요하게 다룬다.

4) 다문화교육의 교수-학습 단계

아동이 사회적 개념을 습득하는 데에는 지식, 태도, 기술이 밀접하게 관련되어 있고, 효과적인 학습 방법이 필요하다. 유아 및 초등학생에게 적용될 수 있는 교수-학습 단계는 아래와 같이 정리할 수 있다(김영옥, 2002).

- 1단계. 보고 듣고 경험하기(exposure): 보고, 듣고, 경험하기는 감각교육의 기초이다. 아동의 '여기 · 지금(here and now)' 원리이다.
- 2단계. 친밀감 느끼기(familiarity): 타문화를 이해하려면 대상을 배척하기보다 호기심을 갖거나 가까워지려는 감정을 느껴야 한다.
- 3단계. 편안함 갖기(comfort): 친밀감을 통해 대상에 익숙해지면 타문화를 경험하는 동안 안정되고 편안함을 느끼게 된다.
- 4단계. 연계성 느끼기(feeling of connetion): 사물이나 대상에 공감하고 감정이입되기 위해서는 연계성을 느껴야 한다. '상관없는 타인' 이 아니라 '나와 관계 있는 연결' 의 느낌은 필수적이다.
- 5단계. 공감/감정이입하기(empathy): 공감은 다소 이성적이고 지적 특성을 가지고 있는 반면, 감정이입은 생물학적 특성을 갖고 있다. 공감대를 형성하기 위해서는 '시간' 과 '절차' 가 필요하다.
- 6단계. 인식과 행위를 통합하기(pro-activism): 많이 보고, 듣고, 경험하고, 친밀감이나 편안함을 느꼈다고 해서, 혹은 감정이입이 되어 충분히 공감했다고 해서 이를 행위로 옮기는 것이 쉬운 것은 아니다. 또, 잘못된 인식을 평가하고 비판적으로 생각하며 수용하는 데는 지식 · 태도 · 기술이 통합

되어 대응 능력이 형성되었을 때 가능하게 된다.

4. 다문화이해교육과 아동문학

다문화이해교육에 아동문학이 갖는 가능성을 살펴보면 먼저 아동문학은 즐거움을 주고, 언어 능력 향상을 도우며, 타인에 대한 지식, 여러 문화와 나라에 대해 배울 수 있는 기회를 제공한다. 또 문자언어의 속성상 덜 공격적이고 대답을 강요하지 않고, 자신이 직면한 문제를 더 잘 이해할 수 있도록 도와준다. 다문화가정 아동의 언어 발달에 직접적인 도움을 주는 점, 심리적 상처를 건드리지 않으면서도 문제 해결에 도움이 되는 점 등이 특히 의미가 있다.

다문화이해교육에서 아동문학 수업은 다문화가정 아동을 위한 것과 일반 아동을 위한 다문화이해교육 수업 두 가지 방향이 있을 수 있는데, 유아교육 현장에서는 대부분 통합적으로 함께 이루어진다. 다문화가정 아동을 위한 문학 프로그램 실행 연구(이송은, 2007)에서 밝힌 주요 항목과 목표는 다음과 같다.

| 표 8-4 | 다문화가정 아동을 위한 문학 활동 프로그램의 내용과 목표(이송은, 2007)

목표	내용
• 부모 양국 문화에 대한 이해 • 아동과 부모의 자아 존중감 증진 • 가족 구성원 간의 긍정적 관계 형성 • 국제결혼 이주 여성의 모성 존중 • 아동 및 부모의 한국어 능력 증진 • 타 인종 및 문화에 대한 편견 줄이기 • 언어 이외의 다양한 체험을 통한 심리적 이완(이주여성 및 아동이 갖는 문자에 대한 두려움에서 벗어날 수 있음)	• 전래 동화를 통한 두 나라 문화 비교하기 • 다문화가정의 문화 정체성 드러내기 • 부모, 자녀가 함께 참여하는 활동 • 양국의 언어를 활용한 부모-자녀 책 읽기 • 책 읽어 주는 어머니, 책 읽어 주는 아이 • 다양한 인종과 타문화를 소재로 한 그림책 감상하기 • 손 유희, 소리놀이, 동요, 몸짓놀이, 전래놀이, 연극놀이(creative drama), 책 만들기, 견학 등 다양한 수업 방법 활용

5. 그림책을 활용한 다문화 수업

그림책을 활용한 다문화 수업은 다문화그림책을 이용한 것과 일반 그림책, 두 가지를 들 수 있다.

그림채을 이용한 다문학 수업은 다문화가정 모-자 수업에도 매우 효과적인 것으로 나타났다(신일순, 2009; Ko & Lee, 2013).

1) 다문화그림책을 활용한 다문화 수업

다문화그림책이란 그림책의 제목과 표지, 기획 의도 면에서 다문화교육적 요소가 겉으로 드러나는 책을 말한다. 『세계의 인사법』, 『맛있는 동그라미』, 『가면 쓰고 춤춰요』, 『모자 쓰고 인사해요』 등이 여기에 속하며, 각 출판사의 '다문화교육' 시리즈물도 이 범주에 넣을 수 있다(예: 보림출판사의 『땅. 별. 그림. 책』, 정인출판사의 『색동다리』, 아람출판사의 『꼬마 다글리』 등).

세계의 인사법
(초오 신타 지음,
노무라 마사이치 감수, 김창원 옮김,
진선아이, 2007)

모자 쓰고 인사해요
(국립한경대학교 디자인학부 구성,
이혜경 그림, 보림, 2006)

'꼬마 다글리' 시리즈 중
지폐로 알아보는 인도 이야기
(하늘땅 · 김태연 글, 나광원 사진,
박영차 꾸밈, 이희수 감수,
아람, 2012)

2) 일반 그림책을 이용한 다문화 수업

다문화 수업에 사용된 일반 그림책이란, 따로 놓고 보면 다문화교육을 내세운 책이 아니지만 교사의 다문화적 감수성에 의해 문화 비교 및 다문화교육 요소가 추출되어 사용된 책을 말한다. 장르별로 보면 전래 동화가 대표적이다. 전래 동화는 인류의 오래된 문화유산으로서 각 민족의 독특한 정서, 기후, 생활 등 문화가 녹아 있다. 다문화이해교육에서 비슷한 줄거리를 가진 여러 나라의 옛이야기를 비교하는 것은, 재미있는 이야기 속에서 문화의 보편성과 특수성을 알려 줄 수 있기 때문이다.

| 표 8-5 | 다문화 수업에 사용되는 일반 그림책 비교

소가 된 게으름뱅이(한국)	오늘은 뭐하고 놀지?(필리핀)
 저자: 이미애 글, 손정현 그림 출판 연도: 2005 출판사: 기탄교육	 저자: 양해정 글, 박해님 그림 출판 연도: 2007 출판사: 기탄교육
줄거리: 옛날 한 게으른 농부가 일하기 싫어 탈을 썼다가 소가 되어 고생을 하게 된다. 너무 힘든 나머지, 무를 먹으면 죽는다는 말을 듣고 무를 먹자 다시 사람으로 돌아온다.	줄거리: 옛날 필리핀에 노는 것만 좋아하는 사람들이 살았다. 신은 그들에게 큰 비를 내려 벌을 주었다. 사람들이 다시 열심히 일하겠다고 약속하여 비를 그치게 하지만, 사람들은 다시 나무 위에서 놀기만 하고 일할 생각을 하지 않는다. 마침내 신은 노하여 그들을 원숭이로 만들었다.

(1) 전래동화를 이용한 다문화 수업의 예

- 1단계: 그림책 감상 1
- 2단계: 동화 내용 비교하기 – 공통점 vs. 다른 점

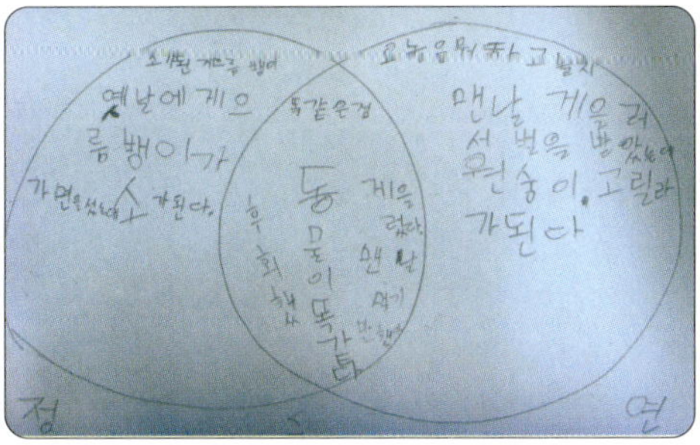

- 3단계: 양국의 문화 및 정보까지 넣어서 비교 책(아코디언북) 만들기

(2) 일반 창작 그림책을 이용한 다문화교육의 예

일반 창작 그림책은 전적으로 교사의 다문화적 감수성에 의해 그림책이 다문화 교육에 활용되는 경우이다. 가령, 『뜨레풀 책놀이 1』의 「세모야 어디 가니?」라는 책으로 다문화가정 모–아 수업을 할 때, 세모 융판 컷으로 집을 만들면서 "베트남의 집은 어떻게 생겼나요? 만들어 볼까요?"라고 하면서 엄마 나라의 문화를 끌어올 수 있다. 또 같은 책의 비행기 장면에서는 "자, 비행기 날아갑니다. 처음 도착한 공항은 방콕, 방콕 공항입니다. 여기 날씨는 어떤가요?"라고 발문함으로써 다문화가정 어머니의 모국 날씨를 들어 볼 수 있을 것이다.

세모야 어디 가니?
(이송은 글, 전효훈 그림, 동심, 2008.)

책을 비행기인 양 높이 움직이며 책 읽기

연구 문제

1. 세계 여러 나라 전래 동화 중 서로 줄거리가 비슷한 이야기들을 찾아보자.
2. 다문화교육적 요소가 충실하면서도 관광적 교육과정이 아닌 문학 활동이 되게 하려면 어떤 노력이 필요할까?
3. 정보그림책이면서도 재미있게 따라갈 수 있는 내용으로 되어 있는 다문화그림책의 예를 찾아보자.
4. 역동적이면서도 재미있는 다문화 수업을 하기 위해, 어떤 유형의 수업을 할 수 있는지 찾아보자.

제 9 장

교육과정과 문학 활동

교육과정을 뜻하는 'curriculum'은 그 어원에 달려가야 할 경주로란 뜻이 담겨 있다. 즉, 영유아 교육과정이란 영유아 교육이 지향하는 바, 그 목표를 달성하기 위해 거쳐야 하는 경로이자 구체적인 내용에 해당한다.

1. 영유아 교육과정과 문학 활동

문학 활동 역시 전체 영유아 교육과정에 포함되어야 하는데, 일반적으로 다음과 같은 점을 고려해 문학 활동을 설계한다.

● 통합의 방향

영유아는 분리된 활동일 때보다 통합적인 활동을 통해 잘 배울 수 있다. 이때의 통합은 흥미 영역 간의 통합과 의사소통 영역 간의 통합을 포함한다.

● 장기적 문학 활동 계획 시 고려해야 할 사항

① 전체 교육적 목적에 부합하는 활동의 일부가 돼야 함

② 생활주제가 골고루 반영될 수 있는 문학 활동 설계

③ 문학 활동 시 활동 유형 및 예술경험 영역(음악 · 동작 · 미술)이 골고루 분포되

게 함

④ 감각 요소가 고루 들어가게 함(영아: 시각, 청각, 후각, 미각, 촉각)

2. 표준보육과정과 누리과정의 의사소통 영역과 문학 활동

국가 수준의 영유아교육과정으로는 표준보육과정(0-2세)과 누리과정(3-5세)이 있다. 본 장에서는 문학 활동과 관련이 높은 의사소통 영역을 중심으로 알아보기로 한다.

1) 제3차 표준보육과정의 영아기 의사소통 영역

(1) 0-1세

① 목표

말소리를 구분하고 의사소통의 기초를 마련한다.

- 주변의 소리와 말소리 듣기에 관심을 보인다.
- 표정, 소리, 몸짓으로 자신의 생각과 느낌을 표현한다.
- 짧은 그림책이나 친숙한 환경 인쇄물에 관심을 보인다.
- 끼적이기에 관심을 가진다.

② 내용범주 및 세부 내용

<table>
<tr><th>내용범주</th><th>내용</th><th>1수준</th><th>2수준</th><th>3수준</th><th>4수준</th></tr>
<tr><td rowspan="3">듣기</td><td rowspan="3">주변의 소리와 말소리 구분하여 듣기</td><td colspan="3">여러 가지 소리와 말소리 듣기에 흥미를 보인다.</td><td>친숙한 낱말의 발음에 흥미를 보인다.</td></tr>
<tr><td colspan="4">익숙한 목소리를 듣고 반응한다.</td></tr>
<tr><td colspan="2"></td><td colspan="2">높낮이와 세기 등 말소리의 차이에 반응한다.</td></tr>
</table>

<table>
<tr><th>내용범주</th><th>내용</th><th>1수준</th><th>2수준</th><th>3수준</th><th>4수준</th></tr>
<tr><td rowspan="4">듣기</td><td rowspan="2">경험과 관련된 말 듣고 알기</td><td colspan="4">눈앞에 보이는 경험과 관련된 말에 반응한다.</td></tr>
<tr><td></td><td colspan="3">자신의 이름이 불리면 듣고 반응한다.</td></tr>
<tr><td>운율이 있는 말 듣기</td><td colspan="4">운율이 있는 짧은 말소리를 관심 있게 듣는다.</td></tr>
<tr><td>말하는 사람을 보기</td><td colspan="2">말하는 사람의 눈을 마주 바라본다.</td><td colspan="2">말하는 사람의 표정, 몸짓을 관심 있게 본다.</td></tr>
<tr><td rowspan="5">말하기</td><td rowspan="3">발성과 발음으로 소리 내기</td><td colspan="2" rowspan="2">여러 가지 소리를 내고, 옹알이를 한다.</td><td colspan="2">여러 말소리를 즐겁게 내 본다.</td></tr>
<tr><td colspan="2">의미 있는 음절을 내 본다.</td></tr>
<tr><td colspan="2">옹알이와 말소리에 대해 말로 반응해 주면 모방하여 소리 낸다.</td><td colspan="2">교사의 말을 모방하여 발음한다.</td></tr>
<tr><td>표정, 몸짓, 말소리로 말하기</td><td>표정과 소리로 의사표현을 한다.</td><td>표정, 몸짓, 소리로 의사표현을 한다.</td><td colspan="2">표정, 몸짓, 말소리로 의사표현을 한다.</td></tr>
<tr><td>말할 순서 구별하기</td><td colspan="4">말할 순서에 따라 표정, 몸짓, 말소리로 반응한다.</td></tr>
<tr><td rowspan="3">읽기</td><td rowspan="3">그림책과 환경 인쇄물에 관심 가지기</td><td colspan="4">다양한 감각 책을 탐색해 본다.</td></tr>
<tr><td colspan="2"></td><td colspan="2">사물과 주변의 친숙한 환경 인쇄물에 관심을 가진다.</td></tr>
<tr><td colspan="4">읽어 주는 짧은 그림책에 관심을 가진다.</td></tr>
<tr><td>쓰기</td><td>끼적이기</td><td></td><td colspan="3">끼적이기에 관심을 가진다.</td></tr>
</table>

출처: 보건복지부(2013)

(2) 2세

① 목표

의사소통 능력의 기초를 기른다.

- 다른 사람의 말과 짧은 이야기 듣는 것을 즐긴다.
- 자신의 생각과 느낌을 말로 주고받기를 즐긴다.
- 그림책이나 환경 인쇄물에 관심을 가지며 글의 내용에 흥미를 가진다.
- 글자 형태 끼적이기에 관심을 가진다.

② 내용범주 및 세부 내용

<table>
<tr><th>내용범주</th><th>내용</th><th>1수준</th><th>2수준</th></tr>
<tr><td rowspan="6">듣기</td><td rowspan="2">말소리 구분하여 듣고 의미 알기</td><td>친숙한 낱말의 발음에 흥미를 보인다.</td><td>친숙한 낱말의 발음에 관심을 가지고 듣는다.</td></tr>
<tr><td colspan="2">다양한 말소리의 차이를 구분한다.</td></tr>
<tr><td rowspan="2">짧은 문장 듣고 알기</td><td>낱말을 듣고 친숙한 사물과 사람을 찾아본다.</td><td>일상생활과 관련된 친숙한 낱말을 듣고 뜻을 이해한다.</td></tr>
<tr><td colspan="2">친숙한 짧은 문장을 듣고 반응한다.</td></tr>
<tr><td>짧은 이야기 듣기</td><td colspan="2">짧은 이야기와 노랫말 등을 즐겁게 듣는다.</td></tr>
<tr><td>말하는 사람을 주의 깊게 보기</td><td colspan="2">말하는 사람의 표정, 몸짓, 억양 등을 주의 깊게 보고 듣는다.</td></tr>
<tr><td rowspan="6">말하기</td><td rowspan="3">낱말과 간단한 문장으로 말하기</td><td>눈앞에 보이는 친숙한 사물의 이름을 발음해 본다.</td><td>친숙한 낱말을 발음해 본다.</td></tr>
<tr><td colspan="2">일상생활에서 경험한 새로운 낱말에 관심을 가진다.</td></tr>
<tr><td colspan="2">일상생활의 반복적인 일이나 친숙한 상황을 한두 낱말이나 간단한 문장으로 말해 본다.</td></tr>
<tr><td rowspan="2">자신이 원하는 것을 말하기</td><td colspan="2">표정, 몸짓, 말소리로 의사표현을 한다.</td></tr>
<tr><td>자신이 원하는 것을 한두 낱말로 말해 본다.</td><td>자신이 원하는 것을 낱말이나 짧은 문장으로 말해 본다.</td></tr>
<tr><td>상대방을 바라보며 말하기</td><td colspan="2">말할 순서에 상대방을 바라보며 말을 주고받는다.</td></tr>
<tr><td rowspan="3">읽기</td><td rowspan="3">그림책과 환경 인쇄물에 흥미 가지기</td><td colspan="2">그림책과 환경 인쇄물에 있는 그림과 내용에 관심을 가진다.</td></tr>
<tr><td colspan="2">친숙한 그림과 환경 인쇄물을 보고 읽는 흉내를 내 본다.</td></tr>
<tr><td colspan="2">선호하는 그림책들을 읽어 주면 집중하여 듣는다.</td></tr>
<tr><td rowspan="2">쓰기</td><td rowspan="2">끼적이며 즐기기</td><td colspan="2">의도적으로 끼적인다.</td></tr>
<tr><td colspan="2">자기 이름 끼적이기에 관심을 가진다.</td></tr>
</table>

출처: 보건복지부(2013)

2) 누리과정의 의사소통 영역

3-5세를 대상으로 하는 누리과정은 신체운동·건강, 의사소통, 사회관계, 예술경험, 자연탐구 등의 5개 영역으로 나뉜다. 그중 문학과 가장 관련 있는 의사소통 영역은 다음과 같다

(1) 의사소통 영역의 성격

의사소통 영역은 언어의 기본 형태인 구어와 문어를 활용하여 나와 다른 사람의 느낌이나, 생각, 경험을 상황과 상대방에 알맞게 소통할 수 있는 능력을 기르는 영역이다. 또한 말과 글의 관계를 알고 읽기와 쓰기에 흥미를 가져 언어 사용을 즐기도록 하는 영역이다.

① 목표

일상생활에 필요한 의사소통 능력과 바른 언어 사용 습관을 기른다.

- 다른 사람의 말을 주의 깊게 듣는 태도와 이해하는 능력을 기른다.
- 자신의 느낌과 생각을 말하는 능력을 기른다.
- 글자와 책에 친숙해지는 경험을 통하여 글자 모양을 인식하고 읽기에 흥미를 가진다.
- 말과 글의 관계를 알고 자신의 생각, 느낌, 경험을 글로 표현하는 데 관심을 가진다.

② 내용

의사소통 영역은 '듣기', '말하기, '읽기, '쓰기' 의 네 가지 내용범주로 구성되어 있다. 이들 네 가지는 말과 글의 사용에 중점을 두고 서로 연관 지어서 경험하도록 한다. 의사소통 영역은 '듣고 말하며, 읽고 쓰기' 라는 방법을 통해서 유아가 전달하고자 하는 의미를 구성하고, 상황에 맞게 표현하며, 타인이 보낸 의미를 잘 해석하여 이해하는 능력을 기르는 내용이 포함되어 있다.

의사소통 영역의 내용범주와 내용에 대한 연령별 세부 내용을 전체적으로 제시하면 다음과 같다.

| 표 9-1 | 3-5세 연령별 누리과정 의사소통 영역의 내용범주와 세부 내용

<table>
<tr><th rowspan="2">내용범주</th><th rowspan="2">내용</th><th colspan="3">세부 내용</th></tr>
<tr><th>3세</th><th>4세</th><th>5세</th></tr>
<tr><td rowspan="8">듣기</td><td rowspan="2">낱말과 문장 듣고 이해하기</td><td colspan="2">낱말의 발음에 관심을 가지고 듣는다.</td><td>낱말의 발음에 관심을 가지고 비슷한 발음을 듣고 구별한다.</td></tr>
<tr><td colspan="2">일상생활과 관련된 낱말과 문장을 듣고 뜻을 이해한다.</td><td>다양한 낱말과 문장을 듣고 뜻을 이해한다.</td></tr>
<tr><td rowspan="2">이야기 듣고 이해하기</td><td rowspan="2">다른 사람이 이야기를 관심 있게 듣는다.</td><td colspan="2">다른 사람의 이야기를 듣고 이해한다.</td></tr>
<tr><td></td><td>이야기를 듣고 궁금한 것에 대해 질문한다.</td></tr>
<tr><td rowspan="2">동요, 동시, 동화 듣고 이해하기</td><td>동요, 동시, 동화를 다양한 방법으로 듣고 즐긴다.</td><td>동요, 동시, 동화를 다양한 방법으로 듣고 즐긴다.</td><td>동요, 동시, 동화를 다양한 방법으로 듣고 이해한다.</td></tr>
<tr><td></td><td colspan="2">전래 동요, 동시, 동화를 듣고 우리말의 재미를 느낀다.</td></tr>
<tr><td>바른 태도로 듣기</td><td>말하는 사람을 바라보며 듣는다.</td><td>다른 사람의 이야기를 주의 깊게 듣는다.</td><td>다른 사람의 이야기를 끝까지 주의 깊게 듣는다.</td></tr>
<tr style="display:none"></tr>
<tr><td rowspan="4">말하기</td><td rowspan="3">낱말과 문장으로 말하기</td><td>친숙한 낱말을 발음해 본다.</td><td>친숙한 낱말을 정확하게 발음해 본다.</td><td>정확한 발음으로 말한다.</td></tr>
<tr><td>새로운 낱말에 관심을 가진다.</td><td>다양한 낱말을 사용하여 말한다.</td><td>다양한 낱말을 사용하여 상황에 맞게 말한다.</td></tr>
<tr><td colspan="2">일상생활에서 일어나는 일들을 간단한 문장으로 말한다.</td><td>일상생활에서 일어나는 일들을 다양한 문장으로 말한다.</td></tr>
<tr><td>느낌, 생각, 경험 말하기</td><td>자신의 느낌, 생각, 경험을 말해 본다.</td><td>자신의 느낌, 생각, 경험을 말한다.</td><td>자신의 느낌, 생각, 경험을 적절한 낱말과 문장으로 말한다.</td></tr>
</table>

<table>
<tr><th rowspan="2">내용 범주</th><th rowspan="2">내용</th><th colspan="3">세부 내용</th></tr>
<tr><th>3세</th><th>4세</th><th>5세</th></tr>
<tr><td rowspan="5">말하기</td><td rowspan="2">느낌, 생각, 경험 말하기</td><td></td><td colspan="2">주제를 정하여 함께 이야기를 나눈다.</td></tr>
<tr><td></td><td>이야기를 지어 말한다.</td><td>이야기를 지어 말하기를 즐긴다.</td></tr>
<tr><td rowspan="3">상황에 맞게 바른 태도로 말하기</td><td></td><td colspan="2">듣는 사람의 생각과 느낌을 고려하여 말한다.</td></tr>
<tr><td>상대방을 바라보며 말한다.</td><td>차례를 지켜 말한다.</td><td>때와 장소, 대상에 알맞게 말한다.</td></tr>
<tr><td colspan="3">바르고 고운 말을 사용한다.</td></tr>
<tr><td rowspan="5">읽기</td><td rowspan="2">읽기에 흥미 가지기</td><td colspan="2">주변에서 친숙한 글자를 찾아본다.</td><td>주변에서 친숙한 글자를 찾아 읽어 본다.</td></tr>
<tr><td colspan="2">읽어 주는 글의 내용에 관심을 가진다.</td><td>읽어 주는 글의 내용에 관심을 가지고 읽어 본다.</td></tr>
<tr><td rowspan="3">책 읽기에 관심 가지기</td><td>책에 흥미를 가진다.</td><td colspan="2">책 보는 것을 즐기고 소중하게 다룬다.</td></tr>
<tr><td>책의 그림을 단서로 내용을 추측해 본다.</td><td colspan="2">책의 그림을 단서로 내용을 이해한다.</td></tr>
<tr><td></td><td colspan="2">궁금한 것을 책에서 찾아본다.</td></tr>
<tr><td rowspan="4">쓰기</td><td rowspan="3">쓰기에 관심 가지기</td><td>말을 글로 나타내는 것에 관심을 보인다.</td><td colspan="2">말이나 생각을 글로 나타낼 수 있음을 안다.</td></tr>
<tr><td>자기 이름의 글자에 관심을 가진다.</td><td>자기 이름을 써 본다.</td><td>자신의 이름과 주변의 친숙한 글자를 써 본다.</td></tr>
<tr><td></td><td>자신의 느낌, 생각, 경험을 글자와 비슷한 형태로 표현한다.</td><td>자신의 느낌, 생각, 경험을 글자와 비슷한 형태나 글자로 표현한다.</td></tr>
<tr><td>쓰기 도구 사용하기</td><td></td><td>쓰기 도구에 관심을 가지고 사용해 본다.</td><td>쓰기 도구의 바른 사용법을 알고 사용한다.</td></tr>
</table>

출처: 교육과학기술부 · 보건복지부(2012)

(2) 누리과정의 생활주제와 문학교육

어린이집이나 유치원에서 교육을 할 때는 유아의 발달 수준을 고려하고, 일상생활, 계절적 요소, 유아가 경험해야 할 교육과정 요소 등을 고루 반영해야 할 필요가 있다. 이는 연간 활동 전반에 흐르는 생활주제라는 축을 타고 가능해진다. 문학 활동 역시 생활주제에 맞게 구성하는 것이 바람직한데, 3–5세 연령별 누리과정 생활주제는 교사가 그림책을 선정하고 활동 설계를 할 때 기본 요건이 된다.

| 표 9-2 | 3–5세 연령별 누리과정 지도서의 생활주제와 소주제

생활주제	만 3세	만 4세	만 5세
1. 유치원/어린이집과 친구	유치원/어린이집의 환경	유치원/어린이집의 환경	유치원에서의 환경
	유치원/어린이집에서의 하루	유치원/어린이집에서의 하루	유치원에서의 하루
	유치원/어린이집에서 만난 친구	유치원/어린이집에서 만난 친구	유치원에서의 친구
	함께 놀이하는 유치원/어린이집	함께 만드는 유치원/어린이집	함께 만드는 유치원
2. 나와 가족	나의 몸과 마음	나의 몸과 마음	나의 몸과 마음
	소중한 나	소중한 나	소중한 나
	소중한 가족	소중한 가족	소중한 가족
	행복한 우리 집	가족의 생활과 문화	가족의 생활과 문화
3. 우리 동네	우리 동네 모습	우리 동네 모습	우리 동네 모습
	우리 동네 생활	우리 동네 생활	우리 동네 생활
	우리 동네 사람들	우리 동네 사람들	우리 동네 사람들
		우리 동네 전통과 문화	우리 동네 전통과 문화
4. 동식물과 자연	궁금한 동식물	궁금한 동식물	궁금한 동식물
	동물과 우리의 생활	동물과 우리의 생활	동물과 우리의 생활
	식물과 우리의 생활	식물과 우리의 생활	식물과 우리의 생활
	자연과 더불어 사는 우리	자연과 더불어 사는 우리	자연과 더불어 사는 우리
5. 건강과 안전	즐거운 운동과 휴식	즐거운 운동과 휴식	즐거운 운동과 휴식
	깨끗한 나와 환경	깨끗한 나와 환경	깨끗한 나
	맛있는 음식과 영양	맛있는 음식과 영양	맛있는 음식과 영양
	안전한 놀이와 생활	안전한 놀이	안전한 놀이

생활주제	만 3세	만 4세	만 5세
6. 생활도구	다양한 생활도구	다양한 생활도구	다양한 생활도구
	생활도구를 움직이는 힘	생활도구를 움직이는 힘	생활도구를 움직이는 힘
	생활도구로서의 미디어	생활도구로서의 미디어	생활도구로서의 미디어
		미래의 생활도구	미래의 생활도구
7. 교통기관	여러 가지 육상 교통기관	여러 가지 육상 교통기관	교통기관의 종류
	고마운 육상 교통기관	고마운 육상 교통기관	고마운 교통기관
	항공/해상 교통기관	항공/해상 교통기관	교통기관의 변천 과정과 구조
	즐거운 교통생활	즐거운 교통생활	교통통신과 교통생활
8. 우리나라	우리나라 사람들의 생활	우리나라 사람들의 생활	우리나라 사람들의 생활
	우리나라의 놀이와 예술	우리나라의 놀이와 예술	우리나라의 놀이와 예술
	우리나라의 역사와 자랑거리	우리나라의 역사	우리나라의 역사
		우리나라의 자랑거리	우리나라의 자랑거리
9. 세계 여러 나라		세계 여러 나라 사람들의 생활	세계 여러 나라 사람들의 생활
		세계 여러 나라의 문화유산	세계 여러 나라의 문화유산
		세계 여러 나라와의 교류	세계 여러 나라와의 교류
		세계의 자연과 사회현상	세계의 자연과 사회현상
10. 환경과 생활	물과 우리 생활	물과 우리 생활	물과 우리 생활
	흙과 우리 생활	돌 · 흙과 우리 생활	돌 · 흙과 우리 생활
	바람 · 공기와 우리 생활	바람 · 공기와 우리 생활	바람 · 공기와 우리 생활
	빛과 우리 생활	빛과 우리 생활	빛과 우리 생활
	소리와 우리 생활	소리와 우리 생활	소리와 우리 생활
11. 봄 · 여름 · 가을 · 겨울	봄	봄	봄
	여름	여름	여름
	가을	가을	가을
	겨울	겨울	겨울

출처: 교육과학기술부 · 보건복지부(2013)

연구 문제

1. 표준보육과정의 의사소통 영역을 참조하여 영아 그림책을 찾아보자.
2. 조별로 누리과정의 생활주제별 그림책을 찾아보자.

제 10 장

그림책을 활용한 수업 설계

본 장에서는 문학 활동이 즐거운 경험이 되고, 교육적으로도 유의미한 과정이 되도록 하기 위해 수업 설계 시 교사가 알고 있어야 할 기본 이론들과 환경 구성, 수업 계획안 작성 등 실제적인 부분에 대해 알아 본다.

1. 반응 중심 문학 활동

반응 중심(response-centered) 문학 활동이란 독자 반응 이론과 발달심리학을 문학교육에 적용한 것으로 전통적인 문학 활동이 텍스트 중심, 작가 중심, 교사 중심, 내용 분석 중심으로 이루어지던 것에 반발해 독자의 반응 중심, 어린이 중심, 심미적 읽기와 경험으로서의 문학을 강조한다. 유아들은 문학작품에서 '하나의 정확한 의미' 를 습득하는 것이 아니라 자신의 배경 지식에 의존해 자기만의 고유한 의미를 만들어 낸다(Rosenblatt, 1978). 곧, 의미란 문학작품과 독자 간의 상호 교류를 통해서 생겨난다는 독서에 있어서의 상호 교류적 관점은 문학 활동에서의 획기적인 변화를 가져왔다. 반응적 문학 활동에서는 독자와 텍스트, 사회적 맥락이 세 축을 이루며 특히 사회적 맥락 가운데 상호작용, 경험, 문학적 반응에 대한 교사의 영향을 강조한다(Cullinan & Galda, 2002). 유아가 반응적 독서가로 자라나는 데는 교사의 문학에 대한 태도와 효과적인 상호작용이 매우 중요함을 알 수 있다. 또한 읽기에는 목적에 따라 집중해서 읽기와 심미적 읽기가 있는데, 어렸을 때부터 실용적 목적을 띠는 집중해서 읽기뿐만 아니라 심미적 독서 능력도 키울 것을 강조하고 있다.

반응 중심 문학 활동의 목표와 방법을 정리해 보면 다음과 같다.

| 표 10-1 | 반응 중심 문학 활동의 목표와 방법

반응 중심 문학 활동의 목표	목표 달성을 위한 방법
• 지속적으로 책을 좋아함 • 평생 책 읽기 습관 형성하기 • 문학에 대한 반응을 편안하게 하기 • 문학과 삶을 연계시키기 • 문학작품에서의 공통성과 차이점 발견 • 텍스트 내용 간의 연결 알기 • 독서의 다양한 목적 인식하기 • 집중적 읽기 및 심미적 읽기에 몰입하기 • 언어 사용 방법 학습 • 정선된 언어의 아름다움에 대한 감상	• 책과의 상호작용 격려하기 • 읽고 탐색할 시간 제공하기 • 말하고 쓰고 극화할 수 있는 시간 주기 • 또래 간에 문학작품에 대한 반응의 유사점과 차이점 탐색할 시간 계획하기 • 다양성을 수용하고 격려하기 • 읽기에 대한 동기 유발 제공하기 • 다른 영역과 책 보기 영역을 통합하기 • 반응을 표현할 언어 발견 돕기 • 즐겁게 반응할 방법 제공하기 • 다양한 책 제공하기

교실에서의 상호작용의 중요성을 강조한 Trawick-Smith(1994)는 그림책을 읽은 후 의미 있는 상호작용을 하기 위해 교사의 발문 유형을 다음과 같이 낮은 수준에서 높은 수준으로 바꿀 것을 제안하였다.

| 표 10-2 | 상호작용 시 교사의 발문 수준

낮은 수준의 질문	높은 수준의 대안
• 이야기가 재미있었니?	• 이야기의 어떤 부분이 가장 좋았니? 왜 그렇게 생각하니?
• 이야기 속의 아이는 창 밖을 내다보았을 때 무엇을 보았지?	• 이야기 속의 아이가 본 것을 내게 말해 주렴.
• 이야기 속의 아이는 어떻게 느꼈을까?	• 아이는 왜 그렇게 느꼈을까?
• 아이는 그 문제를 어떻게 했을까?	• 만약 네가 그 아이라면 어떻게 했을 것 같니?
• 이야기 끝이 어떻게 되지?	• 네 생각엔 이야기가 어떻게 끝날 것 같니?

갤더와 컬리넌(2002)은 반응적 문학 활동을 위한 가장 기본적인 전제로 몇 가지를 추천했다. 읽을 시간을 줄 것, 책을 선택할 기회를 줄 것, 큰 소리로 읽기(처음엔 교사와 함께), 문학적 이해를 격려하는 교사의 상호작용, 책과 관련한 구체적 활동 격려하기(같은 주제나 같은 작가 책 찾아보기, 인형 캐릭터를 만들어 인형극하기, 가장 재미있는 책 이야기 소개하기 등), 구어 촉진하기(스토리텔링, 함께 말하기, 창의적 극놀이하기, 토의하기, 그리기 및 콜라주해서 소개하기 등을 들 수 있다.

2. 총체적 언어교육

1) 총체적 언어 접근(whole language approach)

전통적인 언어교육은 듣기, 말하기, 읽기, 쓰기를 각각 분리해서 가르치는 부호 중심 언어 접근법이었다. 그러나 1960년대 초 굿맨과 스미스(Goodman & Smith)가 영어를 모국어로 하는 어린이들을 대상으로 읽기 능력 발달을 위한 연구를 시도한 이래, 총체적 언어교육에서는 언어를 각각의 기능을 분리하여 가르치거나 순서적으로 가르치기보다는 동시에 상호 연관적으로, 의미 있는 맥락 속에서 가르쳐야 한다고 주장한다. 전통적인 부호 중심 접근법은 언어교육이 '낱글자 → 낱말 → 문장 → 이야기' 순서로 이루어진다고 해서 'bottom-up approach'라고도 하며 총체적 언어 접근법은 반대로 'top-down approach'라고 한다.

총체적 언어 접근법(the whole language approach)은 말하기, 듣기, 읽기, 쓰기는 서로 통합하여 발달한다는 것을 전제로 하며 다음의 세 가지 의미를 지닌다(조정숙·김은심, 2000; 박혜경·김영실·김진영·김소양, 1999).

- 언어의 기본 단위는 음소나 낱말이 아니라 전체적으로 의미를 이루는 원문(text)이라는 것이다.

언어 학습은 작은 단위를 배우고 그것이 모여서 이루는 전체를 알아 가는 것이 아니라, 의미를 이루는 큰 부분을 이해하고 싶은 욕구에서 출발하여 그것을 예측하고 수정하면서 지속적인 학습 동기를 유발시켜 작은 단위까지 스스로 배우도록 해야 한다는 것이다.

- 언어교육을 총체적으로 한다는 뜻이다.

전통적인 언어교육에서는 말하기, 듣기, 읽기, 쓰기를 구분하여 유아는 먼저 말하기, 듣기를 학습하고 다음에는 읽기를 학습하고 그리고 난 다음 쓰기를 학습한다고 생각했다. 그러나 총체적 언어교육에서는 언어의 네 가지 측면은 총제적으로 학습되는 것이 가장 이상적이라고 본다. 즉, 유아는 좋은 글을 읽음으로써 글의 의미를 내면화하고 내면화된 글의 의미가 쓰기에 나타나며, 쓰기에서 배운 낱말이나 문장은 읽기에 도움을 준다.

우리가 읽기, 쓰기에 관한 고정관념만 깨뜨린다면 2세 유아는 2세 수준에서 듣고 말하고 읽고 쓰며, 3세 유아는 3세 수준에서 듣고 말하고 읽고 쓴다는 것을 발견하게 된다.

- 교육과정이 통합적으로 이루어져야 한다는 뜻이다.

총체적 언어교육에서는 언어의 학습 과정을 교육과정의 특정 부분으로 분리하여 다루지 않고 통합하여 총체적으로 다룬다. 총체적 언어교육에서 언어는 유아들이 실행하는 모든 활동의 기본으로 모든 활동의 도구이며 내용이다.

2) 총체적 언어교육과 그림책

그림책은 총체적 언어교육 및 어린이의 언어 발달에 가장 강력한 교수매체이다. 그 이유는 다음 세 가지에서 찾을 수 있다.

- 문학작품은 음소나 낱말로 이루어져 있는 것이 아니라 원문으로 이루어져 있다.

- 그림책은 유아들이 듣기와 말하기, 읽기, 쓰기를 동시에 경험할 수 있는 훌륭한 매체이다.

유아들은 문학작품을 들으며 읽으며, 작품과 관련하여 말하고 쓰고 그리기와 연출하기를 한다. 이는 말하기, 듣기, 읽기, 쓰기를 구분하여 따로 학습하는 것이 아니라 동시에 총체적으로 학습한다는 총체적 언어교육의 조건에 부합한다. 그림책 중에서도 문체에 운율이 있고 단어나 문장이 자주 반복되는 내용의 그림책은 듣기, 말하기, 읽기, 쓰기를 자연스럽게 그리고 즐겁게 할 수 있도록 한다.

- 문학작품의 내용이나 주제로 여러 가지 교육 활동을 통합적으로 전개시킬 수있다.

언어교육과 다른 영역의 교육들이 연계되고 통합되는 것으로 언어 발달, 인지 발달, 사회 정서 발달, 신체 발달 등 유아의 전인적 성장을 도모할 수 있다. 이것은 바로 총체적 언어교육의 세 번째 조건인 교육과정이 통합적으로 이루어져야 한다는 조건을 만족시키는 것이다.

3) 통합적 문학 활동

유아교육에서 통합이란 용어는 유아의 과거 경험과 현재 경험을 통합시켜 재구성하며 이를 다시 미래의 경험으로까지 통합시켜 주는 일, 유아와 교사의 경험을 연결시켜 통합시키는 일, 교육 내용 간의 연계 및 통합, 학교와 지역사회 생활 간의 통합, 영역별 활동 간의 통합을 통한 전인 교육을 의미한다(중앙대학교 사범대학 부속유치원, 1989).

유아교육에서 통합은 통합의 내용이나 절차뿐만 아니라 교육 현상에 대한 이해, 통합의 목적과 필요성에 대한 인식 등 본질적이며 패러다임적 의미를 가진다. 유아교육에서 통합적인 접근법이 중요한 이유는 다음과 같이 정리할 수 있다(박혜경 · 김영실 · 김진영 · 김소양, 1999).

- 유아들은 분리된 내용 영역보다는 통합된 전체 경험으로써 경험하고 배우기 때문에 유아기 교육은 통합적으로 접근해야 한다.
- 영역 간의 통합은 유아가 유의미한 경험을 하는 데 효율적이다.
- 통합적인 접근법은 유아의 인지적, 정서적, 사회적 발달 등 전인적 발달에 적합하다.

3. 그림책을 활용한 수업 설계

1) 통합 수업 계획안

그림책을 활용한 수업 설계는 현장에 따라 달라질 수 있으나, 통합적 문학 활동은 크게 보면 전체 생활 주제 안에서 활용되는 경우와 동화 프로젝트처럼 그림책이 중심이 되는 경우로 나눠 볼 수 있다.

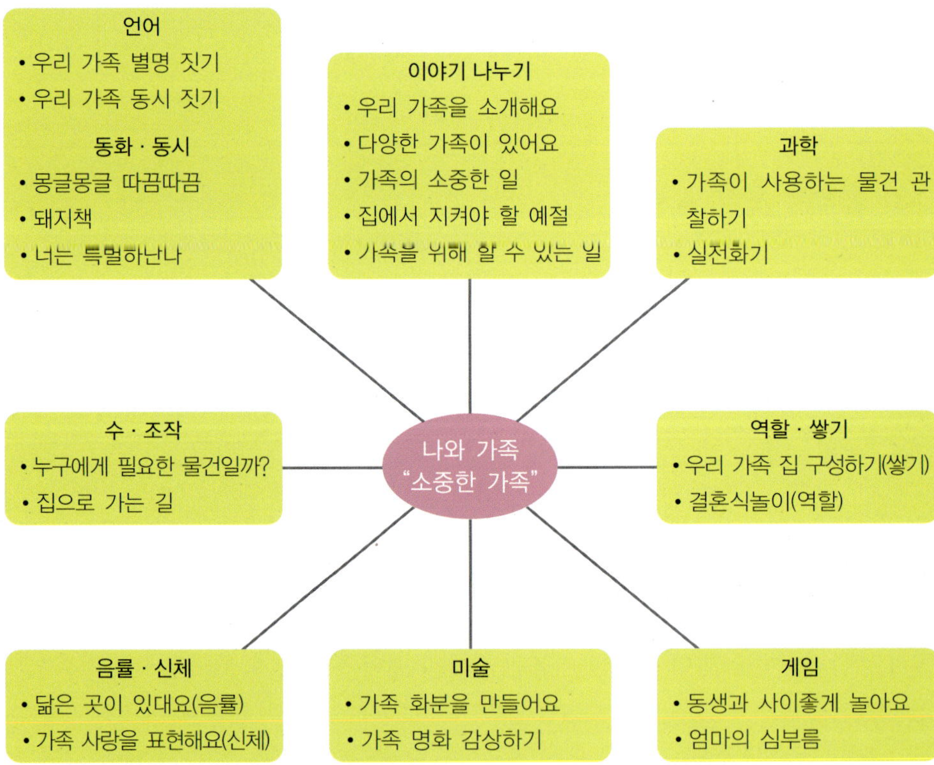

| 그림 10-1 | 통합적 교육 계획안에서의 문학 활동

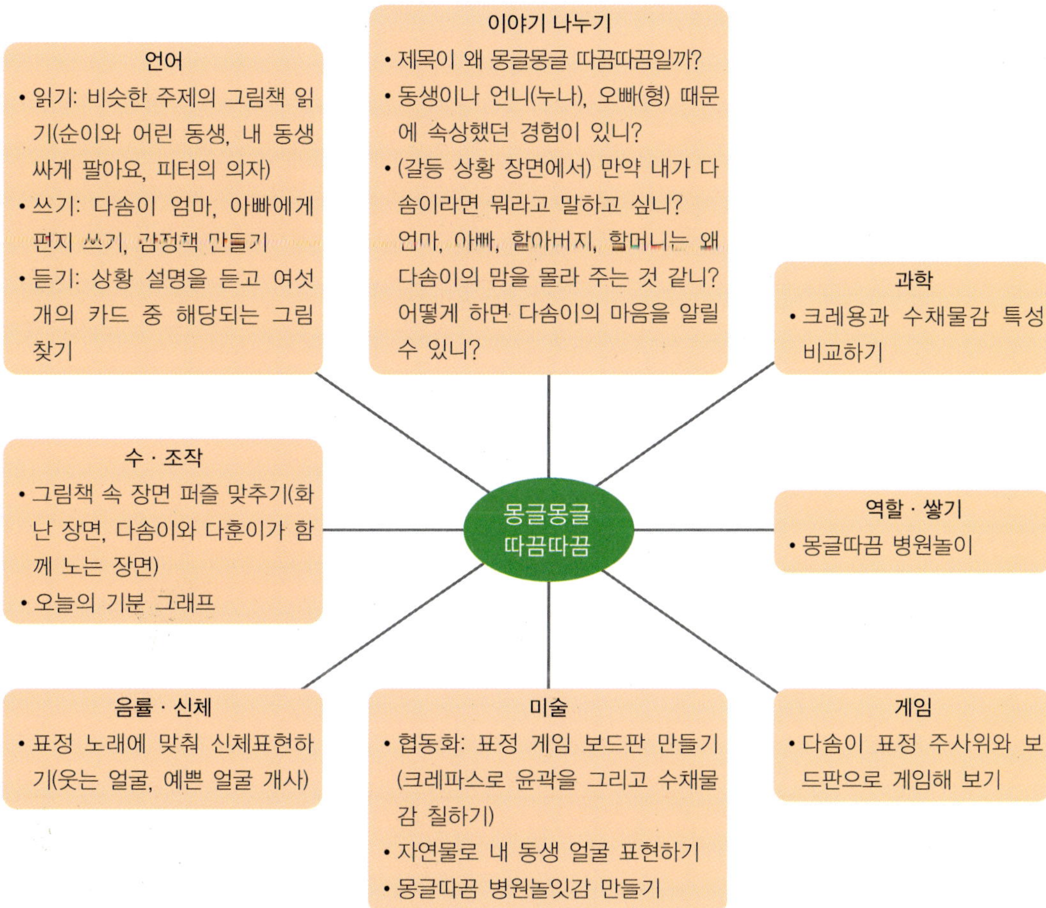

| 그림 10-2 | **하나의 그림책에 의한 통합적 교육과정 구성망**

2) 단위 수업 계획안

문학 활동을 위한 단위 수업 계획안은 일반 수업 계획안과 형태가 같으며, 그림책을 중심으로 하는 통합 수업인 경우에는 책에 관한 기본 정보(서지 정보/줄거리 및 작가/선정 이유)를 쓰고, 통합 계획안을 작성한 다음 단위 수업 계획안을 짠다.

일반적으로 단위 수업 계획안은 활동 형태 및 영역(또는 유형)을 명시한 다음, 활동명, 활동 목표, 활동 자료, 활동 방법, 활동 평가의 순서로 작성하며 활동의 유의

점이나 확장 활동을 필요에 따라 추가한다.

책놀이

2000년대 이후 등장한 '책놀이'는 읽기와 문학 활동 방법에 대한 새로운 접근을 추구한다. '책놀이'란 책을 소재로 여러 가지 놀이 활동을 하는 것을 말하며, 크게 보아 '그림책을 활용한 문학 활동'에 속한다. '책놀이'는 종래의 '독서 지도'나 '문학 활동'과 상당 부분 유사하나 몇 가지 차이점이 있다. 그림책의 보급 확대, 책과 놀이를 연계한 행사의 증가, 북스타트운동 등이 배경 요인으로 작용하였으며, '책에 대한 재개념화[14], 읽기의 전문성 적용, 전통적 독후 활동 방법의 지양, 활동의 유희성과 어린이의 능동성 강조' 등이 특징이다. 책놀이는 '책에 대한 친근감 형성, 읽어 주는 사람과의 관계 형성, 책을 즐겁게 감상할 수 있는 능력 함양' 등을 목표로 한다.

책놀이의 근간을 이루는 이론은 스토리텔링 유형, 반응 중심 문학교육, 총체적 언어교육 방법 등이다. 책놀이는 현재 북스타트 수업 현장 및 도서관, 어린이집, 유아교육기관 등지에서 새로운 문학 활동 방법으로 주목받고 있으며 초등아동에게까지 확산되고 있다. 최근에는 '책놀이 지도사'가 전문 분야로서 민간 자격 등록 과정으로 개설되기에 이르렀다.

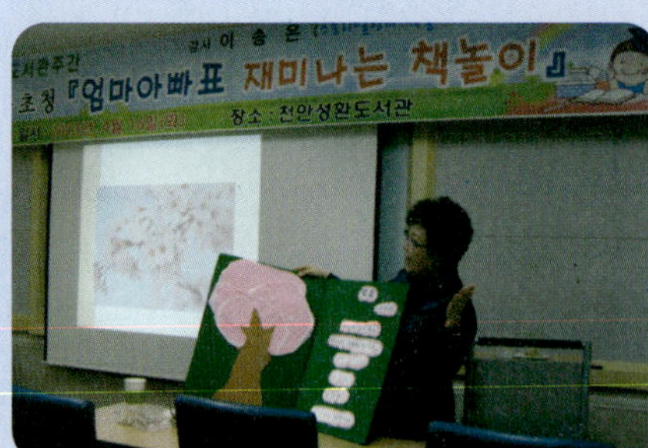

14) 예를 들면, 책놀이에서는 책 자체를 이용하여 집짓기 구성놀이를 하는 것을 포함하고 있는데, 책이 놀잇감이 될 수 있다는 이 같은 사고는 기존의 문학 활동 방법론에서는 찾기 어려운 발상이다.

4. 교사의 역할

1) 환경 제공자

유아는 자발적으로 환경을 바꾸거나 선택하는 것이 어렵기 때문에 유아가 어떤 환경에 처해 있느냐에 따라 책 읽기의 효율성이나 책에 대한 개념 형성이 달라진다.

2) 상호작용자 및 파트너

유아기 독서는 기본적으로 부모나 지도자에 의한 매개된 읽기이다. 이때 상호작용자로서 성인이 어떻게 지지해 주느냐에 따라 유아의 책 읽기에 대한 흥미 및 효능감이 좌우된다. 특히, 이러한 사회적 상호작용의 중요성은 반응 중심 문학 활동에서 강조된다. 또 필요에 따라 교사가 놀이 파트너 역할도 할 수 있다.

3) 경청, 감상하는 관객

반응 중심 문학 활동에서 아동의 주도성은 매우 중요하며, 아동이 한 표상에 대해 교사는 감상하고, 이에 적절한 피드백을 주어야 한다.

4) 활동 계획, 평가, 기록자

도서 선정과 활동 계획, 활동에 대한 전반적인 평가와 기록을 한다.

- 활동의 목표와 전체 내용은 적절했는가?
- 교사의 읽기와 상호작용은 효과적이었는가?
- 유아의 자발적 참여와 동기화가 이루어졌는가?
- 유아는 이 활동을 통해 무엇을 얻게 되었는가?

- 본 활동과 연계하거나 추후 확장할 수 있는 활동은 어떤 것이 있는가?
- 기억해야 할 유아별 특기 사항은 무엇인가?

5. 문학 활동을 위한 환경 구성

1) 책 보기 영역 구성 원리

책 보기 영역을 구성할 때는 다음과 같은 구성 원리를 고려한다(고문숙 · 임영심, 1999).

- 안정감

책을 읽는 시간은 집중을 필요로 하므로 비교적 조용하고 조명이 밝은 쾌적한 곳이어야 한다. 또 신체적으로 편안한 자세로 책을 볼 수 있도록 낮은 의자, 쿠션 등을 배치하고 짧은 커튼, 곰인형 등으로 심리적 안정감을 주도록 한다.

- 시각적 정보 제공

도서 영역의 전시를 어떻게 하느냐에 따라 유아가 도서 영역에 관심을 갖고 시간을 보내느냐에 영향을 미친다(Schickedanz, 1986). 책 표지 전면이 보이게 전시하여 시각적 정보를 제공하고 새로운 책에 대한 소개를 흥미롭게 한다. 또 '이번 주의 책', '서로 닮은 책, 콩쥐와 팥쥐－신데렐라' 등 이슈를 정해 별도로 전시할 수도 있으며 '새 책 도우미'를 두어 표지 제목 등을 붙이게 해도 좋다.

- 통합성을 위한 환경 제공

언어 관련 활동 및 다른 활동으로의 전이가 자연스럽게 일어나도록 그림책에 대한 반응 활동을 자극하는 소품을 준비해 둔다.

- 녹음기와 테이프를 준비해서 이야기를 듣거나 녹음해 볼 수 있게 한다.

- 그림책 내용에 대해 이야기 다시 해 보기 등을 할 수 있도록 융판 또는 자석동화를 비치해 준다.

- 크레용과 사인펜 등 간단한 미술 도구를 비치해 자연스러운 표상 활동을 돕는다.

2) 집단 감상을 위한 환경 구성

교사가 그림책이나 문학 활동 교구를 집단에게 보여 줄 때는 시각적으로 사각지대가 없는지, 그림 등의 제시 위치가 유아들 눈높이에 잘 맞는지, 빛의 각도 때문에 그림책의 화면이 반사되지는 않는지 등을 세심하게 살펴야 한다. 또한 교사와 영유아가 눈을 맞추는 것이 중요하므로 영아 문학 활동에는 교사도 바닥에 앉아서 하고, 유아인 경우에는 대집단 상황에서도 잘 보이게끔 지나치게 높지 않은 의자에 앉아서 하는 것이 바람직하다.

3) 도서 선정

유아를 위한 책을 고를 때는 크게 두 가지 선정 기준을 참조한다. 하나는 보편적 연령 적합성이고, 다른 하나는 개별 흥미를 고려한 책 선정이다. 연령별 권장도서 목록이 보편적 연령 적합성에 해당하며, 개별적 흥미란 그 반 아이들이 특별히 관심을 보이는 분야에 해당한다. 프로젝트 수업이거나, 아이들이 살고 있는 지역 특성(예: 갯벌), 특별한 계기가 생긴 경우가 이에 해당한다.

연구 문제

1. 통합 수업 계획안을 작성했을 때의 장점은 무엇일까?
2. 수업 계획안을 작성하고 책을 읽어 줄 때와 준비 없이 일상적으로 책을 읽어 줄 때 교사의 마음가짐이 어떻게 다를까?

제 2 부

유아문학교육의 실제

1. 유치원/어린이집과 친구
2. 나와 가족
3. 우리 동네
4. 동식물과 자연(궁금한 동식물)
5. 건강과 안전
6. 생활도구
7. 교통기관
8. 우리나라
9. 세계 여러 나라
10. 환경과 생활
11. 봄·여름·가을·겨울

유치원/어린이집과 친구

만 3세

- **유치원/어린이집이에요!**

「뚱땅 목수 아저씨」『뜨레풀 책놀이 1』

만 5세

- **친구를 찾아라**

「도깨비 귀」『뜨레풀 책놀이 6』

생활주제 : 유치원/어린이집과 친구(유치원/어린이집의 환경)

유치원/어린이집이에요

활동 연령		
❸	4	5

목 표	누리과정 관련 요소
• 유치원/어린이집에서 나는 다양한 소리를 탐색해 본다. • 유치원/어린이집 공간을 놀이 속에서 경험한다. • 공간 탐색을 통하여 새로운 공간에 적응한다.	• 자연탐구: 탐구하는 태도 기르기-탐구과정 즐기기 • 의사소통: 듣기-동요, 동시, 동화 듣고 이해하기 말하기-낱말과 문장으로 말하기 • 예술경험: 예술적 표현하기-극놀이로 표현하기

창의 · 인성 관련

• 창의성: 인지적 요소-사고의 확장, 동기적 요소-호기심 · 흥미
• 인성: 협력-긍정적 상호 의존성, 질서-기초 질서

「뚱땅 목수 아저씨」『뜨레풀 책놀이 1』

이송은 글, 이혜영 그림, 동심, 2008

책 소개

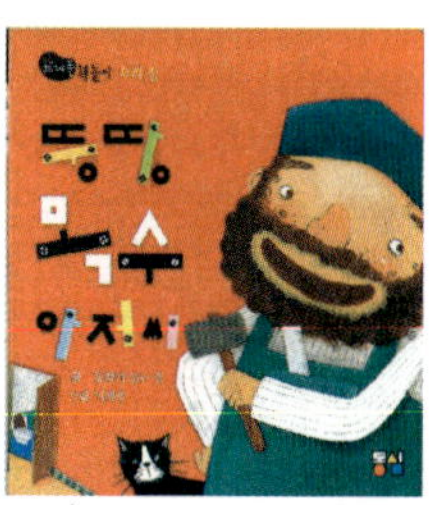

뚱땅 목수 아저씨는 뭐든지 얼렁뚱땅 빨리 만든다. 아저씨가 문, 창문, 화장실, 부엌, 거실, 장난감 등을 차례로 만들어 주지만 아이는 자기 집이 아니라고 한다. 소녀는 엄마 · 아빠가 등장하자 마침내 만족한다. 집 안 공간을 소개할 때 플랩 양식을 사용하고, 다음 등장할 공간의 기능을 질문 형태로 소개함으로써 주의를 집중시키고 기대감을 더한다. 집이 가진 실용적 기능뿐만 아니라 가족이 모여 있는 '가정' 으로서의 정서적 의미까지 담고 있다. 부록 CD에 흥겨운 주제가와 여러 가지 음향이 들어 있어 활동을 다양하게 풀어 갈 수 있다.

활동 자료

그림책, 부록 CD, 그림책 확대 장면(방, 창문, 화장실, 부엌, 거실), 색동띠(대형 고무밴드)

활동 방법

음향 듣고 장소 예측하기 ➡ 노래(주제가)와 율동 익히기 ➡ 그림책 감상 ➡ 음향에 알맞은 장소 찾아보기 ➡ 그림책 속 공간 상상놀이(기차놀이) ➡ 유치원/어린이집 공간 탐색 기차놀이

1. 그림책 부록 CD에 들어 있는 음향(트랙 15번~20번)을 듣고 무슨 소리인지 상상해 본다.
   - 무슨 소리일까? 어디서 나는 소리일까?
   - 문도 있고, 창문도 있고, 화장실, 부엌, 장난감이 모두 모여 있는 곳은 어디일까?
2. 부록 CD(트랙 11번)에 있는 '뚱땅 목수 아저씨' 노래를 간단한 동작과 함께 부른다.

♪뚱땅 뚱땅 얼렁뚱땅 뚱땅 아저씨
양손 주먹을 상하로 두 번씩 번갈아 가며 망치를 내려치듯 두드린다.

♪집을 지어요
'집을'에서 한 손, '지어요'에 다른 손을 붙여 지붕 모양을 만든다.

♪얼렁
양손을 뱅글뱅글 돌린다.

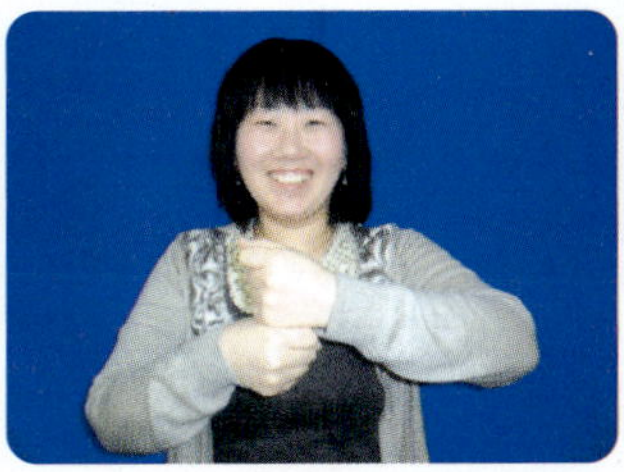

♪뚱
한 손 주먹을 가슴 정도 높이에 두고 다른 손 주먹으로 내려친다.

♪땅
내려친 주먹을 다시 위로 든다.

♬ 뚱땅 목수 아저씨 ♪

백남희 작사
백남희 작곡

3. 그림책을 감상한다.

(페이지를 넘길 때마다 '♪집을 지어요. 얼렁뚱땅!' 부분을 동작을 곁들여 함께 노래 부른다.)

- 여기 수염이 덥수룩한 아저씨가 있어요. 아저씨는 뭐든지 얼렁뚱땅 빨리 만든대요.

  "안녕하세요. 나는 빨리빨리 집을 짓는 뚱땅 목수랍니다. 멋진 집 구경하러 오세요."
- (마지막 장면을 보여 준 후, 교사가 그림책을 유아의 머리 위에 지붕처럼 펼쳐 얹어 보이며) 집은 이렇게 사랑하는 사람들이 함께 있는 곳이에요. 우리도 선생님이랑 친구들이 있는 ★★(기관명) 집에 왔어요.

4. 부록CD(트랙 15번~20번) 음향이 가리키는 장소를 확대 그림(3~4개) 중에서 찾아본다.

- CD에서 나는 소리를 듣고 어디서 그런 소리인지 찾아볼까?

5. 대형 색동띠와 그림판(방, 창문, 화장실, 부엌, 거실을 확대한 그림)을 이용해 기차놀이를 하면서 상상놀이를 한다.
   - ♪어디까지 왔나? ('방' 까지 왔다.) 방에서는 무엇을 하나요? 침대에서 코 잤지요? 우리 모두 코 자 볼까? (유아들 자는 흉내를 낸다.)
6. 기차놀이를 하면서 교실 안과 밖의 사물과 그 소리를 탐색해 본다.
   - ♪어디까지 왔나? (칠판을 두드리며) 칠판은 이런 소리가 나는구나. 칠판에는 글씨를 쓸 수 있어요.

활동 평가

- (미리 준비한 교실 안팎의 효과음향을 들려주며) 이 소리는 우리 유치원/어린이집 어디서 나는 소리일까?
- 가장 재미있는 소리가 나는 곳은 어디였니?

수업 메모

- 각 장면마다 그림책에 나왔던 집안의 각 공간에 특징적인 물건 그림컷들을 가지고 입체 책 만들기 활동을 할 수 있다.

- 어린이집/유치원의 일상생활과 관련된 공간, 소리를 녹음해서 언어 영역에 비치해 둔다.

생활주제 : 유치원/어린이집과 친구(유치원/어린이집에서 만난 친구)

친구를 찾아라!

활동 연령		
3	4	❺

목 표	누리과정 관련 요소
• 장애를 가진 친구를 배려하는 방법에 관심을 갖는다. • 친구들의 겉으로 드러난 특징을 찾아낼 수 있다. • 친구와 협동하며 규칙을 지켜 놀이할 수 있다.	• 신체운동·건강: 신체 활동에 참여하기–자발적으로 신체 활동에 참여하기 • 의사소통: 듣기–동요, 동시, 동화 듣고 이해하기 –낱말과 문장 듣고 이해하기 읽기–읽기에 흥미 가지기 • 사회관계: 다른 사람과 더불어 생활하기–친구와 사이좋게 지내기

창의·인성 관련

- 창의성: 인지적 요소– 사고의 수렴, 문제해결력 동기적 요소–호기심·흥미
- 인성: 배려–친구에 대한 배려, 협력–긍정적인 상호 의존성, 질서–기초 질서

「도깨비 귀」『뜨레풀 책놀이 6』

한선예 글, 이파란 그림, 동심, 2009

책 소개

새싹반에 새로 들어온 민지는 말이 어눌한 혁이와 사이좋게 지내는 친구들이 이상하기만 하다. 어느 날, 놀이공원에서 민지가 길을 잃게 되고, 혁이가 민지를 찾아낸다. 둘은 서서히 사이가 좋아져서 차츰 민지도 혁이의 말을 알아듣는 도깨비 귀를 갖게 된다. 마음으로 듣는 귀, 도깨비 귀가 자라난 것이다. 장애통합 현장을 관찰하여 쓴 이야기로 장애를 가진 친구를 받아들이기까지의 따뜻한 감동을 담고 있다.

활동 자료

그림책, 부록 CD, 점수판 교구, 유아의 특징을 쓴 쪽지, 비밀상자, 신호 악기, 색 테이프(출발선)

활동 방법

손유희 ➡ 제목과 표지 탐색 ➡ 그림책 감상 ➡ 공통점 찾기 놀이 ➡ 친구 찾기 게임 ➡ 게임 평가

1. '올라가는 눈' 노래를 율동과 함께 부른다.

   ♬ 올라가는 눈 내려오는 눈 빙글빙글 돌려서 여우 눈
   올라가는 코 내려오는 코 빙글빙글 돌려서 돼지 코
   올라가는 입 내려오는 입 빙글빙글 돌려서 붕어 입
   올라가는 귀 내려오는 귀 빙글빙글 돌려서 당나귀 귀
   올라간 머리 내려온 머리 빙글빙글 돌려서 도깨비 뿔

2. 책의 제목과 표지에 대해 이야기를 나눈다.
   - '도깨비' 하면 뭐가 먼저 생각나니?
   - 그런데 오늘은 도깨비 뿔이나 도깨비 방망이 말고, 특별하게도 '도깨비 귀'가 나온대. (그림책을 보여 주며) 왜 제목이 '도깨비 귀'일까?
3. 그림책을 감상한다.
   (등장인물의 감정과 상황을 살려 읽는다.)
   - (혁이, 반갑게 허둥대며) 빠 빠 가티, 빠 빠 빵 가티, 가티.
   - (민지, 매몰차게) 싫어, 저리 가! 난 혼자 갈 거야.
4. 그림책 내용에 대해 이야기 나눈다.
   - (뒷표지와 앞표지를 함께 펼쳐 보이며) 이 그림에서 민지는 어떤 생각을 하고 있는 것 같니?
   - (혁이가 우는 장면을 보이며) 혁이가 민지에게 "빠 빠 가티, 빠 빠 빵 가티, 가티."라고 말한 것은 무슨 뜻일까?

- 민지가 왜 뿌리치고 도망갔을까?
- 이때 혁이의 기분은 어땠을까?
- (혁이와 민지가 나란히 앉아 있는 마지막 그림 장면을 보이며) 민지의 모습에서 달라진 점은 무엇이니?
- 친구들처럼 민지에게도 도깨비 귀가 생긴 이유는 무엇일까?

5. 친구들 간의 공통점 찾기 놀이를 한다.
   - (원으로 둘러서서) 선생님이 문제를 낼 테니 한번 맞혀 봐.
   ('♪엄지 어디 있소?'를 개사하여) '♪치마 어디 있소? 치마 어디 있소?' 하면 치마 입은 친구들만, '♪여기 나와 있소. 여기 나와 있소.' 하며 원 안으로 걸어 들어가서 서로 '♪안녕하오 오늘, 재미있소 오늘' 하고 인사하는 거야. 그 뒤에 '♪들어가오. 들어가오.' 하며 뒷걸음질로 제자리로 오는 거야.
   - 이번엔 누가 문제를 내 보겠니?

♬ 엄지 어디 있소 ♪

외국곡

6. 두 팀으로 나눠 단서 보고 친구 찾기 게임을 한다.

- 이번에는 팀을 둘로 나누어서 친구를 찾아볼 거야.
- 우리가 다치지 않고 재미있게 게임을 하려면 어떤 규칙이 필요할까?

게임 방법

① 두 팀으로 나누고, 팀 이름을 정한다.
② 각 팀에서 한 명씩 나와 책상 위에 놓인 특징이 적혀 있는 종이쪽지 하나를 집는다.
③ 쪽지를 읽어 본 후(글자를 못 읽을 경우 선생님이 귓속말로 들려준다) 자신의 팀 중에서 설명에 해당하는 친구를 데리고 나온다. 먼저 출발선으로 돌아오면 이긴다.
④ 이긴 팀 점수판에 스티커를 붙여 주고 모든 유아가 참여한 뒤, 두 팀 점수판의 스티커 개수를 확인한다.

활동 평가

- 우리 반에 혁이가 온다면 혁이와 어떤 놀이를 함께 하고 싶니? 놀이할 때 너는 어떻게 도와주고 싶니?
- 친구 찾기 놀이를 할 때 새롭게 알게 된 우리 반 친구의 특징이 있니? 무엇이니?

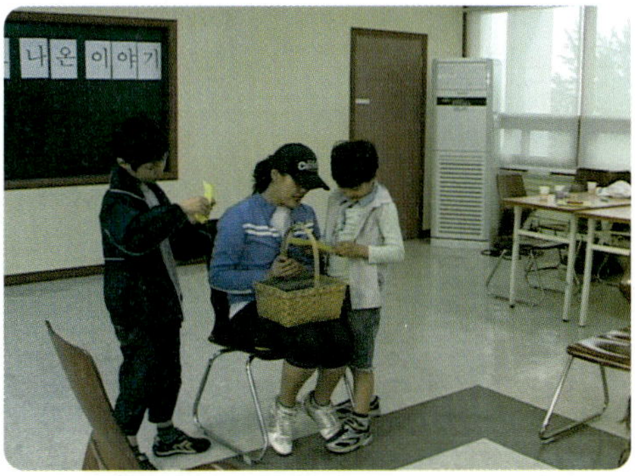

수업 메모

- 이 그림책은 언어장애를 내용으로 다루고 있어 유아들이 언어장애를 놀림, 비웃음의 대상으로 여기지 않도록 진지한 분위기로 들려주는 것이 좋다. 음향이 가미된 소리동화(부록 CD 5번 트랙)로 감상해도 좋을 것이다.
- 친구들 간의 공통점 놀이를 할 때 한 번도 해당되지 않아 소외감을 느끼는 유아가 생기지 않도록 유의한다.
- 유아들의 특징을 쪽지에 적을 때, 쪽지에 그림과 글자를 함께 제시해 주는 것이 좋다.
- 무조건적인 배려가 항상 좋은 것은 아님을 느낄 수 있도록 장애아의 입장에서 공감할 수 있는 그림책을 함께 감상해 보는 것도 좋다(예: 『내 친구 여진이』, 『민수야 힘내』).

♬ 기다려 줄게 ♪

김진영 작사
김진영 작곡

나와 가족

만 3세 / 만 4세

- **사랑 올림픽(부모 참여 수업)**

  『내가 아빠를 얼마나 사랑하는지 아세요?』

만 5세

- **표정놀이**

  「몽글몽글 따끔따끔」『뜨레풀 책놀이 6』

- **행복한 미술관**

  『앤서니 브라운의 행복한 미술관』

생활주제 : 나와 가족(소중한 가족)

사랑 올림픽(부모 참여 수업)

활동 연령		
❸	❹	5

목 표	누리과정 관련 요소
• 부모의 사랑을 느껴 본다. • 책의 내용을 몸으로 표현해 본다.	• 사회관계: 가족을 소중히 여기기–가족과 협력하기 • 신체운동 · 건강: 신체 활동에 참여하기–자발적으로 신체 활동에 참여하기 • 의사소통: 듣기–동요, 동시, 동화 듣고 이해하기 말하기–낱말과 문장으로 말하기

창의 · 인성 관련

• 창의성: 동기적 요소–흥미 · 호기심, 인지적 요소–사고의 확장
• 인성: 협력–긍정적인 상호 의존성

『내가 아빠를 얼마나 사랑하는지 아세요?』

샘 맥브래트니 글, 아니타 제람 그림, 김서정 옮김, 베틀북, 2011

책 소개

잠을 자야 할 시간인데도 아빠와 더 놀고 싶은 아기 토끼는 자기가 아빠를 얼마나 사랑하는지 아느냐고 아빠에게 묻는다. 아빠는 모른 척하며 아기 토끼가 보여 주는 사랑의 크기보다 더 큰 사랑을 보여 준다. 무한한 아빠의 사랑을 확인하고 아기 토끼는 행복하게 잠이 들고, 잠이 든 후에도 아기 토끼의 머리맡에서 아빠는 더 큰 사랑을 고백한다.

활동 자료

그림책, '사랑'(김성균 동요) CD, '사랑'을 주제로 한 음악 CD(예: '당신은 사랑받기 위해 태어난 사람'), CD플레이어, 색종이, 딱풀

활동 방법

동요 부르기 ➡ 그림책 감상 ➡ 사랑 올림픽 ➡ 왕관 접어 쓰기

1. '사랑' 노래를 CD로 들으며 함께 불러 본다.
   - 지금부터 노래를 들어 볼 거야. (노래 후반부의 두 번째 '♪~왜 그럴까?' 가사까지 듣고, 일시 정지한 후) 왜 엄마를 보면 뛰어가 안기고 싶을까?
2. 그림책을 감상한다.
   (아기 토끼와 아빠 토끼의 표현을 동작과 함께 보여 주고 굵게 표시된 글자는 강조해 읽는다.)
   - (그림책 표지를 보며) 아빠를 무척 사랑하는 토끼가 있었어요.

아기 토끼: 옆으로 팔 약간 벌리고 '이만~큼'

아빠 토끼: 옆으로 활짝 펴고 '이만~큼'

아기 토끼: 머리 위에 손바닥 붙이고 '이만~큼'

아빠 토끼: 팔을 위로 죽 뻗고 '이만~큼'

아기 토끼: 몸을 구부리고 책을 뒤집으며 물구나무 연상시키며 '이만~큼'

아기 토끼: 물구나무 선 모습 가리키며 확인시키기

아빠 토끼: 책을 세로로 쥐고 '이만~큼'

3. 세 가지 종목으로 사랑 올림픽을 한다.
   - 아기 토끼가 아빠를 얼마나 사랑한다고 했니?

- 우리도 아기 토끼처럼 엄마, 아빠를 얼마나 사랑하는지 보여 줄 수 있을까?
- 오늘 종목은 '더 많이, 더 높이, 더 멀리' 이렇게 세 가지입니다.
- (유아와 부모가 서로 마주 보고 선다.) 첫 번째 종목, 더 '많~이'. 친구들이 먼저 엄마(아빠)에게 보여 드릴까?
- (교사가 먼저 팔을 옆으로 쫙 벌리며 시범을 보여 준다.) 나는 엄마(아빠)를 이만큼 많~이 사랑해요.
- 얼음! 이번엔 우리 어머님 선수들 차례입니다. 자녀 이름 넣어서 말합니다.
- 어디 볼까요? 엄마가 훨씬 더 많이 사랑하시는군요. 더 많이 사랑한 사람이 '사랑해요' 하면서 안아 주세요.

4. 색종이로 사랑의 왕관 접기를 한다.
   - 아이스크림 콘 접어서 뚜껑을 덮어 주세요. 하나 완성!
   - (8개 정도 접어서) 이제 이 세모들을 반씩 겹쳐지게 풀로 붙여 주세요.
   - 엄마(아빠)가 가장 많이 사랑하는 사람에게 왕관을 씌워 주세요.

5. 사랑의 행진을 하면서 교실 문을 나간다.
   - ('당신은 사랑받기 위해 태어난 사람' 음악을 틀고) 이제 품에 아이를 안고 저 출입문까지 행진하시겠습니다.

수업 메모

- 이 수업은 부모 참여 수업에 효과적인 활동이다. 율동을 할 때도 유아와 부모가 마주 보고 한다.
- 이 동화는 움직임 효과를 극대화한 낚싯줄동화로 들려줘도 효과적이다. 사랑 올림픽을 하는 세 개 종목('많이', '높게', '멀리') 장면을 골라 낚싯줄동화로 강조할 수도 있다.
- 부모 참여 수업이 아니라, 유아들끼리만 할 경우, 유아 팀과 아빠 팀으로 나누고, 아빠 팀은 거인 손 교구를 끼고 '많이', '높이' 종목을 비교하는 놀이를 한다.

교구 공방

▣ 색종이 왕관

- **준비물:** 색종이, 풀

▣ 낚싯줄 동화

- **준비물:** 머메이드지, 두꺼운 도화지, 투명 시트지, 낚싯줄, 칼, 자, 투명 접착테이프, 색연필

생활주제 : 나와 가족(나의 몸과 마음)

표정놀이

활동 연령		
3	4	❺

목 표	누리과정 관련 요소
• 상황에 따른 감정을 이해하고 표현한다. • 가족과 함께 할 수 있는 놀이를 찾아 경험한다.	• 사회관계: 나와 다른 사람의 감정 알고 조절하기–나와 다른 사람의 감정 알고 표현하기 가족을 소중히 여기기–가족과 협력하기 • 의사소통: 듣기–동요, 동시, 동화 듣고 이해하기 말하기–느낌, 생각, 경험 말하기

창의 · 인성 관련

• 창의성: 동기적 요소–호기심 · 흥미, 인지적 요소–사고의 수렴
• 인성: 배려–가족에 대한 배려

「몽글몽글 따끔따끔」『뜨레풀 책놀이 6』

이송은 글, 김동영 그림, 동심, 2009

책 소개

다솜이가 타고 있는 자동차를 동생이 억지로 빼앗아도 엄마는 양보하라고만 한다. 다솜이의 속상함은 몽글몽글 커지고, 그때마다 따끔따끔 가슴이 아프다. 어느 날 동생 다훈이가 배탈이 나 병원에 가게 되자, 이불을 덮어 주지 않았던 다솜이는 자기 탓이라고 울며 이야기한다. 뒤늦게 딸의 아픔을 알아차린 엄마는 다솜이에게 다훈이의 미술 선생님이 되어 달라고 함으로써 함께 놀이할 수 있는 방법을 제시한다. 각 장면마다 상황에 맞게 주인공의 다양한 표정 그림이 들어 있어 유아들과 정서에 관한 이야기를 나누어 보기에 적합하다.

활동 자료

그림책, 손인형, 상황 그림 카드, 표정 그림, 게임판, 표정 주사위

활동 방법

그림책 감상 ➡ 장면 중심으로 재감상하기 ➡ 표정 그림과 상황 설명 연결하기 ➡ 표정 게임 ➡ 동요 부르기

1. 손인형으로 그림책 속의 주인공을 만나 본다.
   - (손 인형을 끼고) 안녕! 난 다솜이라고 해. 내게는 다훈이라는 동생이 하나 있어. 그런데 동생 때문에 진짜 화가 많이 나. 동생이 너무너무 얄미워.
2. 그림책을 감상한다.
   - (그림책의 표지와 면지 그림을 보며) 여기 다솜이의 기분이 어떤 것 같아? 왜 그럴까?
   - (그림책을 다 읽고 나서) 제목이 왜 '몽글몽글 따끔따끔' 일까? '몽글몽글' 이 무슨 뜻일까? '따끔따끔' 은 무얼 말하는 걸까?
3. 정서 표정이 두드러지는 장면 중심으로 그림책을 다시 감상한다.

   # 1) 엄마 뒤에 숨은 다훈이 앞에서 씩씩거리는 다솜이

   # 2) 다훈이만 안아 주는 할머니 할아버지 그리고 그 뒤에 있는 다솜이

   # 3) 잠든 다훈이 옆에서 어떻게 할지 고민하는 다솜이

   # 4) 신나게 자장면 먹는 다솜이

   # 5) 병실에서 다훈이를 보며 우는 다솜이

   # 6) 다솜이와 다훈이가 함께 그림 그리는 장면
4. 상황 설명을 듣고 여섯 개의 상황 카드 중 해당되는 그림을 찾는다.

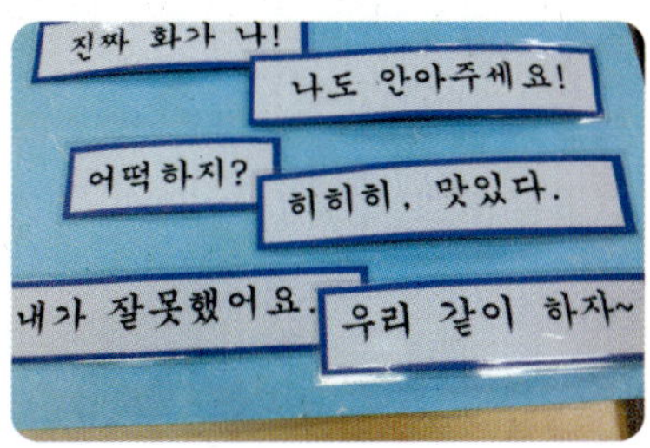

('진짜 화가 나!', '나도 안아 주세요!', '어떡하지?', '히히히 맛있다', '내가 잘못했어요.', '우리 같이 하자~' 등 여섯 개의 그림 카드를 융판에 붙여 놓는다.)

- '진짜 화가 나!' 그림은 어느 것인지 찾아볼까?
- (그림 밑에 '진짜 화가 나!' 문장 카드를 붙여 주고) 다솜이는 왜 이렇게 화가 났을까?
- 우리도 다솜이처럼 화난 표정 지어 볼까?
- 우리 친구들은 언제 이렇게 화가 많이 나니?

5. 다솜이의 표정 주사위와 보드판을 만들어 게임을 해 본다.
   - 주사위를 던져 나오는 다솜이의 표정을 지어 보자.
   - '우리 함께 놀자' 그림에 먼저 도착하는 친구가 이기는 거야. (주사위에 나오는 표정에 맞게 보드판의 말을 움직인다.)

6. '웃는 얼굴 예쁜 얼굴' 동요를 개사해 부른다.

♪ 웃는 얼굴 예쁜 얼굴 우리 모두 웃어 보자. 하하하하 호호호호 히히히히 재미있다.
우는 얼굴 슬픈 얼굴 우리 모두 울어 보자. 따끔따끔 삐죽삐죽 흑흑흑흑 으앙 뚝-!
화난 얼굴, 성난 얼굴 우리 모두 찡그려 보자. 몽글몽글 씩씩씩씩 눈꼬리까지 지익~
놀란 얼굴 깜짝 얼굴 우리 모두 놀라 보자. 어머머머 콩닥콩닥 쿵덕쿵덕 꺄악~

활동 평가

- (마지막 장면을 보며) 다훈이의 미술 선생님이 되어서 함께 그림을 그리는 다솜이의 기분은 어떤 것 같니? 왜 기분이 좋은 것 같니?
- 동생이나 다른 가족과 함께 할 수 있는 놀이에는 어떤 것이 있을까?

수업 메모

- 게임 시간이 지나치게 길어지지 않게 하려면 주사위 여섯 면 중 두 면에 '우리 함께 놀자' 그림을 붙여 확률을 높여 준다.
- 표정 예: 걱정하는 표정('어떡하지?'), 슬퍼서 우는 표정, 화난 표정, 질투하는 표정('안아 주세요.')

생활주제 : 나와 가족(가족의 생활과 문화)

행복한 미술관

활동 연령		
3	4	❺

목 표	누리과정 관련 요소
• 가족이 모두 참여할 수 있는 놀이를 찾아본다. • 여러 사람이 서로 협력하여 이어 그리기로 그림을 완성해 본다. • 여러 사람이 이어 그린 그림을 보고 자신의 생각과 느낌을 말해 본다.	• 사회관계: 가족을 소중히 여기기–가족과 화목하게 지내기 • 의사소통: 듣기–동요, 동시, 동화 듣고 이해하기 말하기–느낌, 생각, 경험 말하기 • 예술경험: 예술적 표현하기–미술 활동으로 표현하기

창의 · 인성 관련
- 창의성: 동기적 요소–호기심 · 흥미, 인지적 요소–사고의 확장
- 인성: 협력–집단 협력, 긍정적인 상호 의존성, 배려–가족에 대한 배려, 질서–기초 질서

『앤서니 브라운의 행복한 미술관』

앤서니 브라운 글 · 그림, 서애경 옮김, 웅진주니어, 2004

책 소개

엄마의 생일 날, 엄마의 제안으로 가족 미술관 나들이가 시작된다. 형과 아빠는 처음에는 못마땅해했지만 그림에 담긴 이야기를 찾고 서로의 느낌과 생각을 나누는 동안 어느새 행복해진다. 집으로 돌아가는 길에 가족들은 그림 이어 그리기를 하며 행복한 귀가 시간을 보낸다.

미술관 나들이를 다녀온 가족의 이야기로 그림을 보는 방법과 그림에 대한 유쾌한 해석이 소개되어 있다. 작가가 영국 런던의 테이트 미술관에서 초등 아이들과 함께

한 워크숍의 즐거웠던 기억을 살려 담아 낸 작품이다.

활동 자료

그림책, 흰 도화지(8절-아이들 수만큼), 색연필 또는 크레파스, 수채화 물감, 붓, 잔잔한 음악 CD, 신호 악기(핸드벨 혹은 소고)

활동 방법

경험 이야기 나누기 ➡ 그림책 감상 ➡ 그림 이어 그리기 ➡ 발표 및 전시

1. 가족 나들이 경험에 대해 이야기를 나눈다.
   - 가족들과 함께 나들이 가 본 적이 있니? 어떤 곳이었니?
   - 오늘은 특별한 곳으로 나들이를 간 가족을 만나 볼 거야.
2. 그림책을 감상한다.
   - 가족들이 미술관으로 가고 있는데, 형과 아빠의 기분이 어떤 것 같니?
   - (오거스터스 에그의 '과거와 현재 I' 작품) 이 미술 작품에는 어떤 이야기가 숨어 있는 것 같니?
   - 집으로 돌아가는 가족들의 기분이 어떤 것 같니?
   - 왜 가족들의 기분이 달라졌을까?
3. 소그룹으로 팀을 이루어 그림 이어 그리기(그림 릴레이)를 한다.
   - 그림책에서 가족이 함께 즐겁게 해 보았던 놀이를 우리도 한번 해 보자.
   - 먼저 자신이 좋아하는 간단한 모양을 그려 볼까?
   - 모양을 보고 생각나는 것을 이어서 그려 볼까? 신호 악기 소리가 나면 그 다음 옆 친구에게 넘겨 주고, 또 넘겨 주다가 처음 사람이 받으면 그 그림에 색칠을 하는 거야.

4. 채색한 그림에 제목을 붙여 발표한 후 전시한다.
   - 처음에 그렸던 모양이 어떻게 변했니?
   - 왜 그런 제목을 붙였니?

활동 평가

- 혼자 완성한 그림과 여러 사람이 이어서 그림을 완성할 때는 어떻게 다르니?
- 가족과 함께 가 보고 싶은 곳이 있거나 해 보고 싶은 놀이가 있니?

수업 메모

- 『행복한 미술관』 그림책의 배경이 되는 실제 미술관의 사진과 그림책 속의 작품 그림, 숨겨진 이야기 등을 첨부하여 들려주면 더욱 좋다.
- 가정에서도 가족 그림 릴레이를 해볼 것을 제안한다.

/생/활/주/제/

우리 동네

만 4세

- **나들이 가요**

「나들이 가요」『뜨레풀 책놀이 6』

만 5세

- **우리 동네에 숨겨진 선을 찾아요**

『사라진 그림』

생활주제 : 우리 동네(우리 동네 사람들)

나들이 가요

활동 연령		
3	❹	5

목 표	누리과정 관련 요소
• 우리 동네의 다양한 건물과 장소에 관심을 갖고 알아 본다. • 우리 동네 여러 장소에서 나는 소리를 구별할 수 있다. • 우리 동네 사람들이 하는 일에 관심을 갖고 놀이를 통해 경험한다.	• 사회관계: 사회에 관심 갖기-지역사회에 관심 갖고 이해하기 • 예술경험: 예술적 표현하기-극놀이로 표현하기 • 신체운동 · 건강: 신체 인식하기-감각 능력 기르고 활용하기 • 의사소통: 듣기-동요, 동시, 동화 듣고 이해하기 읽기-읽기에 흥미 가지기

창의 · 인성 관련
- 창의성: 인지적 요소-사고의 확장, 동기적 요소-호기심 · 흥미, 몰입
- 인성: 협력-긍정적 상호 의존성, 존중-다른 사람들과 다른 문화에 대한 존중

「나들이 가요」『뜨레풀 책놀이 6』

이송은 글, 문정희 그림, 동심, 2009

책 소개

성하와 엄마가 나들이를 간다. 서점, 미용실, 중국집, 시장, 놀이터 등 곳곳에서 다양한 이웃과 여러 가지 탈것들을 만난다. 수채화 특유의 담백하고 따뜻한 그림 속에 여러 가지 직업과 교통기관, 다양한 사람들과 장소가 녹아 있다. 부록 CD에는 다양한 장소와 교통기관의 효과음향이 들어 있다.

활동 자료

그림책, 부록 CD, 역할놀이 소품(보자기, 중화요리 사진, 조끼, 가게 이름 카드), 우리 동네 사진(건물, 기관, 장소 등)

활동 방법

표지 탐색 ➡ CD 음향과 함께 그림책 감상하기 ➡ 역할놀이 ➡ 사진 보며 이야기 나누기

1. 그림책 표지를 탐색한다.
   - (뒷표지를 보며) 성하랑 엄마가 길에 서 있네. 어디로 가는 걸까?
   - (앞표지를 보며) 성하랑 엄마가 맛있는 자장면을 먹고 있네. 또 어디로 나들이를 가는지 알아 볼까?
2. 그림책을 감상한다.
   ① 부록 CD 8~21번까지를 쉼없이 이어서 틀면서 그림책을 처음부터 끝까지 읽는다.
   ② 음향 없이 그림책을 이야기 나누며 읽는다.
3. 그림책에 나왔던 장소들을 재구성하여 세 팀(예: 중화요리 식당, 미용실, 서점)으로 나누어 상상놀이를 한다. (이때 교사는 부록 CD에 있는 해당 음향을 배경 음악으로 틀어 준다.)
   - (중화요리 팀을 제외한 미용실 팀과 서점 팀 유아가 식당의 손님으로 참여하며) 길을 건너갔더니 맛있는 집이 나타났어. 와! 자장면 집이다.
4. 우리 동네 사진을 보고 책의 내용과 비교하며 이야기를 나눈다.
   - 책에 나왔던 가게들을 우리 동네 사진에서 찾아볼까?
   - 이곳은 어디일까? 간판을 읽어 볼까?
   - 이곳은 어떤 사람들이 가는 곳일까? (예: 치과, 목욕탕…)
   - 이곳은 무엇을 파는 곳일까?
   - 사진 속에서 가 본 곳이 있니?

활동 평가

- (특정 장소에서 나는 음향을 들려준 후) 이 소리에 어울리는 카드를 찾아보고 읽어 보자. (예: 지하철역 소리 음향– '○○역' 이라는 글자가 들어 있는 우리 동네 사진)

- 가게놀이할 때 어떤 점이 재미있었니? 어려웠던 점은 무엇이니?

교구 공방

중국음식점 소품

- **준비물**: 쿠킹호일, 종이박스, 종이상자 2개, EVA, 음식 컷
- **만드는 법**

1. 종이박스와 작은 종이상자 2개를 쿠킹호일로 싼다.
2. 종이박스 안에 쿠킹호일로 싼 종이상자를 끼워 넣는다.
3. 음식 컷을 인쇄하여 EVA에 붙인다.

수업 메모

- 이 그림책에는 교통기관이 많이 나오므로 다양한 탈것으로 주제를 확장할 수 있다.
- 비슷한 주제를 가진 『내 동생 싸게 팔아요』 그림책은 배경에 가게와 시장 풍경이 나와 있어 시장놀이가 가능하다.
- 주제 전개 정도에 따라 동네에 여러 가게들은 왜 생겼는지, 가게가 없다면 어떤 일이 벌어질지에 대한 이야기를 나누어 볼 수 있다.
- 그림책 읽기와 역할놀이를 1차시, 책과 CD에 소개된 장소를 동네 사진에서 찾아보기 활동은 2차시로 나누어 할 수 있다.

생활주제 : 우리 동네(우리 동네 모습)

우리 동네에 숨겨진 선을 찾아요

활동 연령		
3	4	❺

목 표	누리과정 관련 요소
• 우리 동네 건물과 조형물의 모양과 형태에 관심을 갖는다. • 우리 동네에 있는 다양한 기관이 하는 일을 안다. • 우리 동네에는 다양한 직업을 가진 사람들이 함께 산다는 것을 안다. • 포물선을 이용하여 다양한 형태를 만들어 본다.	• 사회관계: 사회에 관심 갖기–지역사회에 관심 갖고 이해하기 다른 사람과 더불어 생활하기–친구와 사이좋게 지내기 • 자연탐구: 수학적 탐구하기–공간과 도형의 기초 개념 형성하기 • 의사소통: 듣기–동요, 동시, 동화 듣고 이해하기 읽기–책 읽기에 관심 가지기 • 예술경험: 아름다움 찾아보기–미술적 요소 탐색하기

창의 · 인성 관련

• 창의성: 인지적 요소–사고의 확장, 성향적 요소–개방성, 동기적 요소–호기심 · 흥미
• 인성: 협력–집단 협력

『사라진 그림』

마테오 페리콜리 글 · 그림, 조세형 옮김, 지경사, 2010

책 소개

한 소년이 늘 지니고 다니던 그림의 언덕이 사라지면서 이야기가 시작된다. 사라진 언덕 선에 대해 어머니, 늙은 개, 자동차 정비공, 잠자는 고양이, 이발사에게 물어보지만 모두들 자신이 알고 있는 선만 대답한다. 개의 목줄, 자동차의 안테나, 고양이

의 꼬리 그리고 이발소에 무수히 떨어져 있는 머리카락들…. 소년은 마침내 그 그림을 그렸던 할머니의 집으로 가서 멀리 사라진 언덕을 다시 발견하게 된다.
흑백 드로잉으로 묘사된 장면 속에서 소년의 그림과 포물선 부분만 빨간색으로 표현되어 있다.

읽기 방법

유형 II

- 책에 묘사된 그림을 보고 등장인물 목소리 설정하여 읽기
  예: 주인공-씩씩한 소년(이야기 전체를 끌고 가는 화자의 목소리이기도 함)
  어머니-30, 40대 중년여성
  자동차 정비소 정비공-20대 청년(젊고 경쾌한 남성 소리)
  이발사-60대 초반의 할아버지에 가깝게(약간 느린 속도)
  할머니-인자한 60, 70대 할머니(약간 느린 속도)
  늙은 개-낮고 단조로운 톤의 소리. '어을~' 의성어를 곁들이면 구연하기 쉽다.
- 여러 가지를 나열하는 부분을 읽을 때, 리듬을 살리고 높낮이와 속도 변화 주기
- 궁금증을 풀어 가는 상황에 알맞게 표정과 제스처 곁들여 읽기

활동 자료

우리 동네 사진(기관, 장소, 건물 등), 빨간 포물선이 그려진 OHP 필름 조각(유아 수의 2배만큼), 연한 파스텔 톤의 4절 색상지(유아 5명당 1장)

활동 방법

그림책 감상 ➡ 사진에서 숨은 선 찾기 ➡ 선 조형 활동 ➡ 작품 감상

◆ 사전 활동

유치원/어린이집 주변의 현장을 견학하고 사진을 찍어 놓는다.

◆ 활동 전 준비

유아 수의 2배수만큼 포물선 그림 조각을 준비한다.

1. 그림책을 감상한다.

① 등장인물 그림 컷을 가지고 이야기 나눈다.

- 안녕, 어느 날 내가 가장 소중한 것을 잃어버렸어.

② 시작 부분은 천천히 읽고 등장인물의 특징을 반영하여 읽는다.

- (씩씩하고 밝은 남자아이 목소리로) 나는 항상 그림 한 장을 가지고 다닙니다. 그런데 어느 날, (잠시 호흡을 멈춘 뒤 눈을 휘둥그레 뜨며) 아주 이상한 일이 일어났습니다.
- (엄마, 부드러운 중년여성 소리, 대수롭지 않다는 듯 천천히) 그림에 다리가 달렸나? 잘 찾아보렴.
- (언덕을 봤느냐는 물음에 늙은 개가 의성어를 먼저 소리 내며) 어을~ 언덕?
- (늙은 개, 낮고 단조로운 톤으로) 긴 거라면 여기 내 목줄이 있지.

③ 혼잣말처럼 말하는 부분에서는 약간 천천히 읽다가 갑자기 생각이 떠올랐을 때는 표정도 달라진다.

- 또 뭐가 구불구불할까? (눈이 커지며 큰 소리로) 맞아, 이발소 아저씨는 아실지도 몰라.
- (할머니) 으음, 가만히 생각해 보자꾸나. (눈이 커지며) 옳지, 그거다!

④ 나열하는 부분은 상황에 따라 리듬과 속도를 달리 하며 읽는다.

- (예 1: 소년, 급한 마음에 빠른 속도로 연달아 말한다.) 길고 가늘고 구불구불하고 고양이 꼬리처럼 보드라운 거 있으시죠?
- (이발사, 어리둥절해하며) 뭐라고? 천천히 차근차근 이야기해 보렴.
- (예 2: 이발사, 각각의 단어나 구절을 속도와 억양을 달리 하여 말한다. 가령, ㉠은 하나하나 가리키듯이 어휘를 또박또박 말하고 ㉡부터는 가락을 넣어 낮고 구성지게, ㉢은 높게, ㉣은 높낮이를 달리 하며 전체적으로 리드미컬하게 읽되, '붉은 것'에 강세를 둔다.)

  여기 ㉠길고 가늘고 보드라운 것들이(∨) 많지? ㉡구불구불한 것도 있지만 ㉢곧은 것도 있고, ㉣어두운 것도 있고 밝은 것도 있고, 네 그림처럼(∨) 붉은 것도 있지.

- (예 3: 소년의 독백 부분, 전반적으로 천천히 읽되 나열하는 문장에서 구절마다 서로 억양에 변화가 있게끔 읽는다.) 개에게는 목줄이 있고, 정비공 아저씨에게는 안테나가 있고, 고양이에게는 꼬리가 있고….

⑤ 먼 풍경을 보며 말하는 장면에서는 원거리감이 느껴지게 읽는다.

- (할머니, '저-기' 로 길게 소리 낸다.) 다 왔다. 저기를 보렴.

⑥ 책의 마지막 부분은 여운이 느껴지게 여유 있는 속도로 마무리한다.

-사라진 언덕은(∨) 바로 그곳에 와 있었답니다(천천히).

2. OHP 필름에 그려진 포물선을 이용하여 동네 건물 및 조형물 사진 속에서 숨은 선을 찾아보고 이야기 나눈다.
   - (사진을 제시하며) 그림책 속에 나왔던 사라진 선이 어디 있는지 찾아볼까?
   - 이곳은 어디일까? 무엇을 하는 곳일까?

3. 동네 사진을 배경으로 하여 OHP 필름에 그려진 여러 개의 포물선만 이용하여 협동 작품을 만든다. (이때 짝을 이루거나 소그룹으로 조형 활동을 한다.)
   - 이번엔 우리가 마법의 선으로 우리 동네에 필요한 것이나 있었으면 하는 것들을 꾸며 볼까? (예: 놀이터)

4. 동네를 꾸민 협동 작품을 찍은 사진을 큰 화면으로 감상한다.
   - 작품 속에 보이는 곳이 어디니?

- 우리가 선으로 만든 것은 무엇이니?

활동 평가

- 우리 동네의 여러 사진을 살펴보았는데 새롭게 발견한 것이 있니?
- 우리 동네 사진에서 발견할 수 있는 직업은 어떤 것이니?
- 친구와 함께 동네를 꾸미면서 느낀 점은 무엇이니?
- 휘어진 포물선만으로 표현할 때 좋은 점은 무엇이었니?
- 포물선만으로 표현할 때 어려운 점은 무엇이었니?

수업 메모

- 조형 활동 과정에서 다양한 표상을 격려하되, 비슷한 조형이 나왔을 때에도 부연, 확장하는 상호작용을 덧붙임으로써 유아의 사고를 확장한다.
- 협동화 작업에서는 흔히, 주도적인 아이 마음대로 하려는 경향이 크다. 이때, 교사가 "이번에는 ○○ 생각대로 하고, 다음번에는 □□ 생각을 넣어 만들 수도 있겠지? 얼마든지 다시 해볼 수 있으니까" 등으로 중재하여 고루 기회를 준다.
- 협동 조형 활동이 원활하게 이루어지려면 교사가 먼저 포물선이 그려진 OHP 필름 조각 두 개를 이용해 시범을 보여 주거나 간단한 조형 단계부터 시작한다.
  - 선생님이 포물선 두 개를 겹쳤더니(흰 바탕종이 위에 대 보이며), 뭐가 되었니?
  - 우리도 마법의 선 두 개로 재미있게 만들어 볼까?

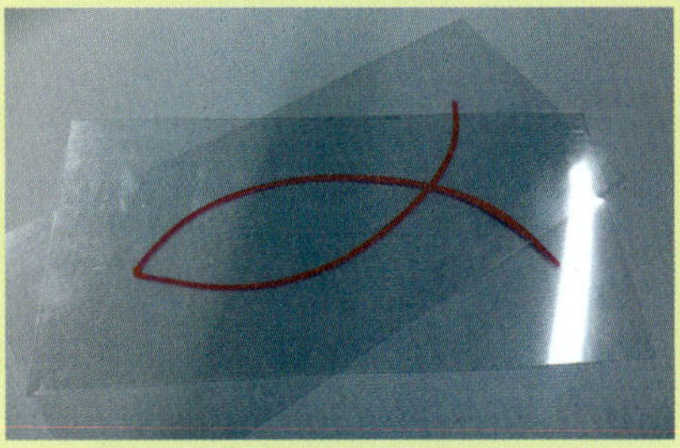

동식물과 자연(궁금한 동식물)

/생/활/주/제/

만 3세

- 나비가 되어 보아요

『분홍 애벌레 위글리』

만 4세

- 앵무새 찾기

『앵무새 열 마리』

만 5세

- 강아지가 궁금해요

『강아지가 태어났어요』

생활주제 : 동식물과 자연(궁금한 동식물)

나비가 되어 보아요

활동 연령		
❸	4	5

목 표	누리과정 관련 요소
• 나비의 성장 과정에 관심을 가진다. • 나비의 성장 과정을 몸으로 표현할 수 있다. • 나비의 성장 과정을 순서대로 나열하여 책을 만들어 본다.	• 자연탐구: 탐구하는 태도 기르기-호기심을 유지하고 확장하기 과학적 탐구하기-생명체와 자연환경 알아 보기 • 예술경험: 예술적 표현하기-움직임과 춤으로 표현하기 • 의사소통: 읽기-책 읽기에 관심 가지기 듣기-동요, 동시, 동화 듣고 이해하기

창의·인성 관련

- 창의성: 동기적 요소-호기심·흥미, 인지적 요소-사고의 수렴
- 인성: 존중-생명과 환경에 대한 존중

『분홍 애벌레 위글리』

시미 글·그림, 시미월드, 2010

책 소개

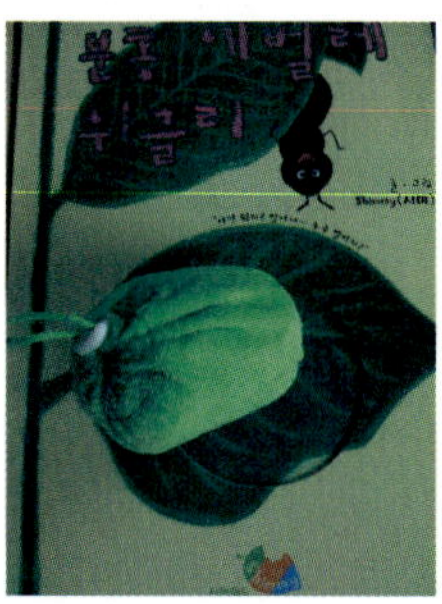

알에서 분홍 애벌레 위글리가 태어난다. 나비가 되고 싶은 위글리는 날개를 찾으러 이곳저곳을 다닌다. 무서운 파랑새를 피해 도망치던 위글리는 자신과 비슷하게 생긴 애벌레들을 만난다. 위글리는 애벌레들과 함께 번데기가 되었다가 황금빛 날개를 가진 나비가 된다. 빅북 표지에 붙어 있는 주머니 안에는 애벌레, 번데기, 나비로 변신하는 인형이 들어 있다. 펼

침면의 페이지마다 구멍이 뚫려 있어 애벌레 인형을 통과시켜 가며 이야기를 진행할 수 있다.

활동 자료

그림책, 부록 인형과 CD, '나비의 한살이' 책 만들기 재료(애벌레 변태 과정 실사 사진 컷, 색상지(초록, 노랑), 색지(분홍), 스티커, 풀, 가위, 나비 도안, 물감

활동 방법

노래 부르기 ➡ 그림책 감상 ➡ 변태 과정 신체표현하기 ➡ 책 만들기

1. '나비가 훨훨' 손유희를 한다.
   ♪ 나비가 훨훨 날아간다. 나비가 훨훨 날아간다.
   한 마리 쪽, 아이 좋아! 한 마리 쪽, 아이 좋아! 뽀뽀했대요.
   ('나비'와 '한 마리' 대신에 유아의 이름을 넣어 부를 수도 있다.)
2. 인형을 움직여 가며 그림책을 감상한다.
   (교사가 먼저 인형 조작 방법 및 내용을 익힌 후 그림책을 읽는다.)
   - (표지에 붙어 있는 주머니를 가리키며) 이건 뭐지? 알이네? 누구 알이지?
3. 그림책 부록 CD의 노래에 맞추어 나비의 성장 과정을 간단히 몸으로 표현해 본다. (의태어와 함께 소개하면 좀 더 생동감 있게 읽을 수 있고 신체표현에도 도움이 된다. 예: 동글동글 알/ 꿈틀꿈틀 애벌레/ 대롱대롱 번데기/ 나풀나풀 나비)
   - 위글리는 어디에서 태어났니?
   - 알은 어떤 모양이니?
   - 우리도 알처럼 몸을 동그랗게 오므려 볼까?
   - 노래에 맞춰 애벌레처럼 움직여 볼까?
4. '나비의 한살이' 책을 간단히 만든다.
   - (나비의 성장 과정 사진을 하나씩 보여 주며) 이건 무엇이니? 알 다음에는 무엇으로 변하니?

활동 평가

- (완성된 나비의 한살이 책을 보며) 알이 나비가 되기까지의 순서를 이야기해 볼 수 있겠니? 간단한 손유희로 만들어 볼까?
  (예: 동글동글 알/ 꿈틀꿈틀 애벌레/ 대롱대롱 번데기/ 나풀나풀 나비!)
- 나비가 될 때까지 어떤 어려움이 있었니? 그때 위글리의 마음은 어땠을까?

수업 메모

- 위글리 인형의 변태 과정은 배경이 되는 책 펼침면 앞에서 보여 주며 점진적으로 변화하는 것처럼 보이게 섬세하게 조작한다.

교구 공방

꿈틀꿈틀 애벌레

- **준비물:** 하늘색 머메이드지(A4 크기), 뽕뽕이 작은 것, 눈알, 빨대(굵은 것 1개, 가는 것 1개), 글루건
- **만드는 법:**

〈표지: 꿈틀꿈틀 애벌레〉

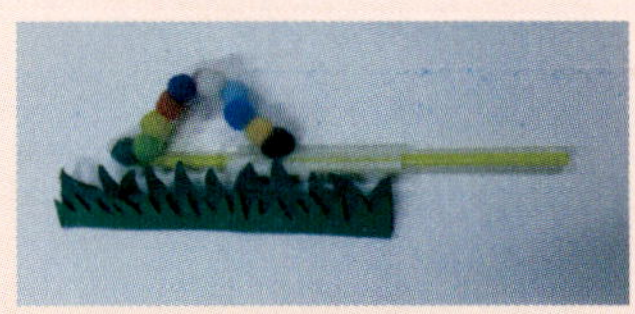

① 머메이드지를 반으로 접는다.
② 초록 색상지로 표지 중간에 풀을 꾸며 붙이고, 굵은 빨대를 5cm 정도 잘라 풀잎 상단에 왼쪽 끝에 맞추어 붙인다.
③ 작은 뽕뽕이 12~15개 정도를 글루건으로 붙이고 제일 앞에 눈알을 붙여 애벌레 얼굴을 만든다.
④ 가는 빨대에 얼굴을 붙이고 꼬리 부분을 표지에 붙여 둔 굵은 빨대에 붙인다.

〈속지〉

① 색깔이 진한 색상지를 길게 잘라 부채접기한 다음 나비의 성장 과정 사진을 하나씩 붙인다.
② 책을 펼쳐 세로로 놓고 성장 과정 사진 색상지를 잘 맞추어 붙인다.

③ 데칼코마니한 나비를 붙인다. 표지에는 애벌레 위글리를 직접 그려 준다. (나비의 성장 단계는 사진으로, 나비는 유아가 전 차시에 데칼코마니 기법으로 만든 것을 붙인다.)

※ 표지를 꾸밀 때 움직이는 애벌레 만들기는 부모 참여 수업이나 별도의 교사용 교구로 활용하고, 일반적인 수업에는 유아가 직접 애벌레를 그리거나 꾸밀 수 있다.

생활주제 : 동식물과 자연(동물과 우리 생활)

앵무새 찾기

활동 연령		
3	❹	5

목 표	누리과정 관련 요소
• 애완동물을 소중하게 여기는 마음을 가진다. • 동작 지시어에 따라 몸으로 표현을 할 수 있다. • 앵무새 찾기를 통해 하나부터 열까지 셀 수 있다.	• 자연탐구: 과학적 탐구하기–생명체와 자연환경 알아보기 수학적 탐구하기–수와 연산의 기초 개념 알아보기 • 의사소통: 듣기–낱말과 문장 듣고 이해하기 말하기–느낌, 생각, 경험 말하기 읽기–책 읽기에 관심 가지기 • 신체운동 · 건강: 신체 활동에 참여하기–자발적으로 신체 활동에 참여하기

창의 · 인성 관련

• 창의성: 동기적 요소–몰입, 흥미, 인지적 요소–문제해결력

• 인성: 배려–동식물에 대한 배려

『앵무새 열 마리』

퀀틴 블레이크 글 · 그림, 장혜린 옮김, 시공주니어, 1996

책 소개

뒤퐁 교수님은 언제나 같은 시간에 일어나 옷을 입고 양치질과 세수를 하고 온실에 있는 앵무새들을 찾아가 늘 같은 인사말만 되풀이한다. 매번 반복되는 인사말이 지겨워진 앵무새들은 온실에서 빠져나와 집 안 곳곳에 숨어 버리고, 뒤퐁 교수님은 허둥지둥 새들을 찾아다닌다. 한바탕 숨기놀이를 벌인 앵무새들은 다

시 온실로 돌아오지만, 다시 똑같은 인사말이 되풀이되자 탈출을 시도한다. 숨은 그림찾기를 연상시키는 그림책이다.

활동 자료

그림책, 색종이 앵무새(교구공방 참조), 색종이(유아 수만큼), 빨대, 가위, 풀, 투명 접착테이프

활동 방법

애완동물에 대한 경험 나누기 ➡ 그림책 감상 ➡ 이야기 나누기 ➡ 앵무새 찾기 ➡ 지시에 따른 동작 표현

1. 애완동물에 대해 이야기를 나눈다.
   - 애완동물을 키워 본 적이 있니?
   - 어떤 동물을 키워 보았니?
   - 오늘은 새 키우는 아저씨를 만나 볼 거야.
2. 그림책을 감상한다.

읽기 특징

유형 Ⅲ

- 개작(각색)의 기본 요소 적용하여 읽기
  언어를 순화하고 이해를 돕기 위해 문장을 첨가한다.
- 말의 속도, 높이, 굵기, 크기 등의 변화 주며 읽기
- 반복되는 구절 함께 읽기
- 책 읽기에 유아들이 참여하도록 격려하기
  (수 세기, 장면 보고 대사 만들기, 문장 완성해서 말하기 등)

① 표지를 통해 책 내용에 대한 주의 집중을 한다.
   - (표지를 보여 주며) 제목을 한 번 읽어 볼까?
   - 앵무새가 몇 마리 있는지 세어 볼까? (앞표지를 보여 주며) 어, 아홉 마리네. 한

마리는 어디 갔지? (기다렸다가) 이게 앞표지니까 어디서 또 찾아볼 수 있을까?

② 반복되는 구절에서는 아이들이 함께 따라 하기를 기다렸다가 같이 읽는다.

– 이건 늘 하던 일이지요.

③ 대화체 부분은 등장인물의 성격을 살려 읽는다.

– (아저씨 목소리로) 안녕, 나의 멋진 깃털 친구들!

④ 속도와 소리 크기에 변화를 준다.

'한 마리씩, 한 마리씩, 도망쳤지요.' 부분은 소리 크기를 작게 하고 천천히 읽으면 비밀스러운 느낌을 준다.

⑤ 장면을 보고 대화를 만들어 본다.

– 너희들이 뒤퐁 교수님이라면, 오탕스 부인에게 뭐라고 할 것 같니?

⑥ 지나치게 활기 넘치는 반응을 보일 때는 일단 수용하면서 과열 분위기를 진정시킨다.

– ○○이가 일어선 걸 보니 뒤페이지가 궁금한가 보구나. 그런데 한 사람씩 앵무새를 찾아보면 어떨까? 이번에는 ㅁㅁ가 해 보겠니?

⑦ 등장인물의 마음이 느껴지게 해설체 부분도 속도의 변화를 주어 읽는다.

– 지붕 위에도 올라가 보았습니다. (긴박감 느껴지게 빠르게)

앵무새들은(∨) 거기에도 없었죠. (허탈한 느낌 느껴지게 느리게)

⑧ 언어를 순화하거나 이해를 돕기 위해 필요한 부분은 각색하여 읽는다.

(예: 마침내 앵무새들은 똑같은 말을 한 번 더 들었다가는 머리가 돌아 버릴 것 같았지요.)

– 마침내, 앵무새들은 똑같은 말이 너무 지루해서 참을 수가 없었지요.

(예: 그리고 "안녕, 나의 멋진 깃털 친구들!" 하고 말했대요. 어떤 사람들에게는 정말 이해할 수 없는 일이죠.)

– 그리고 "안녕, 나의 멋진 깃털 친구들!" 하고 말했대요. 또, 똑같은 말만 하는 거예요. 앵무새들은 지루해서 참을 수가 없었죠. (다음 장면) 그래서 앵무새들은 다시 도망갔대요.

3. 되풀이되는 장면('늘 하던 일이지요' 로 소개되는 일상생활 부분)과 사건(새들의

탈출)에 대해 이야기 나눈다.

- 앵무새들이 사라지고 난 뒤 뒤퐁 교수님은 기분이 어땠을까?
- 앵무새가 원하는 것은 무엇이었을까?
- 뒤퐁 교수님에게 가르쳐 주고 싶은 새로운 인사말을 만들어 볼까?
- (강아지, 물고기, 햄스터 같은) 다른 애완동물들을 잘 키우려면 어떻게 하면 좋을까?

4. 책의 마지막 부분과 연계해 교실에서 색종이 앵무새 찾기 놀이를 한다.
   (미리 교사가 수업 전에 유아 수만큼 교실에 색종이로 접은 앵무새를 숨겨 놓는다.)
   - 그런데 심심한 걸 싫어하는 앵무새가 우리 교실에 놀러 와 숨어 있대. 어디에 숨었는지 찾아볼까?

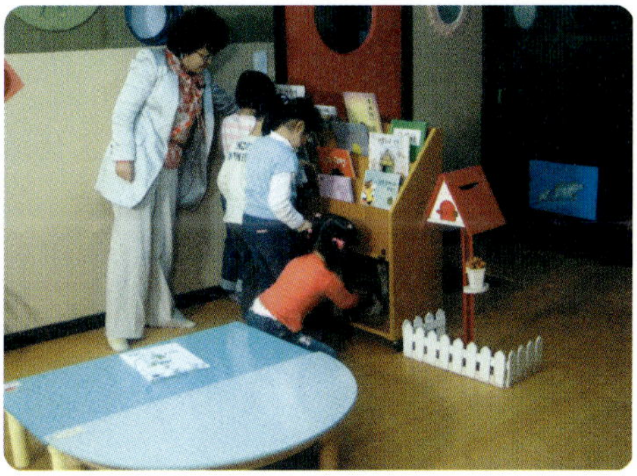

5. 앵무새에 적힌 동작 지시어에 따라 움직여 본다.
   - (색종이로 접은 앵무새를 펴 보며) 앵무새의 이름이 무엇인지 볼까? 앵무새의 등에 '흔들어' 라고 적혀 있네. 우리 몸의 어디를 흔들 수 있을까? (머리, 어깨, 팔꿈치, 엉덩이, 발목…)

활동 평가

- 뒤퐁 교수님에게 훌륭한 주인이 되는 방법을 알려 준다면 어떤 이야기를 해 줘야 할까?
- 색종이 앵무새에 적힌 이름 중 재미있었던 동작은 무엇이었니?

【확장 활동】 말하는 새 접기

1. 순서에 따라 교사와 함께 색종이 접기를 한다.
2. 자신이 만든 새에다 이름을 붙이고 소개해 본다.

교구 공방

▣ 말하는 새 접기

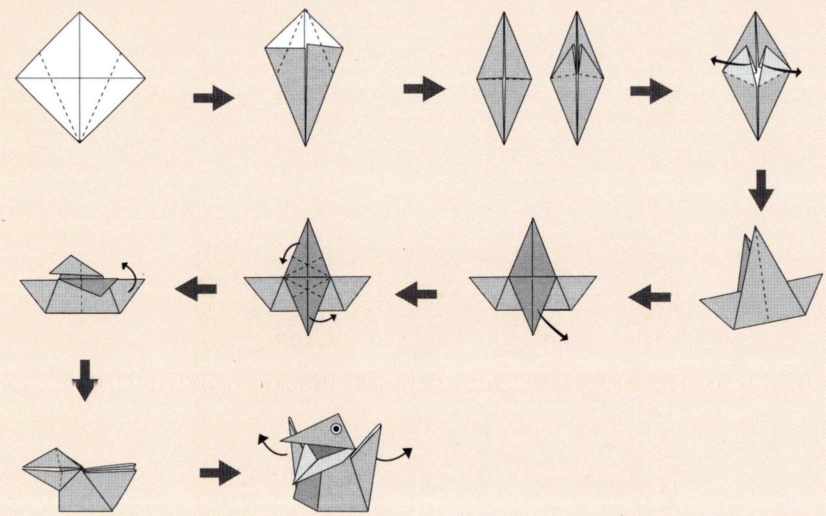

▣ 새장 만들기

① 색종이로 막대 접기를 한다. (3개)
② 막대 3개를 트라이앵글 모양으로 붙여 만든다.
③ 말하는 새를 잘라 놓은 빨대에 끼운다.
④ 새장 중간에 말하는 새가 붙은 빨대를 붙인다.
⑤ 새장에 걸 수 있도록 고리를 붙여 준다.

수업 메모

- 참여 인원수가 많을 때에는 색종이로 접은 앵무새 교구를 여러 개씩 묶음으로 숨겨 놓는 것이 좋다. 낱개로 여기저기 숨겨 놓으면 못 찾을 우려가 있고, 자칫하면 혼란이 야기될 수도 있기 때문이다.
- 앵무새 찾기 놀이를 할 때, 새 뒤에 동작 지시어를 적어 몸으로 표현해 보는 활동을 해도 좋다. (색종이의 색깔별로 '박수 쳐', '인사해', '흔들어' 등 동작 지시어를 다르게 한다.)

- 앵무새뿐 아니라 우리 주변의 다양한 애완동물에 대해 알아 보고 사랑하는 마음을 가지고 돌볼 수 있는 방법에 대해 이야기 나누어 볼 수 있다.

생활주제 : 동식물과 자연(궁금한 동식물)

강아지가 궁금해요

활동 연령		
3	4	❺

목 표	누리과정 관련 요소
• 강아지의 성장 과정에 관심을 갖는다. • 강아지에 대해 궁금한 점을 책에서 찾아본다. • 나만의 강아지 책을 만들어 본다.	• 자연탐구: 과학적 탐구하기–생명체와 자연환경 알아 보기 • 의사소통: 말하기–느낌, 생각, 경험 말하기 쓰기–쓰기에 관심 가지기 읽기–책 읽기에 관심 가지기

창의·인성 관련

• 창의성: 인지적 요소–사고의 수렴, 문제해결력, 동기적 요소–호기심
• 인성: 존중–생명과 환경에 대한 존중, 배려–동식물에 대한 배려

『강아지가 태어났어요』

조애너 콜 글, 제롬 웩슬러 사진, 이보라 옮김, 비룡소, 2000

책 소개

엄마 개가 강아지를 출산하기 전에 준비하는 모습부터 생후 8주까지 강아지의 성장 과정을 흑백사진으로 담은 지식그림책이다. 강아지를 가까이에서 관찰하고 키우고 싶어 하는 유아들의 시각을 잘 반영하고 있다. 텍스트를 몰입해서 따라갈 수 있도록 구성한 작가 조애너 콜의 역량이 돋보인다.

활동 자료

그림책, 강아지(실물 또는 사진), 사진기, 저울, 책 만들기 재료(사인펜, 색연필, 색지, 강아지 도안 컷)

활동 방법

강아지에 대한 사전지식 알아보기 ➡ 그림책 감상 ➡ 궁금한 점 적어 보기 ➡ 강아지 관찰 (실물 또는 강아지 사진 및 동영상) ➡ 강아지 책 만들기

1. 강아지에 대해 간단히 이야기 나눈다.
   - 강아지를 키워 본 적 있니?
   - 강아지에 대해 궁금한 것은 무엇이니?
2. 그림책을 감상한다.
   - (첫 페이지의 문장을 강조하며) '신나는 일이 생겼어요!' 어떤 신나는 일이 생겼을까?
   - 엄마 개는 왜 강아지를 핥아 주는 걸까?
3. 강아지에 대해 새롭게 알게 된 점에 대해 이야기 나눈다.
   - 책을 보고 나서 강아지에 대해 알게 된 게 있니?
   - 강아지에 대해 더 알고 싶은 건 무엇이니?
   - 궁금한 것을 적어 볼까?
4. 실제 강아지를 관찰하고 관찰한 내용을 써 본다.
   - 강아지 크기가 어떠니?
   - 무슨 색깔이니?
   - (강아지 도안 컷을 제시하며) 강아지 모양 종이에다 써 볼까?
     (유아가 쓰기 힘들어할 경우 교사가 받아적어 주고 기록하는 것을 도와준다.)
5. 강아지 책을 만든다.
   - 우리가 알아 본 강아지에 대해 책으로 만들어 보자.

활동 평가

- 강아지가 주인이랑 산책하는 데 몇 주가 걸렸니?
- 그림책 속 강아지 모습 중에서 제일 신기한 것은 어떤 것이니? 왜 그렇게 생각하니?

– 나에게 강아지가 생긴다면 하고 싶은 것은 무엇이니?

수업 메모

- 실물 강아지를 관찰하기 힘들 경우, 강아지에 대한 궁금한 점을 목록으로 만들고 강아지에 대한 여러 정보책과 실물 사진들을 자료로 유아들이 정보책을 만들 수 있도록 한다.

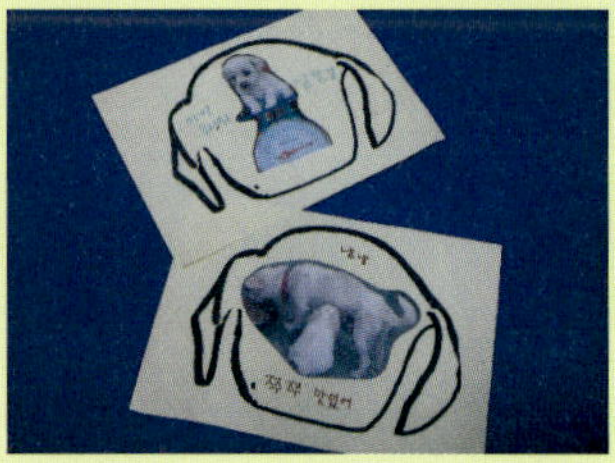

- 소그룹으로 할 경우에는 실물 강아지의 체중을 재는 활동을 할 수도 있다.

- 풍선으로 강아지를 만들고 이름을 지어 나만의 강아지 인형을 만들어도 좋다.

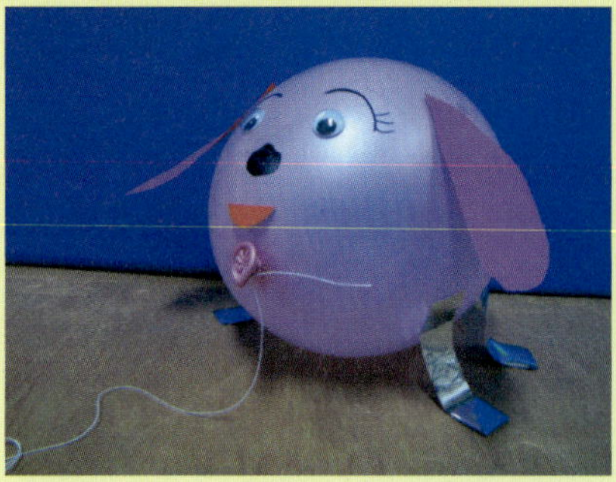

건강과 안전

/생/활/주/제/

만 4세

- **봉구야 목욕하자 극놀이**

「봉구야, 목욕하자!」『뜨레풀 책놀이 5』

만 5세

- **알쏭달쏭 장보기**

『난 토마토 절대 안 먹어』

생활주제 : 건강과 안전(깨끗한 나와 환경)

봉구야 목욕하자 극놀이

활동 연령		
3	❹	5

목 표	누리과정 관련 요소
• 건강을 위해 몸을 깨끗이 하는 습관을 갖는다. • 몸을 깨끗이 하는 데 필요한 것들이 있음을 안다. • 친구들과 협동하여 즐겁게 극놀이에 참여한다.	• 신체운동 · 건강: 건강하게 생활하기–몸과 주변을 깨끗이 하기 • 의사소통: 말하기–낱말과 문장으로 말하기 듣기–동요, 동시, 동화 듣고 이해하기 • 예술경험: 예술적 표현하기–극놀이로 표현하기

창의 · 인성 관련

• 창의성: 동기적 요소–흥미 · 회상, 성향적 요소–개방성
• 인성: 배려–친구에 대한 배려 협력–긍정적인 상호 의존성

「봉구야, 목욕하자!」『뜨레풀 책놀이 5』

이송은 글, 김경희 · 나성길 인형, 동심, 2009

책 소개

옛날 시골 마을에 목욕하기를 무척 싫어하는 봉구라는 아이가 살고 있었다. 목욕 용품들이 왜 목욕을 안 하느냐고 묻지만 봉구는 이런저런 핑계를 대며 목욕하기 싫다고 한다. 그러던 어느 날, 옆집으로 이사 온 순이와 숨바꼭질을 하다가 봉구의 고린내 때문에 순이가 광 밖으로 뛰쳐나가는 일이 벌어진다. 봉구는 창피한 나머지 마침내 목욕하기에 이르고 그 후로 봉구는 깨끗한 아이가 된다. 입말을 잘 살린 대사와 전통 가락풍의 노래가 재미를 더한다. 다양한 옛날 물건들을 찾아보는 재미도 있다.

활동 자료

그림책, 부록 CD, 동극용 목걸이(또는 머리띠)

활동 방법

인형으로 주인공 소개하기 ➡ 그림책 감상 ➡ 이야기 나누기 ➡ 등장인물 몸으로 표현하기 ➡ 극놀이

1. 막대인형(목욕하기 전의 봉구 모습)으로 그림책의 주인공을 소개한다.
   - 안녕! 난 봉구야. 내가 너무 싫어하고 귀찮아하는 일이 있어. 그래서 나 지금 도망가는 중이야. 뭔지 궁금하지?
2. 그림책을 감상한다.
   (반복되는 구절은 유아들이 함께 읽도록 격려한다.)
   - 봉구야 봉구야 왜 목욕을 안 하니?
3. 그림책 내용과 목욕했던 경험에 대해 이야기 나눈다.
   - 봉구는 처음에 어떤 아이였니?
   - 봉구는 목욕을 안 해서 어떤 일이 벌어졌니?
   - 봉구와 너희들이 목욕할 때 다른 점은 무엇이니? (목욕 용품 및 장소)
   - 너희들은 목욕할 때 제일 먼저 무엇을 하니? 순서대로 이야기해 볼까?
4. 부록 CD 음향에 맞추어 등장인물의 움직임을 몸으로 표현해 본다.
   - 봉구가 목욕을 할 때 어떤 친구들이 도와주었니?
   - 목욕통(물항아리, 비누 거품, 때수건, 귀이개, 수건)은 어떻게 움직일까? 몸으로 표현해 볼까?
   - (부록 CD 8~13번 음향에 맞추어) 이 음악은 어떤 목욕 친구에게 어울릴까?
   - 음악에 맞춰 움직여 볼까?
5. 역할을 나누고 극놀이를 한다.

① 역할을 나누고 등장인물들의 대사를 회상한다.

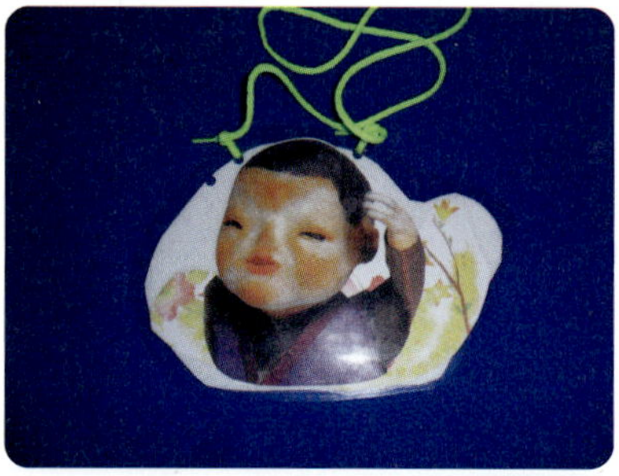 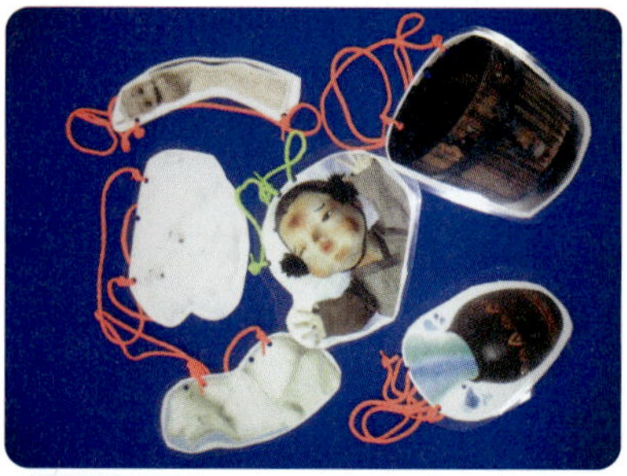

- 지금부터 봉구를 만나러 갈 텐데, 목욕 용품들이 목욕하기 싫어하는 봉구에게 뭐라고 말했지?

② 부록 CD 8~13번의 등장인물 테마 음악을 유아들의 등·퇴장의 배경음악으로 사용한다. (교사는 해설자가 되어 이야기의 흐름을 이끌어 가며, 보조교사가 없는 경우에는 교사가 봉구 역할도 겸한다.)

③ 극놀이 마지막 부분에는 '목욕하세' 노래(부록 CD 14번 트랙)를 틀고 다 같이 노래를 부른다. (이때, 유아들은 노래에 맞춰 등·퇴장하며 움직임을 표현한다.)

- 자, 이제 드디어 봉구가 목욕을 하기로 했대. 우리 봉구, 목욕하세!

활동 평가

- 목욕을 하면 좋은 점은 무엇이니?
- 우리가 목욕할 때 필요한 물건은 무엇이었니?
- 목욕하는 모습을 표현할 때 어떤 부분이 재미있었니? 어려운 점은 없었니?

수업 메모

- 그림책에 나오는 의태어들의 느낌이 충분히 이해되도록, 말이나 동작으로 설명을 한 후, 등장인물의 동작표현을 한다.
- 등장인물들이 하나씩 순서대로 나오기 때문에 막대동화나 테이블동화로 만들어 활용하기에 적합하다.

생활주제 : 건강과 안전(맛있는 음식과 영양)

알쏭달쏭 장보기

활동 연령		
3	4	❺

목 표	누리과정 관련 요소
• 건강을 위해서 음식을 골고루 먹어야 함을 안다. • 음식 재료를 탐색하고 이름을 새롭게 지어 본다. • 규칙을 지키며 게임에 참여할 수 있다.	• 자연탐구: 탐구하는 태도 기르기–탐구기술 활용하기 • 의사소통: 말하기–느낌, 생각, 경험 말하기 듣기–동요, 동시, 동화 듣고 이해하기 • 사회관계: 다른 사람과 더불어 생활하기–사회적 가치를 알고 지키기

창의 · 인성 관련

- 창의성: 동기적 요소–호기심 · 흥미, 인지적 요소–사고의 확장, 성향적 요소–개방성
- 인성: 배려–가족에 대한 배려, 질서–기초 질서

『난 토마토 절대 안 먹어』

로렌 차일드 글 · 그림, 조은수 옮김, 국민서관, 2001(원작 2000)

책 소개

편식 대장 롤라는 콩, 당근, 감자, 버섯, 스파게티, 달걀, 소시지는 싫다고 한다. 그중에서도 토마토는 절대로 안 먹겠다고 한다. 오빠 찰리는 롤라를 위해 음식에 재미있는 이름 붙이기를 시작한다. 당근을 '오렌지 뽕가지뽕', 으깬 감자를 '구름보푸라기', 콩을 '초록방울', 생선튀김을 '바다냠냠이'라고 부른다. 그러자 마지막에는 거꾸로 롤라가 토마토를 '달치익 쏴아'라 이름 짓고 먹어서 오빠를 놀라게 한다.

활동 자료

음식 재료(실물 또는 사진-채소 과일 샐러드 재료: 귤, 바나나, 사과, 오이, 양배추, 마요네즈), 융판(채소 진열대), 소꿉놀이용 장바구니, 도화지, 필기도구(색연필, 사인펜 등)

활동 방법

그림책 표지 탐색 ➡ 그림책 감상 ➡ 그림책 회상하며 이야기 나누기 ➡ 음식 재료 탐색 및 이름 지어 보기 ➡ 장보기놀이 ➡ 마무리

1. 그림책 표지를 탐색한다.
   - 이 친구는 무얼 보고 있니?
2. 그림책을 감상한다. (음식이 나열되는 부분은 리듬감 있게 읽는다.)
3. 그림책을 회상하며 음식 재료의 새 이름과 편식에 대해 이야기를 나눈다.
   - 찰리 오빠는 음식의 이름을 왜 다르게 바꿨을까?
   - 완두콩을 뭐라고 불렀니? 왜 그렇게 지었을까?
   - 롤라처럼 음식을 골고루 먹지 않으면 어떤 일이 일어날까?
4. 다양한 음식 재료(실물 또는 사진-귤, 바나나, 사과, 오이, 양배추, 감자, 당근, 양파 등)의 색, 모양, 크기 등을 탐색하고 새로운 이름을 짓는다.
   - 어떤 재미있는 이름을 지어 주면 좋을까?

   - ○○아, '초록 울퉁불퉁'은 어떤 것의 이름이니? 왜 그렇게 지었니?
     (교사는 유아들이 새롭게 지은 이름을 하나씩 읽어 주며 채소를 확인해 준다.)

– 새로 지은 이름을 봉투 겉에 붙이고, 그 속에 그 음식 사진을 넣어 주겠니?

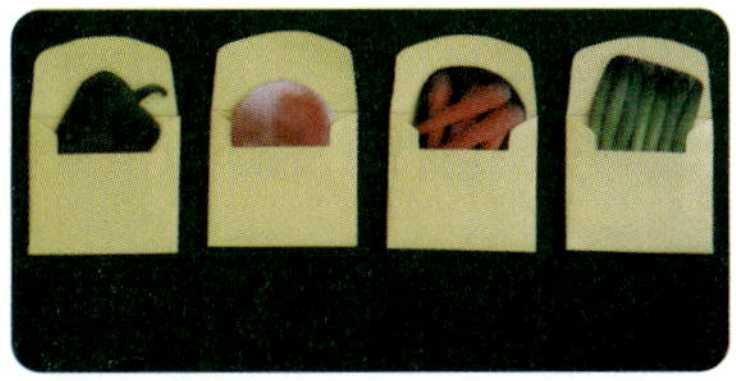

5. 알쏭달쏭 장보기놀이를 한다.

– 요리사 아저씨가 우리에게 부탁이 있대. 어떤 부탁인지 아저씨를 불러 볼까?

– ('하나, 둘, 셋' 이라는 구호와 함께 셰프 모자를 쓰며) 얘들아 안녕, 우리 가게에 손님이 아주 많아서 음식 재료가 거의 다 떨어져 가고 있어. 바빠서 과일이랑 채소를 사러 갈 시간이 없는데 날 좀 도와줄 수 있겠니? 알쏭달쏭 가게에 가면 모두 살 수 있어.

– (셋, 둘, 하나 모자를 벗으며 교사가 된다.) 요리사 아저씨가 어떤 부탁을 했니?

놀이 순서

사전 준비 :

- 겉면에는 유아들이 지은 새로운 이름이 써져 있고, 안쪽에는 채소 사진이 든 작은 봉투를 진열대판에 붙인다. (예: '과일 채소 샐러드' 재료 – 귤, 바나나, 사과, 오이, 양배추, 마요네즈 등)
- 진열이 끝나면, 글씨를 모르는 유아를 위해, 교사가 유아들과 함께 진열대에 있는 새로운 이름들을 차례로 소리 내어 읽는다.

① 장바구니를 들고 셰프가 내민 비밀상자에서 채소 과일 사진 컷을 한 장 뽑는다.

② 뽑은 사진을 들고 알쏭달쏭 가게에 간다.

③ 진열대에서 자신이 생각하는 음식 재료 이름이 적힌 봉투를 골라 장바구니에 담아 돌아온다. (이때 다시 출발점으로 돌아오기 전에, 미리 봉투를 열어 보지 않는다는 규칙을 상기한다.)

④ 출발점에 돌아오면 셰프가 요청한 재료를 잘 사왔는지 봉투를 열어 보고 사진을 보며 확인한다. (채소와 이름이 일치하지 않으면, 다시 그 사진을 들고 진열대로 간다.)

⑤ 장보기가 끝나면 재료들로 만들 수 있는 음식이 무엇인지 추측해 본다.

– 너희들이 가지고 온 재료들로 무엇을 만들 수 있을까?

활동 평가

- 가장 재미있었던 음식 이름은 무엇이니? 왜 그렇게 생각하니?
- 그냥 오이라고 부를 때와 '초록 울퉁불퉁' 처럼 새 이름을 부를 때는 어떤 점이 달랐니?
- 음식을 골고루 먹으면 어떤 점이 좋을까?
- 장보기 게임을 할 때 어려운 점이 있었니? 무엇이니?

수업 메모

- 이 수업은 '새 이름 짓기' 와 '알쏭달쏭 장보기' 두 단계로 돼 있다. 앞부분에서 충분히 상호작용을 할 필요가 있다면, 2차시로 나눠 하는 것이 적절하다. 유아들의 문식성 정도를 고려하여 시간을 배정한다.
- 모자를 썼다, 벗었다 하면서 가상의 역할인 '셰프' 가 되었다가 실제 존재인 '교사' 로 돌아오는 기법은 연극놀이 중, '역할 내 교사(teacher in role)' 기법이라고 한다. 유아의 경우, '하나, 둘, 셋!/ 셋, 둘, 하나!' 와 같은 구호나 주문이 함께 쓰이는 경우가 많다.
- 유아들의 문식성이 높을 경우, 양 팀으로 나눠서 게임을 한다. 이때는 난이도를 높이기 위해 유사한 특징의 채소를 여러 개 넣는다.
- '오늘의 간식' 의 노랫말을 개사하여 채소, 과일 알아맞히기 퀴즈를 낼 수도 있다.

♬ 오늘의 간식 ♪

김지혜 작사
김지혜 작곡

생활도구

만 3세

- 이건 막대가 아니야

『이건 막대가 아니야』

만 4세

- 통이 되어 보아요

『통 통 무슨 통』

만 5세

- 일과 도구

『일과 도구』

생활주제 : 생활도구(다양한 생활도구)

이건 막대가 아니야

활동 연령		
❸	4	5

목 표	누리과정 관련 요소
• 막대 모양과 비슷한 여러 가지 도구가 있음을 안다. • 막대 변형 놀이를 통해 여러 가지 도구를 사용하는 것을 몸으로 표현해 본다. • 신문지 막대를 도구로 사용하는 경험을 해 본다.	• 자연탐구: 과학적 탐구–간단한 도구와 기계 활용하기 • 의사소통: 말하기–낱말과 문장으로 말하기 • 예술경험: 예술적 표현하기–움직임으로 표현하기 • 신체운동 · 건강: 신체 조절과 기본 운동하기–신체 조절하기

창의 · 인성 관련

• 창의성: 인지적 요소–사고의 확장, 동기적 요소–흥미, 몰입, 성향적 요소–개방성

『이건 막대가 아니야』

앙트아네스 포티스 글 · 그림, 김정희 옮김, 베틀북, 2008

책 소개

아기 돼지가 막대 하나를 들고 등장한다. 다음 페이지에는 이전 장면의 막대를 든 아기 돼지 모습이 포함된 전혀 다른 상황의 그림이 펼쳐진다. 아기 돼지에게 막대를 들고 무엇을 하느냐고 물으면, "이건 막대가 아니야!"라고 대답한다. 전체적으로 유쾌한 막대 변형 놀이를 다루고 있으며, 『이건 상자가 아니야』로 2007년 닥터 수스 상을 수상한 작가의 작품이다.

활동 자료

그림책, 신문지 막대, 공(지름 15cm)

활동 방법

그림책 감상 ➡ 그림책 내용 회상하기 ➡ 신문지 막대 변형 놀이 ➡ 막대 도구를 활용한 게임

1. 그림책(혹은 OHP동화)을 감상한다.
   ('이건 막대가 아니야' 부분을 함께 소리 내어 읽도록 격려한다.)
   - 아기 돼지가 막대를 들고 서 있네. 무얼 하고 있는 걸까?
   - 막대가 변신하게 우리 함께 외쳐 볼까? "이건 막대가 아니야!"
2. 그림책에서 막대가 무엇으로 변신했는지 회상하며 이야기한다.
   - (책장을 넘기며) 막대가 무엇으로 바뀌었지?
3. 신문지 막대를 이용해 막대 변형 놀이를 한다.
   - (둥글게 원형으로 서서) 여기 신문지로 만든 막대가 있어. 이게 어떻게 변신하는지 볼래? 우리 다 같이 주문을 외쳐 볼까? "이건 막대가 아니야!" (교사가 몸을 구부린 채 막대를 바닥에 짚고) 아이고 허리야… 이게 뭘까? 나는 누굴까?

4. 신문지 막대를 실제 도구로 사용해 본다.
   - 이 막대로 공을 굴려 골대에 넣어 보자. 그리고 다음 사람에게 막대를 전해 주면 돼.
   - 신문지 막대를 또 어떤 도구로 사용할 수 있을까?

활동 평가

- 신문지 막대가 어떤 도구로 변했지?
- 무엇으로 변할 때가 가장 재미있었니?

【확장 활동】 이건 ○○이야!

● 돼지가 막대를 들고 있는 장면이 그려진 종이를 주며 상상 그림을 그려 본다.

- 돼지가 무엇을 하고 있는지 그림으로 그려 보겠니?

수업 메모

- 겹침 효과를 이용하여 OHP동화로 들려주어도 좋다.
- OHP 기기가 없을 경우, 스케치북이나 흰 종이를 바탕에 놓고 필름을 겹쳐 가며 들려준다. (p. 150 사진 참조)
- 신문지 막대 변형놀이를 이용해 신문지 마술로 연계할 수도 있다.

생활주제 : 생활도구(다양한 생활도구)

통이 되어 보아요

활동 연령		
3	❹	5

목 표	누리과정 관련 요소
• 통에는 다양한 종류와 기능이 있음을 안다. • 여러 가지 통의 재질의 특성을 비교해 본다.	• 자연탐구: 과학적 탐구하기–간단한 도구와 기계 활용하기 과학적 탐구하기–물체와 물질 알아 보기 • 의사소통: 듣기–동요, 동시, 동화 듣고 이해하기 쓰기–쓰기에 관심 가지기

창의 · 인성 관련

• 창의성: 동기적 요소–호기심 · 흥미, 몰입, 인지적 요소–사고의 수렴

『통 통 무슨 통』

이송은 글, 백정현 그림, 세새대육영회, 1997

책 소개

동네 한구석에 십 년 넘게 서 있는 작은 우체통이 있다. 우체통은 한 자리에 서서 비를 맞아야 하는 것이 싫어 마법사에게 여기저기 다닐 수 있는 필통으로 변하게 해 달라고 한다. 하지만 필통은 망치 대용으로 쓰이면서 망가지게 되고 쌀통, 통조림 깡통을 거쳐 다시 우체통으로 돌아온다.

활동 자료

그림책, 여러 가지 통(물통, 쓰레기통, 반찬통, 분유통, 저금통, 나무 수저통 등), 통 사진(통 그림과 글자)

활동 방법

통 탐색 ➡ 그림책 감상 ➡ 이야기 나누기 ➡ 통 비교 관찰하기 ➡ '통' 노래 부르기

1. 여러 가지 통을 탐색하며 '통'의 의미를 알아 본다.
   - (물통, 쓰레기통, 반찬통 등 몇 개의 통을 보여 주며) 이 물건들은 무엇이니? 어떨 때 사용하니?
   - 이름에 똑같이 들어가는 글자는 무엇이니?
   - '통'이 무슨 뜻일까?
2. 그림책을 감상한다.
   - 오늘은 우리 동네 길가에서 볼 수 있는 통을 만나 볼 거야. (표지 그림의 우체통을 가리키며) 이게 무엇인지 아니?
3. 그림책 내용에 대해 이야기를 나눈다.
   - 이야기 속에 어떤 통들이 있었니?
   - 우체통은 처음과 나중에 기분이 어땠니? 왜 달라졌을까?
4. 재질이 다른 세 가지 통(분유통, 저금통, 나무 수저통)을 비교 관찰하고 활동지에 써 본다. (글자를 잘 모를 경우, 유아가 말한 것을 교사가 써 주고 따라 써 보도록 한다.)
   - (실물을 보여 주며) 여기 우리가 자주 볼 수 있는 세 가지 통이 있어. 어디에 쓰이는 통인지 말해 볼까?
   - 만져 보니까 느낌이 어때? 무엇으로 만들었을까?
   - 두드리면 어떤 소리가 날까?

◆ 『통 통 무슨 통』 글 이송은 그림 백정현

< 통을 비교해요! >

이름	분유통	저금통	수저통
모양	동그란기둥모양	돼지모양	네모난 상자모양
쓰임새	아기우유가루	돈을모아요	숟가락 젓가락
재료	철	플라스틱	나무
소리	챙챙챙	통통통	탁탁탁

5. 다양한 통의 형태, 위치, 쓰임 등을 이야기 나눈다.
   - 우리 주변에 또 다른 통들은 뭐가 있을까?
   - 주로 바깥에 있는 통은 어떤 통일까?
   - 아기들이 쓰는 통은 무엇일까?
   - 너희들이 자주 이용하는 통은 무엇이니?
6. 통 사진과 이름이 씌인 카드를 융판에 붙이고 '통' 노래를 부르며 정리한다.
   - (통 카드 컷을 융판에 붙인 후) 이 중에서 여섯 개를 골라 노래를 불러 볼까?

     ♪ 통 통 통자로 끝나는 말은, 우체통, 필통, 쌀통, 깡통, 물통, 저-금통!
   - 너희들이 맘에 드는 소리가 나는 통을 골라 보자. 그리고 함께 두드리며 연주해 보자.

활동 평가

- 통에는 어떤 재질들이 있었니?
- 너희들이 통을 만든다면 무엇으로(재질), 어떤 통을 만들고 싶니?

생활주제 : 생활도구(다양한 생활도구)

일과 도구

활동 연령		
3	4	❺

목 표	누리과정 관련 요소
• 각 직업마다 필요한 도구가 다름을 이해한다. • 다양한 직업을 몸으로 표현해 본다. • 극놀이에 즐겁게 참여한다. • 전래 동요를 즐겁게 부른다.	• 자연탐구: 과학적 탐구–간단한 도구와 기계 활용하기 • 사회관계: 사회에 관심 갖기–지역사회에 관심 갖고 이해하기 • 의사소통: 듣기–동요, 동시, 동화 듣고 이해하기 말하기–느낌, 생각, 경험 말하기 • 예술경험: 예술적 표현하기–움직임과 춤으로 표현하기

창의·인성 관련

• 창의성: 인지적 요소–사고의 수렴 및 확장, 문제해결력, 동기적 요소–흥미, 몰입
• 인성: 존중–다른 사람에 대한 존중, 협력–긍정적인 상호 의존성, 집단 협력

『일과 도구』

권윤덕 글·그림, 길벗어린이, 2008

책 소개

우리가 살아가는 동네에서 일하며, 함께 살아가는 사람들의 이야기가 담겨 있다. 농장, 병원, 화실, 의상실, 중국집, 목공소, 구두 공장 등에서 일하는 사람들이 사용하고 있는 도구들이 나온다. 비단에 담채 기법과 진채 기법을 함께 사용하여 그려 낸 그림이 특징적이다.

활동 자료

그림책, 소고

활동 방법

책 표지 탐색 ➡ 그림책 감상 ➡ 전래 동요 익히기 ➡ 연극놀이: 직업을 표현하고 맞히기 ➡ 연극놀이: 도구 사용 표현하고 맞히기

1. 그림책 표지를 탐색한다.
   - 여기 뭐가 보이니?

2. 그림책을 장면별로 감상한다.
   - 여기는 어떤 일을 하는 곳이니?
   - 어떤 도구들이 있는지 볼까?
3. 소고 장단에 맞추어 전래 동요를 개사하여 부른다.

   ♪ 우리 집에 왜 왔니? 왜 왔니? 왜 왔니?

   보여 주러 왔단다 왔단다 왔단다(원곡: 꽃 찾으러 왔단다 왔단다 왔단다)

   무~엇을 보여 주러 왔느냐 왔느냐(원곡:무슨 꽃을 찾으러 왔느냐 왔느냐)

   이것을 보여 주러 왔단다 왔단다(원곡: 은지꽃을 찾으러 왔단다 왔단다)
4. 팀을 나누어 전래 동요를 부르며 직업 표현하는 놀이를 한다.

게임방법

① 사전에 팀별로 어떤 직업을 표현할지 정한다.
② 직업을 몸으로 표현할 때, 시작하고 멈추는 신호를 정한다.
(예: '준비, 큐!' / '얼음')
③ 옆으로 길게 손을 잡고 두 팀이 마주 선다.
④ 문제를 맞혀야 하는 팀이 먼저 '♪우리 집에 왜 왔니?' 동요를 개사한 노래를 부르며 전진할 때 문제를 내는 팀은 후진하는 방식으로 주거니 받거니 노래를 부른다.
⑤ 문제를 내는 팀은 신호에 따라 책 속의 직업을 몸으로 표현하고 멈춘다.
⑥ 상대 팀에서 정답을 말하면 '빙고'를 외치고 역할을 바꾼다.

※ 참고: 『유아를 위한 연극놀이』(김선 외, 창지사, 2007), pp. 141-142

- 이 친구들은 어떤 직업을 표현한 걸까?
- ○○는 무엇을 하고 있는 것 같니?
- 이 일을 할 때 사용하는 물건은 어떤 게 있을까?

5. 다양한 직업을 몸으로 표현하면서 사용되는 도구를 맞혀 본다.
- 책에 소개되지 않은 다른 직업을 표현해 볼까?
- (신체표현하고 있는 그룹에게 '얼음' 하여 정지동작을 하게 한 후, 도구를 사용하고 있는 듯 보이는 유아에게 다가가 '땡' 하면서 어깨를 살짝 친 다음) 지금 사용하고 있는 도구는 무엇일까?

활동 평가

- 어떤 직업을 표현할 때가 재미있었니? 이유는 무엇이니?
- 실제로 보고 싶거나 갖고 싶은 도구가 있니? 이유는 무엇이니?

수업 메모

- 책 속에 나온 직업 그림 중, 비교적 유아도 알기 쉬운 도구 몇 가지를 골라, 직업 책 만들기를 해볼 수 있다.

/생/활/주/제/

교통기관

만 3세

- **기찻길을 만들어요**

  『칙칙폭폭 기찻길을 만들어요』

만 4세

- **기찻길을 만들어요**

  『칙칙폭폭 기찻길을 만들어요』

- **크리스마스 선물**

  『크리스마스 선물』

만 5세

- **빵빵! 비켜 나세요!**

  『트럭』

생활주제 : 교통기관(고마운 육상 교통기관)

기찻길을 만들어요

활동 연령		
❸	❹	5

목 표	누리과정 관련 요소
• 기찻길의 구조와 기찻길을 만드는 과정에 관심을 가진다. • 문제 상황을 해결하기 위한 다양한 방법을 알아 본다. • 친구들과 협력하여 기찻길을 만든다. • 친구와 협력하여 만든 기찻길을 지도로 그릴 수 있다. (4세)	• 자연탐구: 탐구하는 태도 기르기–탐구 기술 활용하기 수학적 탐구하기–공간과 도형의 기초 개념 알아보기 • 의사소통: 듣기–동요, 동시, 동화 듣고 이해하기 말하기–느낌, 생각, 경험 말하기 • 사회관계: 다른 사람과 더불어 생활하기–친구와 사이좋게 지내기

창의 · 인성 관련

• 창의성: 인지적 요소–사고의 확장, 문제해결력, 동기적 요소–호기심, 몰입
• 인성: 협력–긍정적인 상호 의존성, 집단 협력, 질서–기초 질서, 사회질서, 배려–친구에 대한 배려

『칙칙폭폭 기찻길을 만들어요』

다케시타 후미코 글, 스즈키 마모루 그림, 김수경 옮김, 홍지P&M, 2005

책 소개

아이들이 하나 둘 기다란 나무토막을 놓고 쇠막대를 놓아서 기찻길을 만든다. 산을 뚫어 터널을 만들고 강 위에 다리를 놓고 건널목에 신호등을 달고 연못가를 따라 곡선 기찻길을 만들고 역까지 완성한다. 드디어 칙칙폭폭 아이들이 운전하는 기차가 달려간다.

활동 자료

3세: 훌라후프, 색깔 테이프, 비닐끈, 색동띠

4세: 훌라후프, 색깔 테이프, 비닐끈, 색동띠, 전지, 사인펜, 색연필

활동 방법

3세: 그림책 표지 탐색 ➡ 그림책 감상 ➡ 기찻길 만들기 ➡ 활동 회상

4세: 그림책 표지 탐색 ➡ 그림책 감상 ➡ 기찻길 만들기 ➡ 기찻길 설계도 그리기 ➡ 설계도 전시 감상 ➡ 활동 회상

1. 그림책 표지 탐색을 한다.
   - 여기 세 친구들이 무엇을 하는 것 같니?
   - 이 아이는 기다란 나무토막을 왜 가지고 갈까?
2. 그림책을 감상한다.
   (그림책이 문답식으로 되어 있으므로 아이들이 여러 방법을 찾을 수 있도록 생각할 수 있는 시간을 준다.)
   - 쇠막대 아래에 까는 나무토막을 침목이라고 해. 침목은 기차 레일을 받쳐 주는 일을 한대.
   - 기찻길을 만드는데 산이 나왔어. 어떻게 하지?
   - 이번엔 오솔길이 나왔어. 사람도 다니고 기차도 다니려면 어떻게 하면 좋을까?
3. 비닐끈과 테이프를 이용해 기찻길을 만들어 본다.
   - 여기 있는 재료(훌라후프, 비닐끈, 검정테이프, 색동띠 등)로 기찻길을 만들어 보자. 기찻길 옆에는 어떤 것들이 있으면 좋을까?
4. 만든 기찻길에서 기차놀이를 한다.
   (아이들이 기차가 되어 기차놀이를 한다.)
   - 자, 기차가 출발합니다. 칙칙폭폭~ 저 멀리 터널이 보여요. 터널을 지날 때는 천천히 가야 해요. 언덕을 넘어가요. 힘을 내요. 산을 내려가고 있어요. 속도를 줄이세요. 이제 기차가 도착합니다. 멈추세요.

5. 완성된 기찻길을 보며 전지에 지도를 그린다.
   - 기찻길 지도를 그릴 때 어떤 점을 생각해야 할까?
6. 유아들이 협력하여 완성한 지도를 전시하고 감상한다.

※ 활동 방법 5~6은 4세 활동

활동 평가

- 기찻길을 만들 때 필요한 것들은 무엇이었니?
- 친구들과 기찻길을 만드는 과정에서 재미있었던(힘들었던) 점은 무엇이니?
- (4세의 지도 그리기 활동 후) 기찻길 지도를 그려 놓으면 어떤 점이 좋을까?

수업 메모

- 기차놀이를 할 때 3~5명 정도가 한 팀이 되어 움직이는 것이 적절하다.
- 기차놀이 시 유아들이 흥분하여 빠른 속도로 뛰거나 부딪혀 다칠 우려가 있으므로 교사는 사전에 유아들에게 기차놀이의 규칙을 미리 알려 주어야 한다. (예: 유아들이 '칙칙폭폭' 구령에 맞춰 천천히 출발하도록 격려한다.)
- 확장 활동으로 철도박물관 견학을 가거나 실물 사진을 통해 기차 바퀴를 관찰한다.

생활주제 : 교통기관(고마운 교통기관)

크리스마스 선물

활동 연령		
3	❹	5

목 표	누리과정 관련 요소
• 기후와 자연환경에 따라 여러 가지 교통수단이 사용됨을 안다. • 그림 속 장소에 어울리는 교통수단을 몸으로 표현할 수 있다. • 다양한 이동 동작을 지시에 따라 할 수 있다.	• 자연탐구: 탐구하는 태도 기르기–호기심을 유지하고 확장하기 • 예술경험: 예술적 표현하기–극놀이하기 • 신체운동 · 건강: 신체 조절과 기본 운동하기–신체 조절하기 • 의사소통: 말하기–느낌, 생각, 경험 말하기 듣기–동요, 동시, 동화 듣고 이해하기

창의 · 인성 관련

• 창의성: 동기적 요소–흥미, 몰입
• 인성: 협력–집단 협력

『크리스마스 선물』

존 버닝햄 글 · 그림, 이주령 옮김, 시공주니어, 1996

책 소개

세상 모든 아이들에게 크리스마스 선물을 전달하고 돌아온 산타 할아버지가 아픈 순록을 재우고 누우려는 순간, 침대 발치에 있는 선물자루를 보게 된다. 그건 바로 가난한 소년에게 줄 선물이었다. 먼 롤리폴리 산꼭대기에 있는 소년의 오두막집을 찾아가기 위해 산타 할아버지는 세상의 온갖 교통수단을 모두 이용하게 된다.

활동 자료

그림책, 야구모자, 풍경그림 컷(풀밭, 하늘, 눈밭, 바다), 소고

활동 방법

책 표지 탐색 ➡ 그림책 감상 ➡ 풍경 그림 컷 탐색하기 ➡ 대장놀이 ➡ 마무리

1. 책 표지를 탐색한다.
   - 산타 할아버지를 잘 봐. 뭔가 좀 이상한 것이 있는데 뭘까?
   - 산타 할아버지는 왜 말을 타고 갈까?
   - 산타 할아버지는 지금 어디로 가고 있을까?
2. 그림책을 감상한다.
   (교통기관이 나오는 장면에서는 유아가 함께 움직여 보며 그림책 읽기에 참여한다.)
3. 그림책 내용에 대해 이야기 나눈다.
   - 소년은 어떤 선물을 받았을까?
   - 어떤 교통기관들이 이용되었니?

4. 풍경 그림 컷을 탐색하며 탈것들에 대해 이야기를 나눈다.
   - (하늘 그림 컷을 보여 주며) 여긴 어디니?
   - 이곳은 어떤 탈것들이 어울릴까?
     (하늘–비행기, 헬리콥터, 기구/ 눈밭–스키, 눈썰매/ 바다–배)
5. 풍경 그림 컷을 붙여 놓고, 대장놀이를 한다.
   - 모자를 쓴 한 사람이 대장이 될 거야. 나머지 사람들은 대장의 말에 따라 움직이면 되는 거야. 대장이 '대장님께–' 라고 하면 나머지 사람들은 '경례!' 라고 말하면 돼. 그리고 활동 중 대장이 소고를 치면 움직임을 멈추고 대장을 보면 돼.
   - (교사가 먼저 대장이 되어 시범을 보인다.) 대장님께– (경례!)
   - (눈밭 그림 컷이 있는 곳을 가리키며) 눈밭으로 가라! (나머지 유아들은 스키를

타는 흉내를 내며 눈밭이 있는 곳으로 움직인다.)

대장님께 '경례!'

배의 노 젓기를 표현하는 유아들

활동 평가

- (그림책 34~35쪽을 보여 주면서) 산타 할아버지가 여러 가지 탈것들을 이용했는데 그 이유는 무엇일까?
- 대장놀이를 하면서 어려웠던 점은 무엇이었니?
- 어떤 활동이 가장 재미있었니?

수업 메모

- 도입을 할 때, 산타 할아버지 인형, 크리스마스 노래, 크리스마스에 관한 수수께끼, 산타 할아버지에 대한 수수께끼 등 다양한 형태로 동기 유발을 할 수 있다.
- 야구모자 대신에 지휘봉을 사용해도 좋다.
- 대장놀이를 할 경우 장소 사진은 벽면이나 동, 서, 남, 북에 미리 그림 컷을 붙여 둔다.
- 활동이 고조되면 즉흥적인 상황을 곁들여 확장할 수도 있다. (예: 스키 타는 장면에서, "바로 앞에 나무가 보인다. 엉덩이를 낮추고 오른쪽! 왼쪽! 조심해! 바위가 있어. 하나! 둘! 셋! 점프")

생활주제 : 교통기관(교통통신과 교통생활)

빵빵! 비켜 나세요!

활동 연령		
3	4	❺

목 표	누리과정 관련 요소
• 표지판을 이용하여 친구와 함께 트럭이 지나다니는 길을 구성할 수 있다. • 여러 가지 교통표지판을 구분할 수 있다. • 글 없는 그림책의 이야기를 만들 수 있다.	• 사회관계: 다른 사람과 더불어 생활하기–친구와 사이좋게 지내기 다른 사람과 더불어 생활하기–사회적 가치를 알고 지키기 • 자연탐구: 수학적 탐구하기–공간과 도형의 기초 개념 형성하기 • 의사소통: 말하기–느낌, 생각, 경험 말하기

창의·인성 관련

- 창의성: 인지적 요소–문제해결력, 동기적 요소–호기심·흥미, 몰입
- 인성: 질서–사회질서, 협력–긍정적인 상호 의존성

『트럭』

도널드 크루즈 그림, 시공주니어, 1996 (원작 1980)

책 소개

큰 책(big-book) 크기의 글 없는 그림책. 트럭이 달려가는 길을 따라 주변의 도로와 차들, 표지판들을 경험할 수 있고 트럭의 부분과 전체를 볼 수 있다. 크루즈는 그림책 분야에서 흑인으로서는 드물게 성공한 작가로, 글의 길이를 극소화하고 글을 그림의 한 요소로 처리하여 그래픽적인 효과를 부각시키는 데 주력하였다.

활동 자료

그림책, 표지판 교구(백업 또는 우드블록, 투명 접착테이프, 표지판 그림), 나무블록, 미니카

활동 방법

수수께끼 ➡ 그림책 감상하기 ➡ 이야기 나누기 ➡ 도로 만들기 ➡ 역할놀이 ➡ 마무리

1. 수수께끼로 그림책의 제목을 소개한다.
   - 나는 큰 차야. 레일 위가 아니라 땅 위를 달려. 그리고 난 주로 짐을 많이 싣고 다녀. 나는 누구일까?
2. 그림책의 그림을 보며 이야기하듯 읽는다.
   - (표지를 보며) 이 트럭에 무엇을 싣고 가는지 한번 볼까?
   - 빨간 트럭은 무엇을 싣고 있니?
   - 트럭은 짐을 싣고 어디로 가는 걸까?
   - 트럭은 다른 자동차들도 만나고 깜깜한 터널도 지나가요. 비탈길에서는 조심조심 내려가지요. 트럭이 배가 고픈가 봐. 주유소에 들러 주유도 해요. 앗! 비가 올 땐 전조등을 켜고 미끄러지지 않게 안전운전해야 해요. 꼬불꼬불 길에 트럭들이 많아요. 빨간 트럭은 어디 있지? 모두모두 바쁘다 바빠! 어디론가 가고 있네요. 안개가 낀 다리를 건너요. 빵빵! 잘 안 보여요. 모두 조심하세요! 드디어 빨간 트럭이 도착했어요. 트럭에서 내린 자전거들은 또 어디로 갈까?
4. 교통표지판과 나무 블록, 미니카를 이용하여 도로를 구성해 본다.
   - 차가 다니는 도로에는 어떤 것들이 있을까?
   - 차들은 어디를 지나가게 될까?
   - (여러 가지 교통표지판을 보여 주며) 이건 어떤 표지판일까? 왜 교통표지판이 필요할까?
   - 차가 고장나거나 멈추게 되면 어디로 가야 할까?
5. 유아가 구성한 도로 위에서 직접 미니카를 움직이며 상상놀이를 한다.

- 기사 아저씨, 어디로 가시나요?
- (교통표지판을 가리키며) 여기서는 어떻게 운전할까요?

활동 평가

- 트럭이 지나다니는 길 주변에 있어야 하는 것들은 무엇이었니?
- (동네 주변의 교통표지판 사진을 보며) 우리 동네 길에는 어떤 표지판이 있니? 무슨 뜻일까?

수업 메모

- 글자 없는 그림책이기 때문에 처음에는 그림만 유아들에게 보여 주고, 다시 그림책을 보며 이야기를 나눈다.
- 그림책 자체를 배경판으로 사용하여 교통놀이를 할 수 있다.

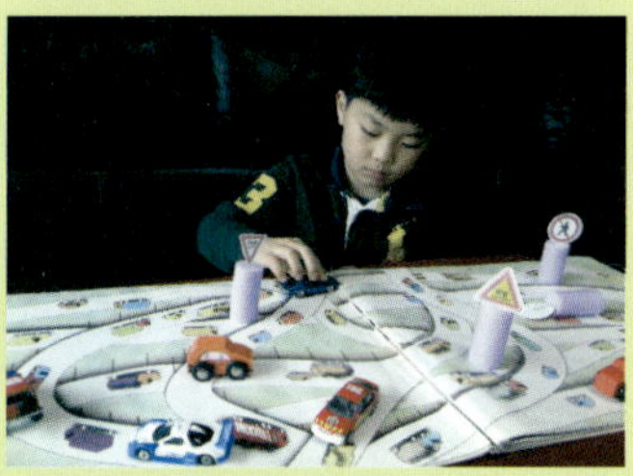

- 유아의 수가 많을 때는 소그룹으로 나누어 활동하고 각 팀이 구성한 도로를 서로 볼 수 있게 한다.
- 표지판과 각 역할에 필요한 소품들은 미술 영역에서 자유롭게 만들어 사용할 수 있게 하면 더욱 기발한 아이디어가 나온다.
- 활동이 끝난 후 쌓기 영역을 역할 영역과 함께 활용하여 유아들이 충분히 경험할 수 있게 한다.
- 유아들의 의견을 모아 도로 설계도를 그리고 도로를 완성해 볼 수도 있다.
- 조형 활동으로 우유 팩으로 트럭 만들기를 할 수도 있다.

/생/활/주/제/

우리나라

만 4세

- **내가 좋아하는 글자를 찾아요**

  『생각하는 ㄱ ㄴ ㄷ』

만 5세

- **보자기로 이야기를 만들어요**

  『해님 달님』

- **'성씨가' 말놀이 짓기**

  『우리 할아버지가 꼭 나만 했을 때』

생활주제 : 우리나라(우리나라의 역사와 자랑거리)

내가 좋아하는 글자를 찾아요

활동 연령		
3	❹	5

목 표	누리과정 관련 요소
• 우리나라 글자, 한글에 관심을 갖는다. • 글자 모양을 신체로 표현한다. • 신문지(광고지)에서 자신이 좋아하는 글자를 찾고 말할 수 있다.	• 사회관계: 사회에 관심 갖기–우리나라에 관심 갖고 이해하기 • 의사소통: 듣기– 낱말과 문장 듣고 이해하기 말하기–낱말과 문장으로 말하기 느낌, 생각, 경험 말하기 읽기–읽기에 관심 가지기 • 예술경험: 예술적 표현하기–움직임과 춤으로 표현하기

창의 · 인성 관련

• 창의성: 동기적 요소–호기심 · 흥미, 인지적 요소–사고의 수렴

• 인성: 배려–가족에 대한 배려

『생각하는 ㄱ ㄴ ㄷ』

이지원 기획, 이보나 흐미엘레프스카 그림, 논장, 2005

책 소개

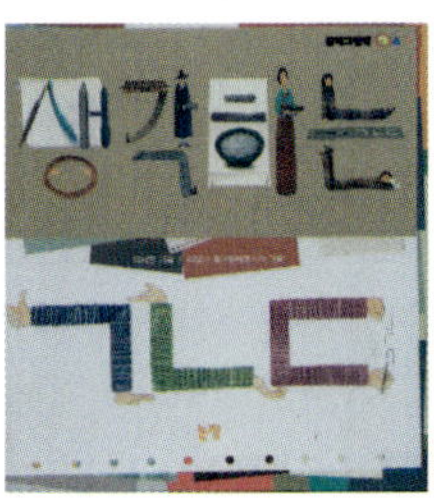

'ㄱ'을 소개하는 것부터 시작하여 'ㅎ'으로 끝이 나는 그림책이다. 그림 속에 숨어 있는 글자를 찾아가며 한글의 자음을 흥미 있게 소개하고 있다. 이보나 흐미엘레프스카는 폴란드 태생으로 한글 자모의 간결한 논리성에 매혹되어 글자그림책 작업을 하였다고 한다.

활동 자료

그림책, ㄱㄴㄷ 동요 CD, 신문지(또는 광고지), 가위, 풀, 색지, 글자그림 카드 (ㄱ, ㄴ, ㄷ 글자그림 카드 3장씩 유아 수만큼)

활동 방법

동요 감상 ➡ 그림책 감상 ➡ 글자 신체표현 ➡ 글자 찾기 게임 ➡ 좋아하는 글자 책 만들기

◆ 활동 전 준비

신문지 또는 광고지에서 'ㄱ ㄴ ㄷ'이 나오는 단어, 문장을 찾아 오려 놓는다.

1. 'ㄱㄴㄷ 노래'(이민숙 작사, 작곡)를 들어 본다.
   - 이 노래에 어떤 가사가 나왔는지 이야기해 볼까?
2. 그림책을 감상한다.
   (글자 모양을 관찰하고 상황과 특징에 따른 글자의 모양을 이야기 나눈다.)
3. 그림책에 나온 글자 모양을 몸으로 표현한다.
   - 그림책에서처럼 우리도 같이 글자를 몸으로 표현해 볼까?
   - 이번엔 한 명씩 자신이 좋아하는 글자 모양을 몸으로 표현해 보자.

4. 글자그림 카드를 9장씩 나눠 갖는다.
(그림책 속의 그림 중 세 가지 자음을 정해 각각 3장씩 한 유아가 총 9장을 가진다.)
   - 여기 'ㄱ'으로 시작하는 말이 들어 있는 그림 세 개, 여기 'ㄴ'으로 시작하는 말

이 들어 있는 그림 세 개, 여기 'ㄷ'으로 시작하는 말이 들어 있는 그림 카드가 있어. 이걸로 게임을 할 거야.

5. 유아들은 각자 바닥에 글자그림 카드 9장을 모두 엎어 놓고 교사가 지시하는 글자 모양을 찾아 뒤집는 놀이를 한다.

- ♬ 찾아라, 찾아라, 찾아라~ 'ㄱ'을 찾아라! 'ㄱ'을 찾아서 뒤집어 주세요.
  (이때, 'ㄱ'이 아닌 다른 글자그림 카드일 경우, 뒷면으로 뒤집어 놓는다.)
- ○○가 찾은 'ㄱ'은 무엇의 'ㄱ'이니? (고양이의 'ㄱ'이요.)

6. 자신이 좋아하는 글자 모양 한 개를 선택해 소개한다.
- 내가 좋아하는 글자의 그림 카드를 하나 골라 보자.
- 무엇의 무슨 글자이니? 왜 그것을 골랐니? (도서관의 'ㄷ'이요. 책이 좋아서요.)

7. 좋아하는 글자를 신문지에서 찾아 입체책을 만든다.
- 좋아하는 글자를 신문지에서 찾아볼까? 만약 'ㄱ'으로 정하면 그 글자가 들어 있는 단어를 찾아 오려 붙이는 거야.

8. 자신이 만든 글자 입체책을 친구들에게 소개한다.
9. 'ㄱㄴㄷ 노래'를 함께 부르며 자음을 정확히 발음해 본다.
   - 오늘 그림책에 소개된 한글 글자의 이름을 또박또박 읽어 볼까?

활동 평가

- 유치원/어린이집이나 집 주변에서 한글을 볼 수 있는 곳은 어디일까?
- 글자를 몸으로 표현할 때 쉬운(어려운) 글자는 무엇이었니?

수업 메모

- 글자그림 카드는 연령이 높아지면 카드 수를 늘리거나 글자 모양의 종류를 늘려서 활동할 수 있다. (예: ㄱ-2장, ㄴ-2장, ㄷ-2장, ㄹ-2장, ㅁ-1장)
- 자신이 좋아하는 글자를 찾는 시간을 충분히 주어 유아들이 좋아하는 글자 모양과 의미를 생각할 수 있도록 한다.

생활주제 : 우리나라(우리나라의 놀이와 예술)

보자기로 이야기를 만들어요

활동 연령		
3	4	❺

목 표	누리과정 관련 요소
• 옛이야기를 즐겁게 듣는다. • 보자기를 이용해 이야기 속 장면을 표현해 본다. • 보자기의 다양한 쓰임을 안다.	• 사회관계: 사회에 관심 갖기–우리나라에 관심 갖고 이해하기 • 의사소통: 듣기–동요, 동시, 동화 듣고 이해하기 • 신체운동 · 건강: 신체 조절과 기본 운동하기–신체 조절하기 • 자연탐구: 과학적 탐구–간단한 도구와 기계 활용하기 • 예술경험: 예술적 표현하기–극놀이로 표현하기

창의 · 인성 관련

• 창의성: 동기적 요소–호기심 · 흥미, 인지적 요소–사고의 확장

• 인성: 존중–자신과 전통문화에 대한 존중, 협력–집단 협력

『해님 달님』

이효성 엮음, 하의정 그림, 지경사, 2007

책 소개

오누이만 집에 남겨 두고 일하러 간 엄마는 고갯길을 넘을 때 호랑이를 만나게 된다. 호랑이는 엄마가 품삯으로 받은 떡을 다 빼앗아 먹은 다음 엄마까지 잡아먹는다. 엄마로 위장한 호랑이는 오누이를 잡아먹으러 가지만, 오누이는 나무 위로 도망치고 뒤따라 올라온 호랑이를 피해 밧줄을 타고 하늘로 올라가 해님 달님이 된다. 한편 호랑이는 오누이를 잡아먹

으려다가 수수밭에 떨어지고 만다.

활동 자료

그림책, 보자기, 콩주머니

활동 방법

그림책 표지 탐색 ➡ 그림책 감상 ➡ 보자기동화 감상 ➡ 보자기로 이야기 표현해 보기

1. 그림책의 표지를 탐색하고 내용을 예측해 본다.
   - 무슨 일이 벌어지고 있는 것 같니?
   - 호랑이가 왜 머리에 수건을 쓰고 있을까?
   - 하루 중 언제 벌어지는 일일까?
2. 그림책을 감상한다.
   (등장인물의 성격과 상황을 잘 살려 읽는다.)
3. 보자기를 이용한 동화를 감상한다.
   - 조금 전에 책에서 본 이야기를 이제 보자기로 들려줄 거야. 보자기가 어떻게 변신하는지 잘 보렴.
   - (보자기를 머리에 두르며) 엄마, 잔치집에 일하러 갔다 올 테니 문 꼭 잘 잠그고 있어.
4. 이야기 재구성하기에서 사용한 보자기의 쓰임새를 회상해 보고 재현해 본다.
   (이때, 교사는 유아들이 이야기 속의 장면을 재현할 때 상황에 대한 해설을 덧붙여 준다.)
   - 이야기 속에서 보자기가 어떤 것이 되었니?
   - (보자기를 주며) 호랑이 꼬리를 만들어 볼까?

활동 평가

- 원래 보자기는 어떨 때 사용하던 물건이니?

- 옛날부터 우리나라 사람들은 보자기를 많이 사용해 왔는데 보자기를 쓸 때 좋은 점은 무엇이니?
- 오늘 새롭게 알게 된 보자기의 쓰임새는 무엇이니?
- 보자기로 이야기를 표현한 것 중에서 어떤 것이 재미있었니?

【확장 활동】 떡 하나 주면 안 잡아먹지!

- **활동 자료:** 콩주머니, 소쿠리, 보자기, 호랑이 그림이 붙어 있는 구멍난 상자

1. 이야기에 나오는 대사를 활용하여 보자기로 콩주머니 옮기기 게임을 한다.
   - 위험에 빠진 오누이의 엄마를 도와드리자.

     해님과 달님 두 팀으로 나누어 보자기를 양쪽에 잡고 콩주머니 옮기기를 해볼 거야.

     두 명씩 보자기를 잡고 콩주머니를 옆 친구들에게 "떡 하나 주면 안 잡아먹지!" 라고 말하며 옮기는 거야.

     콩주머니를 떨어뜨리면 처음부터 다시 시작해야 해. 콩주머니를 떨어뜨리지 않으려면 어떻게 해야 할까?
2. 정해진 시간이 끝나면 맨 끝에 있는 호랑이 입(호랑이 그림이 붙어 있는 구멍난 상자)에 콩주머니를 더 많이 넣은 팀이 이긴다.

수업 메모

- 교사는 보자기를 스카프나 머리띠로 두르고 수업을 시작한다.
- 보자기동화에 사용되는 보자기는 호랑이를 연상할 수 있도록 노란색과 갈색이 어우러져 있는 것을 사용하면 호랑이 꼬리를 표현하기에 훨씬 효과적이다.
- 보자기를 활용한 콩주머니 게임을 할 때 유아들은 콩주머니를 옮기다가 떨어뜨리는 것에 대한 두려움을 가질 수 있다. 이때, 교사는 유아를 세심하게 격려하거나 같은 팀 친구들이 응원을 해줄 수 있는 분위기를 조성하는 것이 필요하다.

〈보자기동화〉

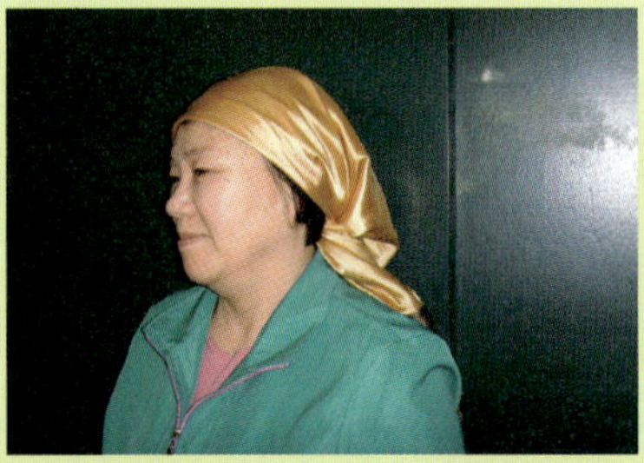

엄마가 일하러 가요

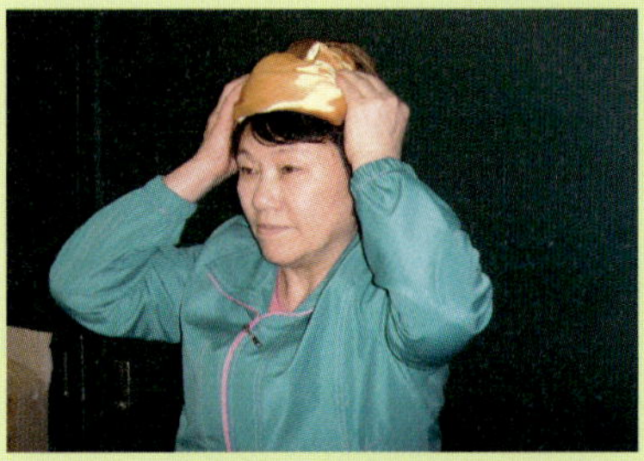

떡광주리 엄마

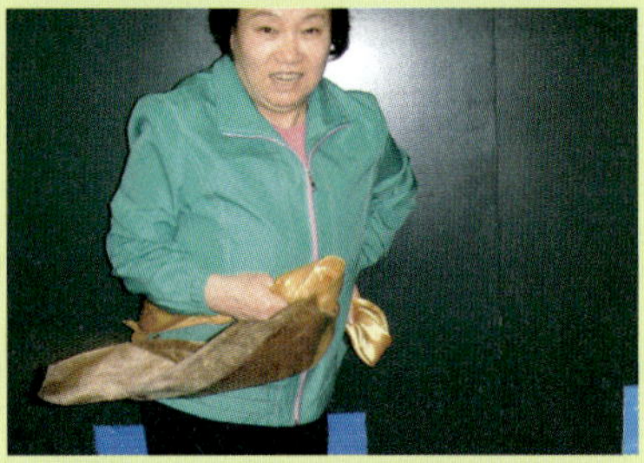

호랑이 꼬리

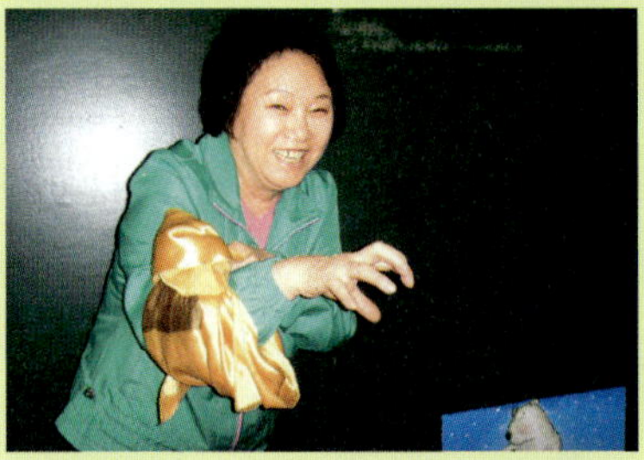

문구멍

우물

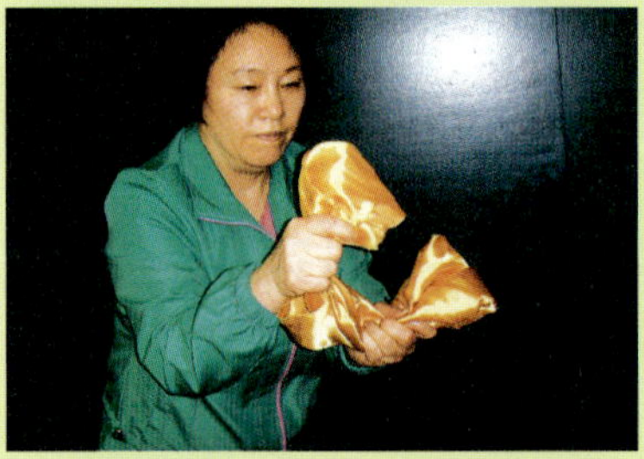

도끼

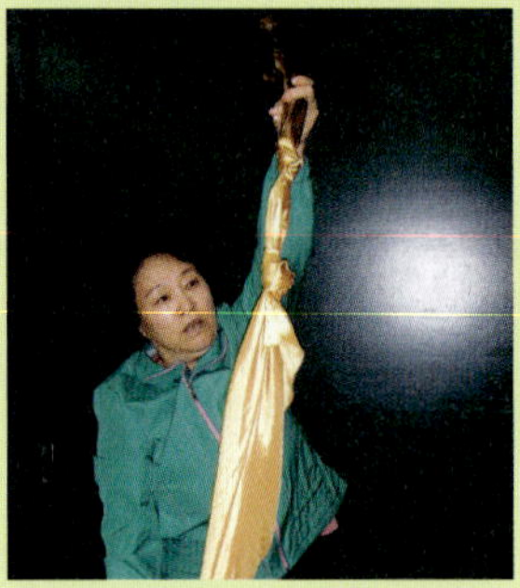

동아줄

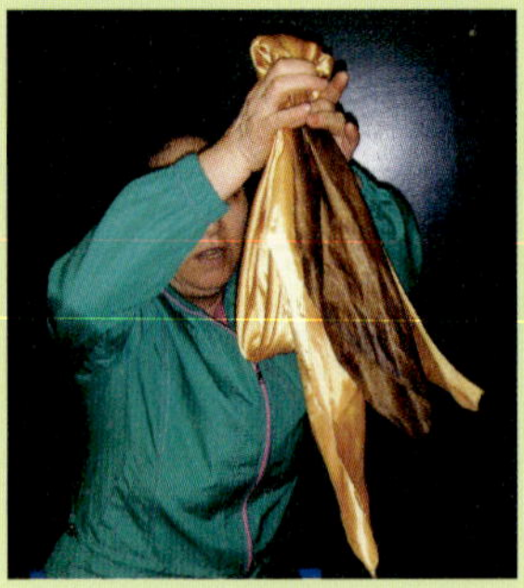

썩은 동아줄

생활주제 : 우리나라(우리나라의 놀이와 예술)

'성씨가' 말놀이 짓기

활동 연령		
3	4	❺

목 표	누리과정 관련 요소
• 전래 동요를 즐겨 부른다. • 자신의 성씨로 노랫말을 만들어 본다. • 자신이 만든 노랫말을 써 본다.	• 사회관계: 사회에 관심 갖기–우리나라에 관심 갖고 이해하기 • 의사소통: 말하기–느낌, 생각, 경험 말하기 쓰기–쓰기에 관심 가지기 • 예술경험: 예술적 표현하기–음악으로 표현하기

창의 · 인성 관련

- 창의성: 인지적 요소–사고의 확장, 동기적 요소–몰입, 성향적 요소–개방성
- 인성: 협력–긍정적인 상호 의존성, 존중–자신과 전통문화에 대한 존중

『우리 할아버지가 꼭 나만했을 때』

전래 동요, 주경호 인형으로 꾸밈, 보림, 1999

책 소개

우리 할아버지가 어렸을 때 불렀던 놀이 노래, 자연 노래, 자장 노래 등 27편의 전래 동요가 실려 있다. 그림은 직접 만든 점토인형에 손바느질 옷을 입혀 찍은 사진으로 노랫말에 정감을 더해 준다.

활동 자료

그림책, 전래 동요 CD(성씨가), 색지, 사인펜, 띠 모양 종이

활동 방법

그림책 감상 ➡ 전래 동요 부르기 ➡ 말놀이 노래 짓고 부르기

1. 그림책을 감상한다.
   - 할아버지가 꼭 나만했을 때 어떤 놀이를 했는지 알아 볼까?
   - (숨바꼭질 장면에서) 여기 이 친구들이 뭘 하고 있는 것 같니? 숨바꼭질해 본 적 있니?
   - (성씨가 장면에서) 이서방 일하러 가세. 김서방 김매러 가세. 서방이 뭘까? 서방은 남자 어른을 편하게 부를 때 쓰던 말인데 이 노래에서는 모든 사람을 부를 때 재미있게 쓰고 있어.
   - 옛날 사람들은 왜 이름의 성씨로 노래를 만들었을까?
2. '성씨가' 를 부른다.

♬ 성씨가

이서방 일하러 가세
김서방 김 매러 가세
조서방 조 베러 가세
신서방 신이나 삼세
배서방 배 사러 가세
……

※ '성씨가' 의 자세한 내용은 『우리 할아버지가 꼭 나만 했을 때』 참조

3. 자신의 성씨를 넣어 말놀이 노래를 지어 본다.
   - 우리들의 성씨를 넣어 노래를 만들어 보자.
     ○○는 무슨 서방일까? 그래 이서방이구나. △△는 무슨 서방? 그렇지 정서방.
   - 정서방 정, 뭐라고 노래 지어 볼까?
4. 유아가 지은 '성씨가' 가사를 띠 모양의 종이에 써서 색지에 붙인다.
5. (융판을 보며) 다 같이 함께 성씨가 말놀이 노래를 불러 본다.
   - 우리가 만든 '성씨가' 말놀이 노래를 불러 보자.

활동 평가

- 우리 반에 어떤 성씨가 많았니?
- 이 책에서 너희들이 알고 있는 다른 전래 동요가 있니?

수업 메모

- 같은 성씨가 많은 경우(예: 김씨, 이씨 등) 교사가 미리 단어들을 예상해 보고 유아들을 도와줄 방법을 구상할 필요가 있다.
- 신학기 친구 이름 알기 활동으로 활용할 수 있다.

/생/활/주/제/

세계 여러 나라

만 4세

- **맛있는 동그라미 놀이**

『맛있는 동그라미』

만 5세

- **이야기 이야기**

『이야기 이야기』

생활주제 : 세계 여러 나라(세계 여러 나라 사람들의 생활)

맛있는 동그라미 놀이

활동 연령		
3	❹	5

목 표	누리과정 관련 요소
• 다른 나라에 대해 관심을 갖는다. • 나라마다 사람들이 즐겨 먹는 음식이 있음을 안다. • 친구와 협력하여 음식을 몸으로 표현할 수 있다.	• 사회관계: 사회에 관심 갖기–세계와 여러 문화에 관심 가지기 • 의사소통: 듣기–동요, 동시, 동화 듣고 이해하기 말하기–낱말과 문장으로 말하기 • 예술경험: 예술적 표현하기–극놀이로 표현하기

창의 · 인성 관련

• 창의성: 인지적 요소–사고의 확장, 동기적 요소–호기심 · 흥미, 몰입
• 인성: 협력–긍정적 상호 의존성, 집단 협력, 존중–다른 사람들과 다른 문화에 대한 존중

『맛있는 동그라미』

이송은 글, 오정일 · 지민철 그림, 동심, 2009

책 소개

대한민국의 비빔밥을 시작으로 여섯 대륙, 10개국의 대표적인 음식과 전통 의상을 입은 캐릭터들이 나온다. 맛있는 동그라미는 작게는 달걀 노른자와 접시, 탁자, 나아가 지구를 상징한다. 하나의 구멍이 두 나라의 음식의 일부가 되는 구멍 뚫린 책이다. 음식에 대한 설명이 운율을 살린 운문체로 소개되며, 마지막에는 각 음식에 대한 정보가 간단히 실려 있다. 면지를 장식하고 있는 캐릭터들은 수업 자료 컷으로도 활용할 수 있다.

활동 자료

그림책, 음식 퍼즐, 대형 세계지도, 그림책 속 10개국 캐릭터 컷(뜨레풀 영아 책 읽기 책놀이 자료/ 동심, 혹은 면지에 나온 그림을 확대해 만든 컷), 10개국의 음식 컷

활동 방법

그림책 표지 탐색 ➡ 그림책 감상 ➡ 퍼즐과 퀴즈 게임 ➡ 신체표현

1. 표지를 탐색한다.
   - '맛있는 동그라미' 하면 무엇이 떠오르니?
   - (접시 모양의 원탁을 가리키며) 이건 무엇 같니?
2. 그림책을 감상한다.
   - (음률감을 살려) 동글동글 동그라미 / 맛있는 동그라미
   - (책 속의 창구멍을 손가락으로 통과하면서) 달걀의 노른자가 이번에는 무엇이 되었니?
3. 두 팀으로 나누어 퍼즐 맞추기와 퀴즈 게임을 이어서 한다.

   (퍼즐: 그림책의 비빔밥, 반쯩, 사모사, 샤슬릭 등의 그림을 150% 확대하여 각각 2조각으로 잘라 우드락에 붙여 만든 대형 퍼즐)
   - 퍼즐을 다 맞추었니? 그럼 뒤집어 보겠니? 뒷면에 뭐라고 써져 있는지 볼까? (예: 쌀이 들어가는 음식 두 가지는?/ 첫 글자와 끝 글자가 같은 음식은?)
4. 각 팀별로 음식을 몸으로 표현해 본다.

(예: 비빔밥, 샤슬릭을 각 팀당 한 음식을 몸으로 표현한다.)

- 비빔밥 그림을 잘 보렴. 재료에 어떤 색이 있니?
- (고추장, 달걀 노른자, 밥, 채소 등과 유사한 색의 옷을 입은 유아들이 모이면) 비빔밥은 어디에 담지? 비벼 주세요! (아이들이 움직이기 시작한다.) 얼음! 선생님이 어깨에 손을 대면 그 친구만 땡! 하고 풀려서 말할 수 있어요. (한 유아에게 다가가) 땡! 당신은 누구인가요? (달걀이에요) 얼음!

활동 평가

- 세계 여러 나라 음식에 대해 알아 봤는데 궁금하거나 먹고 싶은 음식이 있니?
- (지구를 둘러싸고 둥글게 원형으로 손을 잡은 장면을 보여 주며) 접시 안에 왜 세계지도 그림이 있을까? 세계 여러 나라 친구들이 왜 손을 잡고 웃고 있을까?
- (캐릭터 10개가 붙어 있는 세계지도를 제시하며) 오늘 알아 본 음식 그림을 그림책 속에 나온 그 나라의 친구 옆에 붙여 줄까?
- 음식을 몸으로 표현할 때 재미있거나 어려웠던 점은 무엇이니?

수업 메모

- 유아가 글자를 못 읽을 경우에는 퍼즐 뒤의 퀴즈 문장을 교사가 읽어 준다.
- 만 3세는 세계지도에 민속의상 입은 캐릭터 컷을 먼저 붙여 놓고 알맞는 음식 컷을 붙이는 놀이를 할 수 있다.
- 8절 크기의 세계지도와 대륙 모형(EVA) 6개로 만든 게임판을 사용해도 재미있다.

생활주제 : 세계 여러 나라(세계 여러 나라의 문화유산)

이야기 이야기

활동 연령		
3	4	❺

목 표	누리과정 관련 요소
• 아프리카에도 재미있는 이야기가 있음을 안다. • 자신이 좋아하는 이야기를 간단히 소개할 수 있다. • 이야기 속 인물을 몸으로 표현해 본다.	• 사회관계: 사회에 관심 갖기–세계와 여러 문화에 관심 가지기 • 의사소통: 듣기–동요, 동시, 동화 듣고 이해하기 말하기–느낌, 생각, 경험 말하기 • 예술경험: 예술적 표현하기–극놀이로 표현하기

창의 · 인성 관련
- 창의성: 동기적 요소–호기심 · 흥미, 인지적 요소–사고의 확장
- 인성: 존중–다른 사람들과 다른 문화에 대한 존중

『이야기 이야기』

게일 헤일리 글 · 그림, 엄혜숙 옮김, 보림, 1996

책 소개

옛날 아프리카 사람들은 이야기는 하늘나라에만 있는 귀한 것이라고 생각했다. 거미줄을 잘 짜는 아난스 할아버지는 아이들에게 이야기를 들려주고 싶어 하늘나라 임금을 찾아가지만 무시를 당한다. 그러나 아난스가 하늘나라 임금이 요구한 세 가지를 구해 오자 하늘나라 임금은 이야기가 든 황금상자를 내어 주게 되고, 땅으로 내려온 아난스가 상자 뚜껑을 열자 이 세상에 여러 가지 이야기가 흩어졌다. '트웨 트웨', '위리디 위리디' 등 아프리카 특유의 말이 나오며 목판화의 형식으로 선이 굵고, 색이 화려하다. 1971년 칼데콧상 수상작이다.

읽기방법

유형 Ⅳ

- 대화체를 통한 생동감 있게 들려주기
  - 등장인물이 서로 이야기를 주고받는 대화체 방식으로 개작하여 생동감 있게 들려준다.
- 청중의 주의 환기를 위한 질문하기
  - 등장인물이 아동들에게 질문을 하고 대답을 듣는 형식을 취하여 듣는 아이들이 이야기에 집중할 수 있도록 한다.

활동 자료

그림책

활동 방법

아프리카에 대한 이미지 확인해 보기 ➡ 그림책 감상 ➡ 등장인물 신체표현하기 ➡ 자신이 좋아하는 이야기 소개하기

1. 아프리카에 대한 이미지를 알아 본다.
   - '아프리카' 하면 무엇이 떠오르니? (*흑인, 더워요, 못살아요*)
   - 왜 그렇게 생각하니?
   - 아프리카에 이야기가 있다면, 어떤 이야기가 있을 것 같니?
2. 그림책을 감상한다.

   (줄거리 위주로 개작해서 동화구연으로 실감나게 들려준다.)
   - (표지를 탐색하며) 이 그림책의 나무는 우리나라의 나무들과 어떻게 다르니?
   - 제목이 왜 '이야기 이야기' 일까?
   - (속표지 페이지의 할아버지 그림을 펼쳐 보이며) 옛날 아프리카에 아난스라는 할아버지가 살았어요. 아난스 할아버지는 거미줄을 잘 짜고 아이들을 좋아했지요.
3. 이야기 속 등장인물을 몸으로 표현해 본다.
   - 방금 들었던 아프리카 이야기 속에 누가 나왔었지?

- 이번엔 등장인물들 중에서 누구인지 맞히는 게임을 할 텐데, 문제를 내는 친구는 몸으로만 표현하고 말을 해서는 안 돼. 나머지 친구들은 그 친구의 움직이는 모습을 보고 누구인지 맞히는 거야. 그런데 시작하고 멈추는 신호가 필요해. 무엇으로 할까?
- (시무룩한 표정의 한 유아가 양손으로 이야기를 내주는 동작을 하는 것을 보고) 누구를 나타낸 걸까?
- 무엇을 보고 알 수 있었니?

4. 역할 내 교사 기법(teacher-in-role)을 활용하여 유아들이 아난스 할아버지를 직접만나 이야기를 나누어 보도록 한다.
   - 아난스 할아버지를 직접 만나 볼까? '하나 둘 셋'을 외치면 선생님이 아난스 할아버지로 변신할 거야. 다시 '셋, 둘, 하나'를 외치면 선생님으로 돌아오는 거야. 어떻게 하면 된다고?
   - 다 함께 아난스 할아버지를 불러 볼까? '하나 둘 셋'
   - (할아버지 목소리로) 여기가 ㅇㅇ유치원/어린이집 맞나요? 지금부터 이 할아버지가 우리 친구들에게 이야기를 나눠 줄 테니 잘 받도록 해요. (무릎을 구부리고 그물 던지기 준비 동작과 비슷한 포즈를 취하며) 하나, 둘, 셋, 으샤! 모두 받았나요?
   - 넌 무슨 이야기 받았니?
   - (아이들의 발표가 모두 끝나면) 셋, 둘, 하나! (원래 교사로 돌아온다.) 조금 전에 누구를 만났니?

활동 평가

- 아프리카 이야기를 듣기 전과 들은 후 아프리카에 대한 생각이 달라진 게 있니?
- 등장인물을 몸으로 표현하기에서 가장 재미있었던 것은 무엇이니?

【확장 활동 1】 재미있는 아프리카 말 찾아보기

- **활동 자료:** 그림책, 단어 카드
- **활동 방법:**

1. 단어 카드를 보고 무슨 뜻일지 추측해 본다.
   - 지금 선생님이 들려준 이야기는 이 그림책 안에 있어.
     그런데 그 속에는 재미있는 아프리카 말도 있어.
     (카드를 하나씩 제시하고 소리 내어 함께 읽어 본다.)
   - 무슨 말인 것 같니?
2. 그림책에서 궁금하거나 재미있는 아프리카 말을 찾아본다.
   - 우리 책에서 재미있는 아프리카 말을 찾아볼까?
     (책 속에서 제시된 아프리카 말이 있는 곳을 찾아 의미를 추측해 본다.)

소라 소라 소라	트웨 트웨 트웨	위리디 위리디 위리디

【확장 활동 2】 이야기 속 주인공 그려 보기

- **활동 자료:** A4용지 또는 색지, 색연필 또는 크레파스
- **활동 방법:**

1. 자신이 좋아하는 이야기 속 주인공을 그려 본다.
   (이때 생각이 잘 안 나거나 어려우면 그림책을 갖다 놓고 그릴 수도 있다.)
2. 자신이 그린 이야기 속 주인공 그림을 소개한다.
   - 어떤 이야기의 주인공들인지 우리 노래 부르며 소개해 볼까?
     ('시장에 가면' 놀이 노래)

♪ 유치원(어린이집)에 가면 '신데렐라' 도 있고…

♪ 유치원(어린이집)에 가면 '피터팬' 도 있고

♪ 유치원(어린이집)에 가면 '책 먹는 여우' 도 있고,

♪ 유치원(어린이집)에 가면 '그건 내 조끼야' 도 있고…

수업 메모

- 위 수업은 전형적인 구연식 읽기이다. 개작 시 주의할 것은 줄거리만 전달하지 말고 대화체를 풍부하게 넣어 아이들의 흥미를 높이는 것이다.
- 역할 내 교사 기법(teacher-in-role): 교사가 역할을 맡아 드라마에 참가자들과 함께 참여하는 것으로 참가자들과 드라마 속에서 상호작용하는 교사라고 할 수 있다. 유아를 대상으로 하는 경우 역할에 들어갈 때와 나갈 때 신호를 줄 수 있는 장치를 사용하는 것이 좋다(김선 · 이송은 · 제인현 · 한정혜, 2007).

환경과 생활

만 3세

- **빗소리를 즐겨요**

『야, 비 온다』

만 4세

- **비 오는 날 거리 모습 표현하기**

『노란 우산』

만 5세

- **바람돌이 구조대**

『바람은 말썽쟁이』

- **사계절 바람이 되어 보아요**

「바람 이야기」(동시)

생활주제 : 환경과 생활(물과 우리 생활)

빗소리를 즐겨요

활동 연령		
❸	4	5

목 표	누리과정 관련 요소
• 빗방울이 떨어지는 소리에 관심을 갖는다. • 빗방울 떨어지는 소리를 크기와 속도를 달리 하여 말해 본다. • 비 오는 날의 모습을 그림으로 표현한다.	• 자연탐구: 과학적 탐구하기–자연현상 알아보기 • 의사소통: 말하기–느낌, 생각, 경험 말하기 듣기–동요, 동시, 동화 듣고 이해하기 • 예술경험: 예술적 표현하기–미술 활동으로 표현하기

창의 · 인성 관련

- 창의성: 동기적 요소–몰입, 성향적 요소–사고의 수렴
- 인성: 존중–생명과 환경에 대한 존중

『야, 비 온다』

이상교 글, 이성표 그림, 보림, 2002

책 소개

단이에게 작고 동그랗고 손잡이가 꼬부라진 우산이 생겼다. 토독 토독 톡토독. 드디어 비가 오고 단이는 신이 나서 우산을 펴 들고 밖으로 달려 나간다. 단이는 모든 것들에게 우산을 씌워 주며 즐거워하는데 잠시 후 비가 그치자 하늘에는 세상에서 가장 커다란 무지개 우산이 뜬다.

활동 자료

그림책, '비가 온다' 동요 CD(『예쁘지 않은 꽃은 없다 2』 수록곡), 면봉, 물감(흰

색, 파란색, 하늘색), 유성매직, 펀치, 고리

활동 방법

동요 들으며 물감 찍기 ➡ 그림책 감상 ➡ 빗소리 리듬 있게 읽기 ➡ 그림 그리기 ➡ 모빌 만들어 전시하기

1. '비가 온다' 동요를 주의 깊게 듣는다.
   - (전주 부분의 빗소리를 들려주며) 어떤 소리가 들리니? 무슨 소리일까?
2. 코팅필름지 안쪽 면에 면봉으로 물감 찍기를 하여 빗방울을 표현해 본다.
   - 노랫말에서 비가 올 때 어떤 소리가 난다고 했니?
   - (코팅지를 펼쳐 놓고 면봉으로 물감 찍기를 하며) 노래에서 빗방울이 떨어질 때 우리도 물감으로 빗방울을 찍어 볼까?
3. 그림책을 감상한다.
   (비를 애타게 기다리는 주인공의 마음을 잘 살려 긴장감 있게 읽고 의성어와 의태어 부분을 강조한다.)
   - (그림책을 우산처럼 유아에게 씌워 주며) "민들레(고양이/개구리…)야 우산을 쓰렴."
4. 빗방울 떨어지는 소리들이 소개된 장면을 펼치고 다시 한 번 리듬 있게 읽어 본다.
   - (작은 소리로 약하게) 똑또닥 똑또닥 / 토닥 토닥 탁탁탁
     (강하게) 후둑 후둑 후두둑 / 투둑 투둑 투두둑
     (말뛰듯한 리듬으로) 탁타닥 탁타닥 타닥
     (빠른 속도로 이어서) 호도닥 호도닥
5. 2의 물감이 마르면 코팅을 하고, 변화된 빗방울의 모양을 탐색한다.
6. 빗방울이 표현된 코팅지 위에 유성매직으로 그림을 그려 본다.
   - 와~ 빗방울이 정말 떨어지는 것 같다.
   - 비 오는 날 어떤 우산을 쓰고 싶니?

- 누구에게 우산을 씌워 주고 싶니?

7. 모빌을 만들어 교실 창문에 전시하고 자신과 친구의 작품을 감상한다.
   - (전시된 모빌을 보며) 창문을 보니 어떤 느낌이 드니?

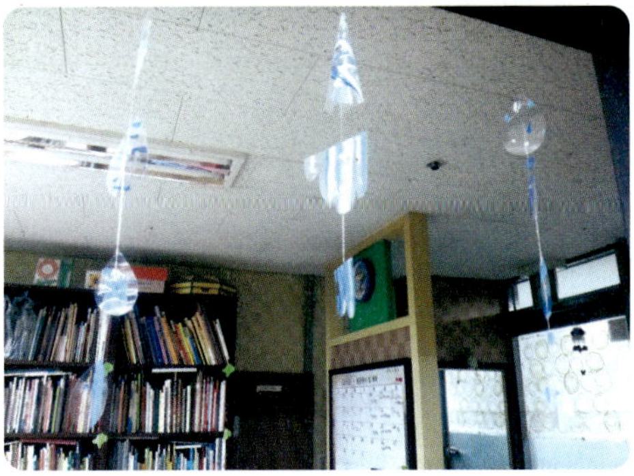

활동 평가

- 오늘 들어 본 빗소리 중에 가장 재미있는 소리는 무엇이니?
- (작거나 큰 빗방울 그림이 전시된 창문을 가리키며) 또딱 또딱 개미 같은 작은 빗방울은 어떤 걸까? 후둑 후둑 후두둑 큰 빗방울은 어떤 걸까?

수업 메모

- 비 오는 날에 활동하는 것이 효과적이다.
- 비를 찍은 코팅지는 조금 말린 후 코팅한다.
- 비 오는 날 창가에 떨어지는 빗방울을 관찰하고 윈도우 마카펜으로 따라 그려 보거나 비 오는 날의 풍경을 그려 보는 놀이를 연계하여 할 수 있다.

생활주제 : 환경과 생활(물과 우리 생활)

비 오는 날 거리 모습 표현하기

활동 연령		
3	❹	5

목 표	누리과정 관련 요소
• 비 오는 날의 거리 풍경을 호기심을 갖고 관찰한다. • 음악이 글이나 말을 대신할 수 있음을 안다. • 친구들과 협력하여 책 속의 장면을 몸으로 표현해 본다.	• 자연탐구: 과학적 탐구-자연현상 알아보기 • 예술경험: 예술 감상하기-다양한 예술 감상하기 예술적 표현하기-극놀이로 표현하기 • 의사소통: 말하기-느낌, 생각, 경험 말하기 듣기-동요, 동시, 동화 듣고 이해하기

창의 · 인성 관련

• 창의성: 동기적 요소-호기심 · 흥미
• 인성: 질서-사회질서

『노란 우산』

류재수 그림, 신동일 작곡, 보림, 2001

책 소개

노란 우산을 쓰고 등교하는 한 어린이를 따라 친구들을 만나고 집, 다리, 놀이터, 공원, 거리, 계단, 학교 운동장을 거쳐 등교하기까지의 풍경과 이야기를 글자 없이 음악 CD로 담아 표현했다.

활동 자료

그림책, 부록 CD, 리듬악기

활동 방법

수수께끼 그림책 감상 ➡ 이야기 나누기 ➡ 그림책 속 장면 표현하기

1. 수수께끼로 도입을 한다.
   - 우리 생활에 꼭 필요한 물건인데 무엇인지 맞혀 보겠니?
     (예: 어른도 쓰고 아이들도 쓰는 물건이야. 그리고 매일 사용하는 것은 아니야. 이건 접는 것도 있고 기다란 것도 있어. 이건 비가 올 때 사용하는 거야.)
2. 부록 CD에 수록된 음악과 함께 그림책을 감상한다.
   - (책을 펼치고) 무슨 소리가 들리니?
   - 여기는 어디일까?
   - 어떤 일이 일어났을까? 음악을 들으면서 그 장면을 생각해 보자.
3. 글자 없이 그림과 음악으로 구성된 그림책에 대해 이야기 나눈다.
   - 이 그림책은 다른 그림책과 어떤 점이 다르니?
   - 이 그림책에는 어떤 이야기가 들어 있었니?
   - 글자도 없었는데 그 이야기를 어떻게 알 수 있었니?
   - 제일 기억에 남는 장소는 어디였니?
4. 그림책 내용 중 장면을 선택해 부분적으로 재현해 본다.
   (신호등 팀, 자동차 팀, 행인 팀 등을 나눈다. 처음엔 교사가 리듬악기로 자동차가 달리는 속도를 주고 '빨간불!' 하면 신호등 팀이 팔로 가위 표시를 하면 자동차 팀은 정지하고 그 장면 음악과 함께 행인 팀은 길을 건넌다. 이때 자동차 팀이 정지동작을 한 채로 있고 다가가서 무슨 차인지 물어볼 수도 있다.)
   - 횡단보도에는 무엇이 있을까? (예: 자동차, 신호등, 지나가는 사람 등)
   - 지나가는 사람은 어떤 사람들이 있을까? (예: 우산 쓴 아저씨, 아기, 강아지 등)

횡단보도를 건너는 행인, 멈춰 선 자동차와 신호등

활동 평가

- 글자 없이 음악을 들으며 그림책을 보니까 어땠니?
- 횡단보도 장면 표현하기에서 자동차(행인, 신호등)가 되었을 때 기분이 어땠니?

수업 메모

- 이 책은 여러 각도에서 접근할 수 있는데 음악만을 듣고 느낌 그리기를 할 수도 있고, 우산을 쓰고 가는 유아들의 이야기를 만들 수도 있다.

생활주제 : 환경과 생활(바람 · 공기와 우리 생활)

바람돌이 구조대

활동 연령		
3	4	❺

목 표	누리과정 관련 요소
• 바람이 불어서 생기는 변화에 관심을 갖는다. • 우리 생활에 도움을 주는 바람과 피해를 주는 바람이 있음을 안다. • 바람의 힘을 이용하여 물체를 이동시킬 수 있다.	• 자연탐구: 과학적 탐구하기-자연현상 알아보기 탐구하는 태도 기르기-탐구과정 즐기기 • 의사소통: 듣기-동요, 동시, 동화 듣고 이해하기 말하기-느낌, 생각, 경험 말하기 • 신체운동: 신체 조절과 기본 운동하기-신체 조절하기

창의 · 인성 관련

• 창의성: 인지적 요소-문제해결력, 동기적 요소-몰입
• 인성: 질서-기초 질서, 존중-생명과 환경에 대한 존중

『바람은 말썽쟁이』

나탈리 러셀 글 · 그림, 글맛 옮김, 키즈엠, 2012

책 소개

갈색 토끼가 가지고 노는 연을 시작으로, 바람개비, 돛단배 등 아이가 흔히 접할 수 있는 장난감들로 바람을 설명하고 있다. 아이는 그림책을 통해 자신이 그동안 바람을 이용해 즐겁게 놀았다는 사실을 깨닫게 되고, 바람이 우리 생활에서 도움을 줄 때도 있고 피해를 줄 때도 있음을 이해하게 된다.

활동 자료

그림책, 부채, 대야, 장난감 배, 구조대 배지 스티커

활동 방법

입김으로 꽃잎 날리기 ➡ 그림책 감상하기 ➡ 이야기 나누기 ➡ '바람돌이 구조대' 게임하기 ➡ 평가

1. 입으로 바람을 만들어 꽃잎을 날리며 꽃잎의 움직임을 관찰한다.
   - (미리 준비한 얇은 종이로 만든 꽃잎들을 후~ 불어 보이며) 꽃잎이 어떻게 되었니?
   - 꽃잎이 날려 간 것은 무엇 때문일까?
   - 입으로 바람을 불었더니 꽃잎이 휘익 날아갔어.
   - 오늘은 바람이 나오는 그림책을 볼 거야.
2. 그림책을 감상한다.
3. 그림책의 내용으로 바람의 특성과 바람 때문에 벌어진 일들에 대해 이야기 나눈다.
   - 바람이 분다는 것을 어떻게 알 수 있니?
   - 바람이 불어서 어떤 일이 일어났니?
   - 바람이 불어서 좋았을 때는 언제였니?
   - 바람이 불어서 나빴을 때는 언제였니?
4. 유아가 직접 경험하고 관찰한 바람에 대해 이야기 나눈다.
   - 바람이 불어서 힘들었을 때가 있었니? 그럴 땐 어떻게 했니?
   - 우리 생활 속에서 바람을 만드는 기계와 도구는 무엇이 있을까?
   - 만약 바람이 없다면 우리 생활에 어떤 점이 불편할까?
5. '바람돌이 구조대' 게임을 한다.

① 잡지나 전단지에서 작은 크기의 사람이나 동물을 오려 코팅한다.

② 전체 유아를 두 팀으로 나누어 빈 배를 보내는 바람 팀, 코팅한 사람과 동물을 태워 배를 다시 돌려보내는 바람 팀으로 역할을 정한다.

③ 간단한 구호를 만들어 출발할 때 신호로 사용한다.

④ 부채를 사용하여 바람의 세기를 조절하며 배를 이동시킨다.

⑤ 배가 뒤집히거나 가라앉을 경우 다시 출발한다.

⑥ 무사히 배와 승객이 출발점으로 돌아오면 함께 구호를 외치고 팀끼리 구조대 배지 스티커를 붙여 준다.

활동 평가

- 바람이 불 때 어떤 일들이 일어났니?
- 바람이 우리에게 도움을 줄 때와 피해를 줄 때는 어떤 경우일까?
- 게임을 할 때 배를 안전하게 움직이려면 어떻게 해야 했니?

수업 메모

- 뒤 페이지에 소개된 '바람 이야기(동시)' 활동은 계절에 따른 바람의 변화에 대해 다루고 있고, 본 차시에서는 과학적인 원리를 게임을 통해 경험할 수 있다.
- '바람은 장난꾸러기' 동요(만 4세 누리과정 교사용 지도서 p. 122)를 도입 부분이나 확장 활동 시 불러 볼 수 있다.

생활주제 : 환경과 생활(바람 · 공기와 우리 생활)

사계절 바람이 되어 보아요

활동 연령		
3	4	❺

목 표	누리과정 관련 요소
• 어감을 살려 동시를 낭송해 본다. • 사계절의 바람과 풍경을 몸으로 표현해 본다. • 친구와 생각을 모으고 역할 분담하는 경험을 한다.	• 의사소통: 듣기-동요, 동시, 동화 듣고 이해하기 말하기-느낌, 생각, 경험 말하기 • 예술경험: 예술적 표현하기-극놀이로 표현하기 • 자연탐구: 과학적 탐구하기-자연현상 알아보기 • 사회관계: 다른 사람과 더불어 생활하기-친구와 사이좋게 지내기

창의 · 인성 관련

- 창의성: 동기적 요소-호기심 · 흥미, 인지적 요소-사고의 확장
- 인성: 질서-기초 질서, 협력-긍정적인 상호 의존성

「바람 이야기」(동시)

최재숙 글, 이혜경 그림, 삼성출판사, 1999

활동 자료

'푸른 자전거' CD(한정희, 신동일 연주), CD플레이어, 리듬악기, 소고, 마스킹테이프

활동 방법

걷기 ➡ 동시 감상 ➡ 이야기 나누기 ➡ 동시 내용 신체로 표현하기

1. 교사의 해설을 들으며 소고 소리에 맞춰 걷는다(내러티브 판토마임).

- 지금부터 여러 가지 방법으로 걸어 볼 거야. 친구랑 부딪히지 않게 조심하면서 구석구석을 걸어 다니는 거야. 천천히, 콩콩콩, 빠르게, 아주 빠르게. (속도를 알려 주는 막대나 리듬악기를 사용하면 효과적이다.)

2. 음악을 들으며 바람이 되어 움직인다. (「푸른 자전거」 CD와 함께)
   - 이번엔 너희들이 바람이 되어 움직여 볼 거야. 기분이 참 좋아요. 산들산들 고개를 넘어 나뭇잎도 간지럽혀요. 옆에 있는 친구 바람이랑 만나 볼까요? 이제 힘을 모아 신나게 달려 보는 거예요. 저 아래 산 아래로 ~ 어, 멈출 수가 없네. 숲이다. 와! 이번엔 넓은 들판, 탁 트인 들판이에요. 어슬렁어슬렁 뭐 재미난 게 없나? 저기 농부 아저씨도 있네. 안녕하세요~ 어, 비가 오려나? 먹구름이 잔뜩 끼어서 후텁지근한 바람이 됐네. 아이, 더워라. 아이 졸려라. 내일 또 놀아야지. 안녕~

3. 동시를 감상한다.

동 시

바람 이야기

최재숙

봄바람은 소곤소곤 내 뺨에다 말한다
"꽃이 필 거야! 꽃이 필 거야!"

여름바람은 쏴아 내 이마에다 말한다
"소나기가 올 거야! 소나기가 올 거야!"

가을바람은 우수수 내 머릿결에다 말한다
"낙엽이 질 거야! 낙엽이 질 거야!"

겨울바람은 윙윙 내 온몸에다 말한다
"눈보라가 몰려온다! 눈보라가 몰려온다!"

① 동시를 함께 읽는다.

② 동시의 내용 중 의태어, 의성어나 꾸밈말을 되새겨 본다.
   - 우리는 보통 때 바람이 있다는 걸 어떻게 알 수 있니?
   - '소곤소곤'은 어떻게 말하는 것일까? '꽃이 필 거야'를 친구에게 소곤소곤 말해

볼까?

- 소나기가 오기 전의 바람은 어떤 바람일까? (예: 무거운 바람)
- '소나기가 올 거야'를 무겁게 이야기해 볼까?

4. 그룹별로 각 계절에 대한 장면에 대해 이야기를 나누고 각자 역할을 정한다.
   - (계절별로 팀을 나눈다.) 봄이 되고 싶은 사람?
   - 봄(여름, 가을, 겨울)바람이 부는 곳은 어디일까? 그 옆에는 무엇이 있을까?
   - 바람이 불면 어떤 일이 일어날까? 바람의 빠르기는 어떨까?

※ 그룹별 신체표현이 충분히 이뤄지면 각 계절의 장면을 정지동작(타블로)으로 만든다.

5. 임의로 설정한 공간 안에서 봄, 여름, 가을, 겨울 장면을 그룹별로 표현한다.
   - 봄팀 보여 주세요. 레디 큐! (봄 장면을 맡은 유아들 움직인다.)

봄 신체표현

여름 신체표현

가을 신체표현

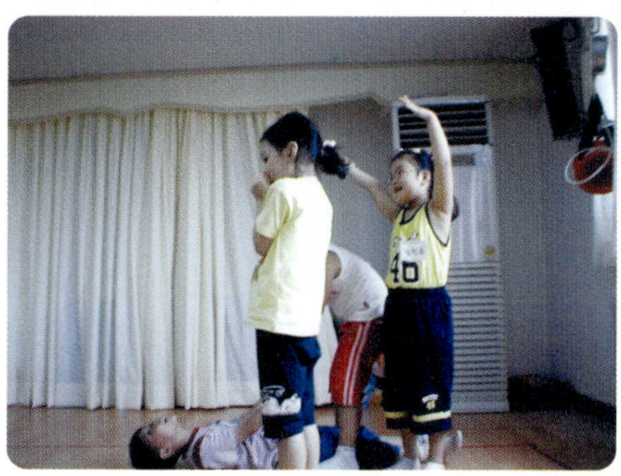

겨울 신체표현

– 얼음! 지금부터 선생님이 어깨에 손을 올린 친구만 말할 수 있어요.

– (한 유아의 어깨에 손을 대며) 땡! 당신은 무엇인가요? (*난 나비예요.*) 봄나비처럼 움직여 보세요.

활동 평가

– 사계절의 바람을 몸으로 표현하면서 바람에 대해 알게 된 것이 있니? 무엇이니?

– 각 계절의 모습을 표현하기 위해 생각을 나누고 준비할 때 어려운 점은 없었니?

수업 메모

- 연령과 수업 시간에 따라 활동을 나눌 수 있다. 이 수업에는 연극놀이(creative drama) 기법 중 '내러티브(narrative) 판토마임'과 '정지동작 만들기(tableau)'가 사용되었다.
- **내러티브(narrative) 판토마임:** 교사의 해설 내용에 따라 몸을 움직이는 것을 말한다. 신체표현이 서툴거나 소극적인 유아들도 함께 참여할 수 있는 장점이 있으며 현장 교사에게 비교적 익숙한 방법이다. '이제 움직여 보세요'를 통해 움직이는 전체 그림을 다시 한 번 본 다음 '얼음'이라는 신호에 이어 그 팀이 인사를 하고 마무리한다.
- **정지동작(tableau) 만들기:** 정지동작이란 움직이고 있던 참여자들이 교사의 정지 신호에 의해 사진 속의 인물처럼 정지하는 것을 말하며 '얼음' 등의 구호가 쓰인다. 멈춤 동작을 하고 있는 유아들 중 교사가 어깨에 손을 댄 유아만 얼음에서 풀려나서 얘기할 수 있다고 연극놀이의 규칙을 말한 뒤 어깨에 손을 대며 '당신은 누구신가요?' 등 질문을 한다. '무엇이 보이나요?', '무엇을 하고 있나요?', '기분이 어떤가요?', '어디 가고 있나요' 등 역할 속 인물에게 즉흥 질문을 한다.
- **무대 설정하기:** 보여 주는 공간을 마스킹테이프로 3×4m 정도 사각형으로 정해 놓고 한 모둠이 나가서 장면 속에서 포즈를 만들면 '얼음!' 등의 구호에 따라 정지하고 다른 그룹은 보여 주는 장면을 감상한다. 정지해 있는 그림을 보며 누가 무엇인지를 잠시 예측해 본 다음 정지 그림 속 인물에게 교사가 어깨에 손을 대면서 즉흥 질문을 한다.
- **그룹별 토의:** 6~7명 내외의 소그룹이 적당하며 특정 유아의 의견만으로 이루어지지는 않는지, 너무 틀에 박힌 설정만 나오고 있지는 않는지에 유의하여 교사가 적절히 개입한다.

봄 · 여름 · 가을 · 겨울

/생/활/주/제/

봄

- **꽃잎이 떨어져요**

  『나비가 날아간다』

- **무지개꽃아, 도와줄게**

  『무지개꽃이 피었어요』

여름

- **비와 함께 놀아요**

  『비가 오는 날에…』

가을

- **가을을 찾아보아요**

  『가을아 어디 있니?』

- **바빠요 바빠**

  『바빠요 바빠』

겨울

- **뽀드득 놀이해요**

  「겨울이 왔어요」『뜨레풀 책놀이 3』

- **겨울을 소리로 표현해요**

  「겨울이 왔어요」『뜨레풀 책놀이 3』

생활주제 : 봄 · 여름 · 가을 · 겨울 (봄)

꽃잎이 떨어져요

활동 연령		
❸	4	5

목 표	누리과정 관련 요소
• 봄꽃에 관심을 가진다. • 다양한 방법으로 동시를 듣고 즐긴다. • 친구와 함께 꽃잎 붙이기를 해 본다.	• 자연탐구: 탐구하는 태도 기르기–호기심을 유지하고 확장하기 • 예술경험: 아름다움 찾아보기–미술적 요소 탐색하기 • 의사소통: 듣기–동요, 동시, 동화 듣고 이해하기 • 사회관계: 다른 사람과 더불어 생활하기–친구와 사이좋게 지내기

창의 · 인성 관련
- 창의성: 동기적 요소–호기심 · 흥미, 성향적 요소–개방성
- 인성: 존중–생명과 환경에 대한 존중

『나비가 날아간다』

김용택 시, 정순희 그림, 미세기, 2001

책 소개

봄, 여름, 가을, 겨울로 나눠서 엮은 동시집이다. 봄에는 「꽃」, 「벚꽃」, 「나비가 날아간다」 등이 있다. 여름에는 「빗방울」, 「산」, 「방학」 등이 있다. 가을에는 「다람쥐」, 「고추」, 「알밤」 등이 있으며 겨울에는 '혼자서 길을 내며」, 「눈 오네」, 「할머니」 등이 실려 있다. 도시에서는 느낄 수 없는 사계절의 자연을 수채화로 맑고 담백하게 표현하고 있다.

읽기 특징

유형 Ⅰ
- 운율을 살려서 리듬감 있게 읽기
- 대화식 읽기와 전체 읽기 적용하기
- 눈 감고 동시 감상하기
  - 시어를 음미하면서 천천히 뜻을 생각하며 읽는다.

활동 자료

그림책, 동시판(융판 벚꽃나무판), 벚꽃(실물 또는 조화), 벚꽃 모양 스티커, 노란 펠트지로 만든 나비, 머메이드지 및 동시 프린트(A4, 유아 수만큼), 풀, 사인펜, '나비야' 동요 CD

활동 방법

벚꽃을 본 경험 이야기 나누기 ➡ 동시 감상 ➡ 친구와 함께 스티커 붙이며 함께 낭송하기 ➡ 벚꽃 시화 만들기 ➡ 실내외 봄꽃 찾아보기

1. 유치원(어린이집) 산책 후 벚꽃 꽃잎이 흩날리던 이미지를 떠올리며 이야기 나눈다.
   - 산책하면서 보았던 벚꽃은 바람에 어떤 모습으로 떨어졌니?
2. 동시판을 보며 「벚꽃」 동시를 감상한다.

① 벚꽃 꽃잎이 떨어지는 모습을 간단히 재현한다.
   - 우리가 표현해 본 벚꽃이 나오는 동시가 있대.
   - (그림책 장면 또는 동시판의 벚꽃나무 컷을 보여 주며) 벚꽃이 가득 폈어요! (실제 벚꽃잎을 한줌 쥐고 위에서 테이블이나 교사의 머리 위에 떨어뜨리며) 바람이 살랑살랑 부니까 꽃잎이 스르르르 떨어져요.

② 교사가 꽃 모양 스티커를 자신의 얼굴과 몸에 붙여 가며 동시를 들려준다.
   - (교사 머리 위에 스티커를 붙이며) 내 머리 위에도 떨어지고…….

③ 동시 내용 카드를 한 행씩 차례대로 붙이며 함께 낭송한다.

3. 유아들이 짝을 이루어 꽃잎 스티커를 서로 붙여 주며 동시를 낭송한다.
   - 우리 시를 함께 읽으며 친구 얼굴에 꽃잎을 붙여 볼까?
4. 꽃잎, 나비 스티커, 색연필 등을 이용해 미니 시화판을 만든다.
   - 벚꽃 꽃잎이 떨어지는 봄동산을 꾸며 볼까?
   - 벚꽃 동시도 붙여 보자.

5. 펠트지로 만든 나비를 손가락에 끼우고 봄꽃을 찾아본다.
   - 나폴나폴, 너풀너풀, 예쁜 봄꽃을 찾아 훨훨 날아가 보자.
   ('나비야' 또는 '나비가 훨훨' 동요를 부르며 유아들과 함께 교실 벽면에 게시된 봄꽃을 찾아 돌아다니거나 실외로 나가 봄꽃을 찾는다.)

활동 평가

- 봄에 피는 꽃은 어떤 게 있었니?
- 꽃잎이 머리 위로 떨어질 때 기분이 어땠니?
- 친구가 꽃잎을 붙여 줄 때 어떤 느낌이었니?
- 나만의 동시책을 만들어 봤는데 어디에 두고 누구랑 읽고 싶니?

수업 메모

- 동시 감상에서는 계절적 요인을 고려하는 것이 중요하다. 위의 시, 「벚꽃」은 4월 무렵 감상하는 게 좋다. 동시는 함축된 언어로 돼 있기 때문에 생활 경험과 연계시켜 유아들이 감각적으로 이해할 수 있도록 한다.
- 동시 낭송을 할 때, 가끔씩 속삭이듯 읽는 것도 몰입을 도와준다. 가령, 꽃잎이 떨어지는 광경을 설명할 때 소리를 점차 줄인다면, 가벼운 꽃잎이 떨어지는 이미지를 전달하는 효과가 있고 유아들이 교사의 목소리에 집중하게 될 것이다.
- 연령이 높은 유아인 경우, 유아들과 전체 읽기를 할 수도 있다. 이때, 동시판에 한 행씩 제시하는 것이 효과적이다.

생활주제 : 봄 · 여름 · 가을 · 겨울 (봄)

무지개꽃아, 도와줄게

활동 연령		
3	4	❺

목 표	누리과정 관련 요소
• 동화를 통해 계절의 변화를 이해한다. • 꽃잎 만들어 붙여 주기를 통해 '도와주기' 행동을 즐겁게 경험한다.	• 자연탐구: 과학적 탐구하기–자연현상 알아 보기 • 의사소통: 듣기–동요, 동시, 동화 듣고 이해하기 말하기–느낌, 생각, 경험 말하기 • 사회관계: 다른 사람과 더불어 생활하기–공동체에서 화목하게 지내기 • 예술경험: 예술적 표현하기–미술 활동으로 표현하기

창의 · 인성 관련

- 창의성: 인지적 요소–문제해결력, 동기적 요소–몰입, 성향적 요소–독립성
- 인성: 협력–집단 협력, 나눔–나눔의 의미 알기, 배려–동식물에 대한 배려

『무지개꽃이 피었어요』

마이클 그레니엣 글 · 그림, 길지연 옮김, 국민서관, 2002

책 소개

겨울이 가고 봄이 오자 눈뿐이던 들판에 아름다운 꽃 한 송이가 피어난다. 갑갑한 땅 속에서 세상 밖으로 나온 무지개꽃은 개미, 초록 도마뱀, 쥐돌이, 파랑새, 고슴도치 등 동물 친구들에게 자신의 꽃잎을 아낌 없이 나누어 주며 도움을 준다. 꽃잎이 다 떨어진 무지개꽃은 눈 속에 묻혀 사라지고 씨들이 땅에 떨어진다. 겨울에도 동물 친구들은 자신에게 도

움을 주었던 무지개꽃을 잊지 않고 기억한다. 봄이 다시 오자 무지개꽃은 다시 피어난다. 선명한 색과 단순한 윤곽선으로 그려진 투박한 질감의 일러스트가 특징적이며 나눔과 사랑, 희생 등의 미덕을 자연스럽게 아이들에게 전달하는 그림책이다.

활동 자료

그림책, 융판동화 교구, 보드판, 흰 도화지(큰 꽃잎 모양), 색종이, 풀

활동 방법

그림책 표지 탐색 ➡ 융판동화 감상 ➡ 무지개 꽃잎 꾸미기 ➡ 그림책 감상

1. 그림책 표지를 보며 무지개꽃을 알아 본다.
   - (뒤표지를 먼저 보여 주며) 해님이 어디를 보고 있는 걸까?
   - (앞표지를 보여 주며) 예쁜 꽃이 있네. '무지개꽃이 피었어요.' 왜 이름이 무지개 꽃일까?
2. 꽃잎이 다 떨어지는 장면까지 융판동화 또는 그림책을 감상한다.
   - (무지개꽃이 붙은 융판을 들고 아이들에게 다가가) 안녕! 나는 무지개꽃이야. 넌 누구니?
   - (한 손으로 뒷면의 개미 컷을 떼며) 그러던 어느 날, 살금살금 누가 나타났을까? 문제를 낼 테니까 맞혀 봐. 이 친구는 몸이 아주 작고, 땅 속에 살아요. (*개미*)
3. 무지개꽃을 도와주는 방법에 대해 이야기 나눈다.
   - (꽃잎이 다 떨어진 장면을 보여 주며) 힘없이 꺾인 무지개꽃을 보니 어떤 생각이 드니?
   - 착한 무지개꽃에게 어떤 선물을 주면 좋을까?
   - 무지개 꽃잎을 다시 만들어 줘 볼까?
4. 색종이와 도화지로 무지개 꽃잎 꾸미기를 한다.
   (6개의 꽃잎 도안에 각각 빨강, 주황, 노랑, 초록, 파랑, 보라 색종이를 찢어 붙인다. 이때 여러 명인 경우 짝을 지어 한 가지 색을 꾸미거나 무지개 꽃판을 여

러 개 만든다.)

- 무지개꽃에게 새로운 꽃잎을 만들어 주자. 짝이랑 둘이서 꽃잎을 꾸며 볼까?
- 와, 예쁜 꽃잎이 완성됐구나. 무지개꽃에게 붙여 주자. 어떤 순서로 붙이면 좋을까?

5. 그림책의 뒷부분을 책으로 감상한다.
   - 우리는 이렇게 무지개꽃을 꾸며 줬는데, 그림책에서는 무지개꽃에게 어떤 일이 일어났는지 볼까?
   - (약간 느린 속도로 차분하게 서정적인 톤으로) 저마다 무지개 꽃에게서 받은 도움을 기억했습니다. "무지개꽃아, 난 개미야. 너 덕분에 그때 빠지지 않고 웅덩이를 잘 건널 수 있었어."
   - 긴 겨울이 가고, (약간의 여유를 두고) 다시 봄이 되었어요. 아침이 되자 해님이 방긋 떠올랐죠. 해님이 왜 깜짝 놀랐을까? 그래, 무지개꽃이구나!
   - 무지개꽃에게 어떤 말을 해 주고 싶니?
6. 아이들이 직접 꾸민 무지개꽃판으로 기념 촬영을 한다.
   - 우리 무지개꽃을 영원히 기억하게 사진으로 남겨 볼까?

활동 평가

- 무지개꽃이 떨어졌다가 다시 필 때까지 계절은 어떻게 바뀌었니?
- 너희들이 무지개 꽃잎을 직접 만들어 붙여 줄 때 어떤 기분이 들었니?

【확장 활동】 무엇이 될까?

- 활동 자료: 펠트 꽃잎
- 활동 방법

1. 무지개 꽃잎을 활용해 물체 변형 놀이를 한다.
   - 이 꽃잎으로 무엇을 할 수 있을까? 개미처럼 꽃잎으로 배를 만들어 보자. 초록 도마뱀처럼 꽃잎으로 옷을 만들어 보자.
   - 고깔 모자를 만들어 보자.
   - 징검다리를 만들어 보자.

▣ 접이식 융판과 무지개꽃 만들기

- **준비물:** 초록색 접착 융(96×65cm 2개), 우드락(45×60cm 2개), 초록색 백업(45cm), 접착 까끌이(30cm), 펠트(빨강, 주황, 노랑, 초록, 파랑, 보라, 하양, 갈색, 검정)
- **만드는 법:**

① 우드락과 접착 융을 재단해서 초록색 접착 융으로 우드락을 감싼다. (중간 이음새 부분은 1cm 정도 여유 공간을 두고 붙여야 반으로 접을 수 있다.)

② 꽃잎은 여섯 색(빨강, 주황, 노랑, 초록, 파랑, 보라) 펠트로 길이 13.5cm×폭 9cm 정도 계란형으로 잘라 뒷면에 까끌이를 붙인다.

③ 표정이 있는 얼굴 지름 9cm로 흰색 펠트에다 검정, 파랑, 분홍 등을 이용해 두 가지 표정으로 꾸미고 까끌이를 붙인다.

교구 공방

④ 백업 한쪽 면에다 나란히 접착 까끌이를 몇 군데 붙여 둔다. (꽃이 고개가 꺾일 때 구부릴 수 있게 한다.)

※ p. 148 '융판동화' 사진 참조

▣ 무지개꽃 꽃판 만들기

- **준비물:** 베이지색 우드락(2절 크기), 투명 접착시트(2절보다 상하좌우 2cm 크게), 색상지(초록, 연두)
- **만드는 법:**

① 우드락을 세로로 길게 세워 상단 1/3 지점에 지름 15cm 정도로 구멍을 낸다.

② 초록과 연두 색상지를 접어서 잎맥을 살린 잎사귀를 만들고 구멍 아래로 줄기와 잎을 붙인다.

③ 투명 접착시트를 우드락 앞면 전체에 바르고 구멍 부위의 시트를 오려 낸다.

▣ 등장동물 컷(교사용 교구)와 대형 꽃잎(유아들 놀이용)

- **준비물:**
  - 등장인물-여러 가지 색의 펠트(빨강, 주황, 분홍, 회색, 검정, 파랑, 흰색, 초록)
  - 꽃잎-펠트(각각 8절 크기/ 빨강, 주황, 노랑, 초록, 파랑, 보라)

- **만드는 법:**

① 등장인물은 펠트로 만들거나 그림책을 그대로 본떠 코팅하여 뒷면에 까끌이를 붙인다.

② 꽃잎은 8절 크기 펠트에 꽉 차게 그려 오려 낸다.

수업 메모

- 융판 교구 없이 읽기 유형 II 또는 III로 책을 다 읽은 다음, 꽃잎 꾸미기를 하고 기념 촬영을 할 수도 있다. 이때 즉석 폴라로이드 사진기를 사용해도 좋다.
- 추후 연계 활동으로 나눔과 관련된 그림책을 연계해서 읽기, 무지개 색을 직접 그리거나 칠해 보며 색깔 인지 활동, '무지개'가 희망으로 등장하는 그림책(예: 『노아의 방주를 탄 동물들』)을 읽어 볼 수 있다.

생활주제 : 봄 · 여름 · 가을 · 겨울 (여름)

비와 함께 놀아요

활동 연령		
3	❹	5

목 표	누리과정 관련 요소
• 다양한 빗줄기의 모습을 몸으로 표현한다. • 음악에 맞춰 그림책 속 동물이 되어 움직여 본다. • 친구와 협력하여 우산 타기 놀이를 즐긴다.	• 자연탐구: 과학적 탐구하기–자연현상 알아보기 • 예술경험: 예술적 표현하기–움직임과 춤으로 표현하기 • 의사소통: 듣기–동요, 동시, 동화 듣고 이해하기 말하기–느낌, 생각, 경험 말하기 • 사회관계: 다른 사람과 더불어 생활하기–친구와 사이좋게 지내기

창의 · 인성 관련
- 창의성: 인지적 요소–사고의 확장, 동기적 요소–호기심 · 흥미, 성향적 요소–독립성
- 인성: 존중–생명과 환경에 대한 존중

『비가 오는 날에…』

이혜리 글, 정병규 꾸밈, 보림, 2001

책 소개

비가 오는 날, 치타는 우산이 날아갈까 봐 우산을 꽉 잡고, 목이 마른 사자는 내리는 비를 마시고, 나비는 날개 젖지 않으려고 살금살금 걸어가고, 티라노사우르스는 첨벙첨벙 물놀이하고, 호랑이는 동굴에서 지루해하고, 용은 비를 뿌리고 있다. 한 손에 선물을 든 아빠는 동물들과 함께 우산 배를 타고 집으로 돌아오고, 아이는 엄마 무릎에 누워 아빠를 기다린다.

활동 자료

그림책, CD(그림책 『맨날맨날 우리만 자래』/『노란 우산』의 부록), 신체 활동용 패러슈트(또는 대형 원 모양 펠트), 나비 스티커, 그림책 속의 나비 장면(A4 크기, 유아 수의 절반)

활동 방법

손유희 ➡ 그림책 감상 ➡ 신체표현 ➡ 우산 타기 놀이 ➡ 손가락 나비되어 비 피하기 놀이

1. '비 오는 날' 동요(『맨날맨날 우리만 자래』 노래 CD 1번)를 손유희와 함께 부른다.
   - 노랫말의 '해님 안 떠요'는 어떻게 표현하면 좋을까?
2. 그림책을 감상한다.
   - (빗줄기 그림을 보여 주며) 비가 어떻게 내리고 있니? 손가락으로 그려 볼까?

3. 그림책 장면을 음악(『노란 우산』 CD)과 함께 표현한다.
   - 책 속 동물 친구들이 했던 놀이들을 우리도 해볼 거야. 더 재미있게 놀이를 하기 위해서 음악을 준비했는데 한 번 들어 볼까?
   - 우리가 움직임 놀이를 할 때 다치지 않으려면 어떻게 해야 할까?

4. 대형 펠트 우산 타기 놀이를 한다.
   (두 모둠으로 나누어 번갈아 가며 우산을 타고, 우산을 끌어 주는 놀이를 한다.)
   - 여기 큰 우산배가 있어요. 선장팀, 우산을 잡아 주세요. 손님팀은 우산 가운데 앉아 주세요.

5. 짝끼리 마주 앉아 나비 비 피하기 놀이를 한다.

장 면	노란 우산		활 동
	초판 CD (재미마주)	개정판 CD (보림)	
치타가 비바람 속에서 우산 집고 쩔쩔맨다.	8번	6번	우산 꼭 잡고 바람에 휩쓸려 움직이기
사자가 입을 벌리고 빗물을 먹는다.	11번	9번	입을 벌리고 위에서 떨어지는 빗물 받아먹기
나비가 비에 젖을까 봐 멈칫한다.	6번	4번	비를 피해 멈칫멈칫 가만가만 걸어 보기
티라노사우르스가 첨벙첨벙 물장난친다.	12번	10번	씩씩하게 첨벙첨벙 물장난하기
호랑이가 굴 속에서 뒹굴며 비 그치기를 기다린다.	3번	1번	바닥에 뒹굴며 지루한 모습 표현하기
용이 신나게 비를 뿌린다.	14번	12번	물 짜악짜악 흩뿌리기
비구름 위에서 우산을 타고 논다.	5번	3번	대형 우산 타고 놀기

– 우리는 이제 나비가 되어서 비를 피해 볼 거야. 나비가 어떻게 움직였었지?

(한 명은 비 역할을 맡고, 다른 한 명은 검지 손톱에 나비 스티커를 붙이고 나비가 된다.)

활동 평가

– 여러 가지 빗줄기를 몸으로 표현할 때 어떻게 구별해서 나타냈니?

– 어떤 동물의 움직임을 표현할 때가 가장 기억에 남니? 그 이유는 무엇이니?

수업 메모

- 대형 펠트 우산 대신 패러슈트를 사용해도 좋다.
- 마지막의 손가락 나비되어 비 피하기는, 손가락의 움직임에 집중하는것을 통해 활동으로 상기되었던 분위기를 진정시키기 위한 목적이 있다.
- 빗소리를 주제로 한 그림책을 연계해 보아도 좋다.
- 확장 활동으로 그림책에 나오는 다양한 선의 빗줄기 이름 지어 보기를 할 수 있다. 예: 꼼틀꼼틀 비(나비), 짜–악 짜–악 비(용), 쏴아쏴아(호랑이)

생활주제 : 봄·여름·가을·겨울 (가을)

가을을 찾아보아요

활동 연령		
3	❹	5

목 표	누리과정 관련 요소
• 가을의 변화에 관심을 가진다. • 가을에 볼 수 있는 것들을 찾을 수 있다. • 간단한 패턴을 인식하고 따라 한다.	• 자연탐구: 과학적 탐구하기–자연현상 알아보기 수학적 탐구하기–규칙성 이해하기 • 예술경험: 예술적 표현하기–미술 활동으로 표현하기 예술 감상하기–다양한 예술 감상하기 • 의사소통: 듣기–동요, 동시, 동화 듣고 이해하기

창의·인성 관련

• 창의성: 인지적 요소–문제해결력, 동기적 요소–호기심·흥미, 몰입

『가을아 어디 있니?』

변우만 글, 양윤미 그림, 대교, 2011

책 소개

누가 말해 주지 않았는데도 가을이 온 것을 알고 있는 엄마가 신기하기만 한 민서는 엄마와 함께 가을을 찾아보기로 한다. 까만 밤에 우는 귀뚜라미 울음소리와 후후 불며 먹는 노란 고구마와 밤의 맛, 은행나무의 냄새, 주렁주렁 열린 주황색 감을 보게 되고 가을은 소리와 맛, 냄새, 색깔로 온다는 것을 알게 된다.

활동 자료

그림책, OHP 그림 자료(가을 풍경), 검정 도화지(A4 크기), 종이돋보기, 4절지(4장), EVA로 만든 도장(은행잎, 단풍잎, 코스모스, 감 모양), 일회용 접시 작은 것, 물감(노란색, 빨간색, 분홍색, 주황색), 스펀지

활동 방법

노래 부르기 및 손유희 ➡ 그림책 감상 ➡ OHP 그림 속 가을 찾기 ➡ 나뭇잎 패턴 도장 찍기 ➡ 작품 감상

1. 손유희 '가을' (김성균 동요)을 신나게 부른다.
   - 가을이 되면 많이 볼 수 있는 색은 무엇일까?
   - ♪ 가을은 가을은 빨간색 단풍잎을 보세요~
2. 그림책을 감상한다.
   - (표지를 탐색하며) 친구가 뭐라고 이야기하네. 들어 볼까? "가을아, 어디 있니?"
   - 가을의 소리는 어떤 소리일까? 어떤 색깔일까?
3. OHP 그림 속에 있는 가을을 찾아본다.
   - 여기 비밀 그림이 있어요. 종이 돋보기를 이용해서 가을을 찾아보세요.
   - 노란 은행잎은 어디 있나? / 빨간 단풍잎은?/ 알록달록 코스모스는?
     다람쥐와 귀뚜라미 그리고 잠자리도 찾아보자.

4. 은행잎, 단풍잎, 코스모스, 감 모양이 붙은 도장으로 패턴을 만들어 본다.

- (미리 만들어 둔 패턴 카드를 보여 주며) 이 카드에는 순서가 숨어 있어. 어떤 순서가 숨어 있는지 찾아볼까?
- 카드의 그림을 보고 그 다음에 찍어야 할 도장이 무엇인지 말해 볼까?
- 이번에는 도장으로 나만의 패턴 무늬를 만들어 볼까?
- 친구끼리 패턴을 완성해 보자.

활동 평가

- 가을이 되어야 볼 수 있는 것들은 어떤 것들이 있었니?
- 종이돋보기로 가을 찾기 놀이를 할 때 그 그림에 더 숨겨 놓고 싶은 것이 있니? 무엇이니?
- 친구가 만든 패턴 중에서 가장 어려운 것은 어떤 것이었니?

수업 메모

- 도장 찍기로(은행잎, 단풍잎, 코스모스, 감) 작은 책을 만들거나 벽면에 전시할 수 있다.

- 그림책을 감상할 때 귀뚜라미 울음소리 효과음을 함께 들려주면 좋다.
- 패턴 만들기를 할 때 처음에는 교사가 예시한 패턴 탐색을 통해 패턴의 규칙을 이해하고 그것이 익숙해지면 유아가 활동지에 패턴을 만들어 본 다음, 활동지의 빈칸에 다른 유아가 순서대로 도장을 찍어 본다.
- 확장하여 가을소풍놀이를 하며 마무리해도 좋다.
  – (돗자리를 깔고) 맛있는 고구마도 먹어 볼까? 귀뚜라미 소리도 나는 것 같네. 정말 가을이 우리 곁에 왔구나.

생활주제 : 봄·여름·가을·겨울 (가을)

바빠요 바빠

활동 연령		
3	4	❺

목 표	누리과정 관련 요소
• 가을에는 곡식과 열매를 수확함을 안다. • 눈과 손을 협응하여 콩 고르기를 한다. • 친구와 함께 하는 게임에 참여하기를 즐긴다.	• 자연탐구: 과학적 탐구하기–생명체와 자연환경 알아기 • 신체운동: 신체 조절과 기본 운동하기–신체 조절하기 • 의사소통: 듣기–동요, 동시, 동화 듣고 이해하기 말하기–느낌, 생각, 경험 말하기 • 사회관계: 다른 사람과 더불어 생활하기–친구와 사이좋게 지내기

창의·인성 관련

• 창의성: 동기적 요소–호기심·흥미, 인지적 요소–사고의 수렴
• 인성: 협력–집단 협력, 배려–가족, 이웃에 대한 배려, 질서–기초 질서

『바빠요 바빠』

윤구병 글, 이태수 그림, 보리, 2000

책 소개

산골 마을 마루네 집은 가을이 되어 바쁘다. 할아버지는 옥수수를 말리고, 할머니는 참깨를 털고, 어머니는 고추를 말리느라 바쁘시다. 농촌의 가을철 바쁜 일상의 모습과 함께 "바빠요 바빠"가 반복되어 자연스레 "바빠요 바빠"를 함께 외치게 된다.

활동 자료

그림책, 콩(검정 콩, 노란 콩), 오목한 그릇, 일회용 숟가락, 지퍼백, 뿅망치(혹은 냄비), 색깔 접착테이프

활동 방법

노래 부르기 ➡ 이야기 나누기 ➡ 그림책 감상 ➡ 말놀이 노래 지어 부르기 ➡ '바빠요 바빠' 놀이

1. 동요 '허수아비 아저씨' (김규환 작사/작곡)를 부르고 가을에 대해 이야기 나눈다.
   - 허수아비를 본 적이 있니? 어디서 보았니?
   - 허수아비를 왜 세워 두었을까?
2. 가을이 오면 사람들이 해야 하는 일들에 대해 알아 본다.
   - 가을이 되면 날씨가 어떻게 변하니?
   - 날씨가 시원해지면 우리는 어떤 준비를 할까?
   - 가을이 되면 우리보다 훨씬 바빠지는 분들이 있는데 어떤 분들인지, 어떤 일들을 하는지 알아 보자.
3. 그림책을 감상한다.
   (반복적으로 나오는 구절 '바빠요 바빠' 를 모두 함께 외치며 읽는다.)
4. 그림책 내용을 회상하며 말놀이 노래를 만들며 부른다.
   - (시장에 가면 ○○도 있고 말놀이 운율을 빌려 각 페이지의 장면을 보며)

     교사: 가을에는 무엇을 하나?

     유아: 옥수수 말리고, 바빠요 바빠!, 참깨 털고, 바빠요 바빠!, 고추 말리고, 바빠요 바빠! ……
5. 농촌의 추수하는 모습을 놀이로 경험해 본다.

① '바빠요 바빠' (콩 고르기) 놀이를 한다.
   - (콩 고르는 장면을 다시 보며) 할머니가 검정 콩으로 콩떡을 하려고 하시는데 눈이 잘 안 보이셔서 섞인 콩들을 못 고르신대. 우리가 할머니를 도와드리자.

게임 방법

① 검정 콩과 노란 콩을 섞어 놓은 그릇에서 각자 검정 콩(혹은 노란 콩)을 정한 개수만큼 다른 그릇에 옮겨 놓는다.
② 반환점까지 달려가 뿅망치를 2번 바닥에 두드리고 "훠이 훠이!"를 외친다.
③ 출발점으로 돌아와서 다음 순서의 유아와 서로 손뼉 마주치며 구호 '바빠요 바빠'를 외친다.
④ 손뼉을 마주친 다음 차례의 유아는 ①부터 시작한다.
⑤ 마지막에 콩이 다 나뉘면 바구니 앞에 있던 슬픈 표정의 할머니 얼굴 그림 컷을 웃는 할머니 얼굴 그림컷으로 바꾸어 준다.
⑥ 경주를 마친 팀의 콩이 정확히 골라졌는지 확인한다.

활동 평가

- 가을이 되면 농촌 사람들은 왜 바빠지니?
- 콩 고르기 게임할 때 지켜야 할 약속과 규칙들은 어떤 것이 있었니? 잘 지켜졌니?
- 오늘 알아 본 일거리 중에서 우리가 할 수 있고 도울 수 있는 일은 어떤 것이 있을까?

【확장 활동】 채소가 주렁주렁

- **활동 자료:** 가지(혹은 호박), 안전바늘, 실, 아이스크림 막대, 빵칼, 쟁반(혹은 큰 접시)
- **활동 방법**

1. 채소를 썰어 실에 꿰어 말리기를 한다.
   - 책 속에서 가을에 하는 바쁜 일 중에 우리가 도울 수 있는 일이 또 뭐가 있을까?
   - 고추, 옥수수 같은 채소를 왜 말리는 걸까?
   - 우리도 가지(호박)를 썰고 말려서 겨울에 먹을 수 있도록 해 볼까?

수업 메모

- 탐색할 때, 가지 꼭지 부분에 가시가 있어 주의해야 함을 먼저 알려 준다.
- 마지막에 떡이나 간단한 다과를 준비해 품앗이 후, 음식을 대접하거나 함께 맛있는 음식을 만들어 먹는 풍습이 있음을 간단히 설명해 주어도 좋다.

생활주제 : 봄 · 여름 · 가을 · 겨울 (겨울)

뽀드득 놀이해요

활동 연령		
❸	4	5

목 표	누리과정 관련 요소
• 전분 가루를 누를 때 나는 소리를 탐색한다. • 전분과 소품을 이용하여 눈 오는 날의 풍경을 표현한다.	• 자연탐구: 과학적 탐구하기–자연현상 알아보기 과학적 탐구하기–물체와 물질에 대해 알아보기 • 예술경험: 아름다움 찾아보기–미술적 요소 탐색하기 • 의사소통: 듣기–동요, 동시, 동화 듣고 이해하기

창의 · 인성 관련

- 창의성: 동기적 요소–호기심 · 흥미, 몰입
- 인성: 협력–긍정적인 상호 의존성, 집단 협력

「겨울이 왔어요」『뜨레풀 책놀이 3』

이송은 글, 박혜진 그림, 동심, 2008

책 소개

겨울이 오자 세찬 바람이 불고 눈이 내리고 쌓인다. 낙엽도 바스락대고 철새들이 날아간다. 겨울에 들을 수 있는 소리들이 풍경화처럼 이어진다.

활동 자료

그림책, 전분, 천막 천, 검은 도화지(전지 크기), 깔때기, 크리스마스 트리 장식품,

1회용 순가락 및 풍선(유아 수만큼)

활동 방법

그림책 표지 탐색 ➡ 손유희 ➡ 전분 탐색 ➡ 전분으로 풍경 만들기 ➡ 전분으로 뽀득이 인형 만들기 ➡ 그림책 감상하기

1. 겨울철 날씨 변화에 대해 이야기 나눈다.
   - (그림책 앞표지를 보여 주며) '겨울이 왔어요' 겨울이 오니까 날씨가 어떤 것 같니?
2. '겨울이 왔어요' 손유희를 한다.
   - 겨울 날씨를 몸으로 표현해 볼까?
   - 예쁜 장갑을 끼었으니 우리 함께 하얀 눈을 만나러 가 볼까?

눈이 내려요.

바람이 불어요.

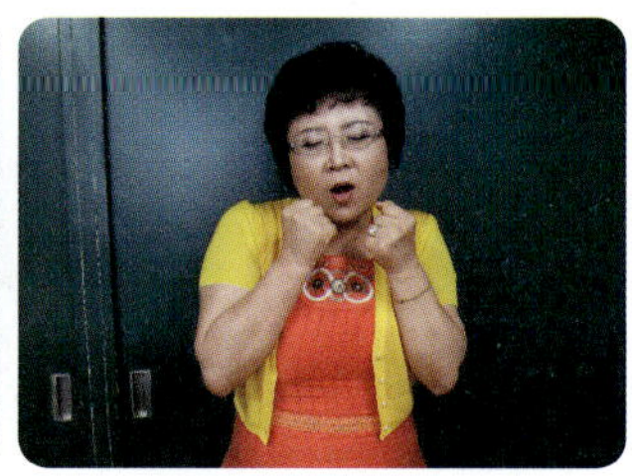
아이 추워! 겨울이 왔어요.

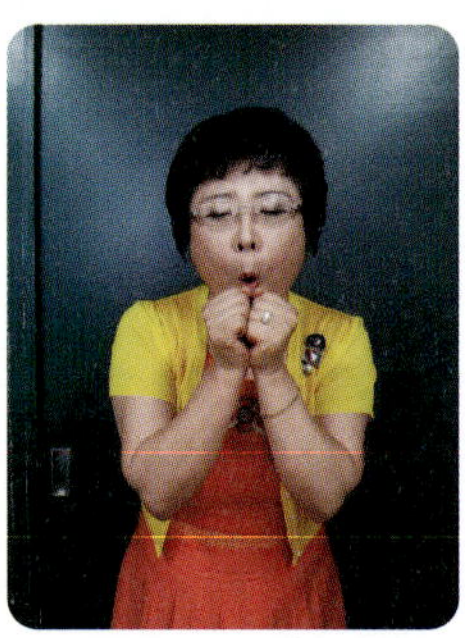
호~ 손이 시려요.

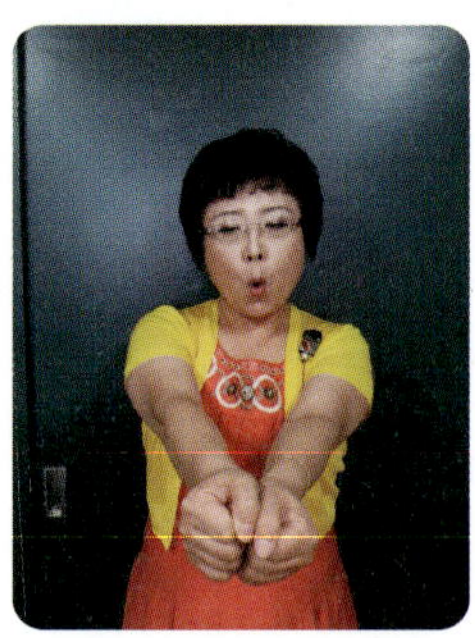
"엄마, 장갑 주세요."

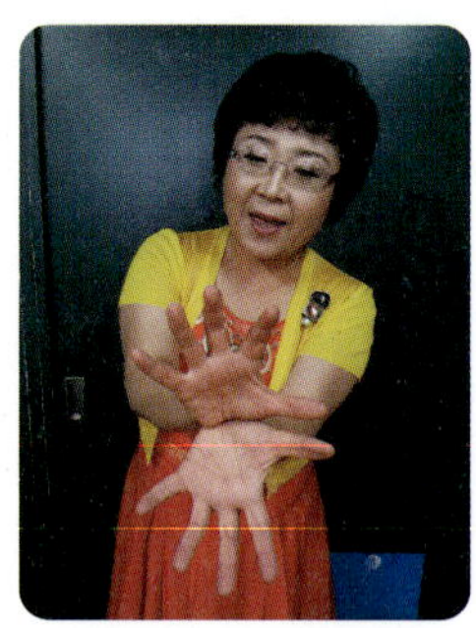
"○○(유아 이름)야, 장갑 여기 있네!"

3. 검정 도화지와 체를 이용해 전분을 탐색한다.

- 어, 이게 뭐지? 하얀 가루다.
  하얀 가루가 사르르, 와! 눈 같다. 사락사락 눈이 내리네.
- (검정 도화지 위에 한 손을 붙이고 그 위에 체로 전분을 뿌리며) 느낌이 어떠니?
- (손을 떼면서) 와! 손이다. 우리 친구들도 바닥에 손바닥을 찰싹 붙여 볼까? 선생님이 하나 둘 셋 짠! 하면 그때 손바닥을 떼는 거야.

4. 크리스마스 소품을 이용해 풍경을 만들고 감상한다.
   - (트리 장식품을 제시하며) 이번에는 이 인형 위에 전분 가루를 뿌려 보겠니?
5. 검정색 형태를 보고 그게 무슨 모양인지 알아맞혀 본다.
   - 눈 밑에 뭐가 숨었는지 볼까?
   - (소품을 들어낸 후) 눈사람은 어디 있니?
6. 전분을 모아서 손으로 눌러 본다.
   - 이번에는 전분을 누르면 어떤 소리가 나는지 볼까? 어, 뽀드득 소리가 난다.
7. 풍선에 깔때기를 넣고 전분을 가득 채운 다음 풍선 입구를 묶는다.
   - (유아에게 플라스틱 숟가락을 주면서) 전분을 여기 풍선에다 넣어 보자.
8. 전분을 넣은 풍선을 만져 보며 소리를 탐색한다.
   - 뽀득이(전분 넣은 풍선)를 누르면 무슨 소리가 나는지 볼까? 와! 뽀드득뽀드득 눈 밟는 소리가 나네.
9. 눈 밟는 소리를 전분풍선으로 표현하며 그림책을 감상한다.
   - (눈 밟는 장면에서) 우리가 만든 뽀득이로 뽀드득 소리를 내 볼까?

활동 평가

- 겨울이 되면 날씨가 어떻게 변했니?
- 전분가루놀이를 할 때 가장 재미있었던 것은 무엇이니?

수업 메모

- 이 활동을 시작하기 전에 실제 눈을 밟아 보거나 손으로 눌러서 소리를 들어 보는 경험을 할 수 있으면 가장 바람직하다. 실외로 나가기 어려운 상황이라면, 쌓인 눈을 쟁반에 퍼 와서 탐색하는 것도 실내에서 손쉽게 눈을 탐색하는 방법이다.

- 전분 탐색 활동이 끝날 때마다 도화지에서 전분을 털어 천막 천의 한 부분으로 모아 둔다.
- 풍선에 전분을 넣고 묶기 전에 풍선 안에 공기가 남지 않도록 충분히 눌러 줘야 '뽀드득' 소리가 잘 난다. 이 뽀드득이(전분을 넣은 풍선)는 「겨울이 왔어요」 소리 만들기 활동에서 주요한 소품으로 사용된다.

생활주제 : 봄 · 여름 · 가을 · 겨울 (겨울)

겨울을 소리로 표현해요

활동 연령		
3	❹	5

목 표	누리과정 관련 요소
• 겨울철에 들을 수 있는 소리에 관심을 갖는다. • 생활 소품을 조작할 때 나는 소리를 탐색한다. • 소리동화 만들기에 즐겁게 참여한다.	• 자연탐구: 과학적 탐구하기–자연현상 알아보기 과학적 탐구하기–간단한 도구와 기계 활용하기 • 의사소통: 듣기–동요, 동시, 동화 듣고 이해하기 • 예술경험: 예술적 표현하기–음악으로 표현하기

창의 · 인성 관련

- 창의성: 동기적 요소–호기심 · 흥미, 몰입, 인지적 요소–사고의 확장
- 인성: 협력–긍정적인 상호 의존성, 집단 협력

「겨울이 왔어요」『뜨레풀 책놀이 3』

이송은 글, 박혜진 그림, 동심, 2008

책 소개

겨울이 오자 세찬 바람이 불고 눈이 내리며 쌓인다. 낙엽도 바스락대고 철새들이 날아간다. 겨울에 들을 수 있는 소리들이 풍경화처럼 이어진다. 음악 창의성 수업으로 활용할 수 있는 음향이 부록 CD(트랙 18~22)에 들어 있다.

활동 자료

그림책, 부록 CD, 음향 연출용 소품(풍선 뽀드득이, 재활용 오디오 테이프 뭉치 혹

은 비닐봉지, 두꺼운 소재의 앞치마 혹은 책받침 및 접는 부채, 한 줄 단위로 된 일회용 컵)

활동 방법

그림책 감상 ➡ CD와 함께 다시 그림책 감상하기 ➡ 소품 소리 탐색 ➡ 음향동화 만들기

◆ 사전 활동

• 전분을 넣은 풍선 뽀드득이를 미리 만들어 준비한다.

1. 그림책을 감상한다.
   (그림책을 천천히 어감을 살려 가며 읽는다.)
2. 부록 CD(트랙 18~22)를 곁들여 그림책을 감상한다.
   – 이번에는 겨울에 어떤 소리가 나는지 들어 보며 그림책을 볼 거야.
3. 준비한 생활 소품을 만져 보며 어떤 소리가 나는지 탐색한다.
   – (재활용 오디오 테이프 뭉치를 만지며) 무슨 소리가 들리니?

4. 전체 유아를 세 팀(사르르-사락사락, 펄럭펄럭, 바스락바스락)으로 나누어 함께 소리동화를 만들어 본다. ('휘-잉' 과 '뽀드득' 은 모두 참여한다.)
   – (트랙 9를 틀고 그림책을 넘기며) 바람이 세차게 불어요. 휘- 잉 휘-잉.
   우리 모두 다 같이 휘잉휘잉

– 흰 눈이 펄펄, 사르르 내려요. 자 '사락사락' 팀 흔들어 주세요.

활동 평가

– 겨울에 들을 수 있는 소리는 무엇이 있었니?

– 물건으로 소리를 만들 때 어떤 것이 가장 재미있었니?

– 주변의 물건들을 이용해 어떤 소리를 만들고 싶니?

교구 공방

▣ 생활용품 소리 교구

수업 메모

- 눈이 내리는 풍경 장면에서 '사르르'는 눈이 내리는 모습이므로 '사락사락'이라는 의성어를 덧붙여 읽고, 컵봉지를 흔들 때도 '사락사락'이라고 말해 준다.
- 유아나 다문화가정 모–자를 대상으로 수업을 할 경우, 의성어나 의태어 단어 카드 찾아보기까지 연계한다.

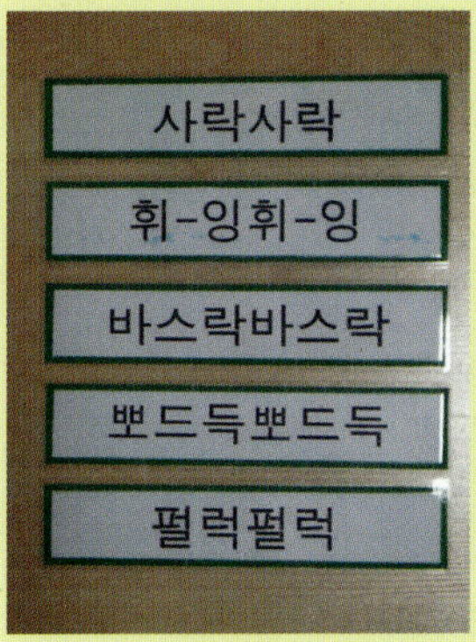

- 소품 탐색과 조작이 충분히 이루어진 다음에는 음향 CD(트랙 18~22)를 듣고 비슷한 소리가 나는 소품 찾기 놀이를 할 수도 있다.

참고문헌

고문숙 · 임영심(1999). 유아를 위한 문학교육. 서울: 정민사.

교육인적자원부(2007).유아를 위한 세계 이해 및 다문화교육 활동자료. 서울: 교육인적자원부.

교육과학기술부(2013). 3-5세 연령별 누리과정 해설서. 교육과학기술부 · 보건복지부.

교육과학기술부 · 보건복지부(2013). 3-5세 연령별 누리과정 운영지원을 위한 교사 연수자료집.

구인환 외(1990). 문학교육론. 서울: 삼지원.

국립어린이청소년도서관(2009). 어린이 담당 사서를 위한 스토리텔링 운영 매뉴얼.

국립어린이텅소년도서관(2011). 어린이 담당 사서를 위한 스토리텔링 운영 매뉴얼 2.

김경희(1986). 아동심리학. 서울: 박영사.

김경희(1999). 발달심리학. 서울: 학문사.

김경희(2008). 지구촌 스토리텔러들의 잔치에 가다. 장비어린이, 6(4), 275-278.

김금희(2003). 어린이를 위한 문학을 통한 영어교육 활동에 대한 제언. *Journal of the English Linguistic Science Association of Korea, 10*, 193-210.

김선(1999). 유아를 위한 연극놀이. 사다리 연극놀이연구소(미간행).

김선 · 이송은 · 제인현 · 한정혜(2007). 유아를 위한 연극놀이. 서울: 창지사.

김세희(1994). 한국전래동요에 대한 유아의 선호도 분석. 이화여자대학교 대학원 박사학위 청구논문.

김세희(2000). 유아문학교육. 서울: 양서원.

김재순 · 김희진(2003). 만 2, 4세 유아와 어머니의 그림책 읽기 상호작용에 관한 연구. 대한가정학회지, 41(3), 57-71.

김영옥(2002). 유아를 위한 다문화 교육. 서울: 정민사.

김인애(1985). 한국 전래동화의 연구-모티브 분류와 동화의 해석. 중앙대학교 대학원 석사학위 청구논문.

김현희 · 박상희(1999). 유아문학교육. 서울: 학지사.

김현희 · 박상희(2008). 유아문학 이론과 적용. 서울: 학지사.

김현희 외(2003). 독서치료의 실제. 서울: 학지사.

네이버 국어사전. http://krdic.naver.com/

다음 국어사전. http://dic.daum.net/index.do?dic=kor

마쯔이 다다시(1996). 이상금 엮음. 어린이와 그림책의 세계. 서울: 한림출판사. (원서 출판 1995)

박성희(2003). 그림책관련활동이 유아의 정서조절에 미치는 영향. 중앙대학교 대학원 석사학위 청구논문.

박혜경 · 김영실 · 김진영 · 김소양(1999). 유아언어교육－이론과 실제. 서울: 양서원.

보건복지부(2013). 제3차 표준보육과정.

서정숙 · 남규(2010). 유아문학교육. 서울: 창지사.

서정오(1995). 옛이야기 들려주기. 서울: 보리.

서혜정(1996). 동시를 통한 총체적 언어 접근법이 유아의 읽기 흥미와 능력에 미치는 영향. 이화여자대학교 교육대학원 석사학위 청구논문.

석용원(1982). 아동문학원론. 서울: 학연사.

석용원(1993). 유아동화의 구연교육. 서울: 학연사.

설동훈 · 김윤태 · 김현미 · 윤홍식 · 이혜경 · 임경택 · 정기선 · 주영수 · 한건수(2005). 국제결혼 이주여성 실태조사 및 보건 · 복지 지원 방안. 보건복지부.

신명호(2009). 그림책의 세계. 서울: 주니어 김영사.

신일순(2009). 그림책 놀이 활동에서 다문화 가정엄마와 영아의 경험에 관한 연구. 건국대 교육대학원 석사학위논문.

안경숙 · 정연희(1999). 동시중심의 통합적 접근을 포함하여 프로젝트 접근법의 활용. 서울: 다음세대.

안은미(2007). 농어촌국제결혼가정 자녀의 학교적응에 영향을 미치는 요인에 관한 연구. 이화여자대학교 대학원 석사학위청구논문.

원희목(2008). 국감정책리포트. www.hopetree.or.kr

원진숙(2010). 다문화가정 자녀를 위한 언어교육. 김정원 · 이인재 · 남호엽 · 박상철 · 김광수 · 류재만(편). 글로벌시대의 다문화교육. 사회평론. 119-154.

이규원(2000). 동화구연의 이론과 실제. 서울: 유아문화사.

이상금 · 장영희(1986). 유아문학론. 서울: 교문사.

이상현(1987). 아동문학강의. 서울: 일지사.

이송은(2001a). 통합적인 동시짓기 활동이 유아의 동시짓기와 감상 및 교사의 동시 인식에 미치는 영향. 중앙대학교 교육대학원 석사학위 청구논문.

이송은(2001b). 표현력과 창의성을 키우는 손유희 101가지. 서울: 동심.

이송은(2004). 누구나 할 수 있는 이야기 들려주기. 서울: 창지사.

이송은(2006). 2세 영아의 책에 대한 의미 탐색. 중앙대학교 대학원 유아교육과 박사학위 청구논문.

이송은(2007). 다문화가정의 문화이해를 위한 문학 활동 실행연구: 필리핀 모-자를 대상으로. 어린이문학교육연구, 8(2), 129-163.

이송은(2009). 어린이 담당 사서를 위한 스토리텔링 운영 매뉴얼 개발. 어린이문학교육연구, 10(2), 149-175.

이송은(2012). 스토리텔링과 책놀이. 서울: 창지사.

이용준(2004). 한국 전자책의 현황과 발전 전망. 한국어린이문학교육학회 2월 특강 자료. 미간행

이재철(1983). 아동문학의 이론. 서울: 형설출판사.

정중호(2013). 전자출판시대의 출판 생태계를 그리다. 한국전자출판을 말한다, 32-40.

조미현(2013). 전자출판의 저작권 이슈. 한국전자출판을 말한다, 54-59.

조영달(2006). 다문화가정의 자녀교육 실태 조사. 교육인적자원부.

조정숙 · 김은심 (2000). 유아언어교육. 서울: 정민사.

중앙대학교 사범대학 부속유치원(1989). 활동중심 통합교육과정.

채정란(1999). 다문화 교육의 관점에서 본 '우리나라'와 '다른 나라' 생활주제 분석. 한국교원대학교 대학원 석사학위 청구논문.

최종수(2013). 전자책, 2013년이 부담스러운 이유. 한국전자출판을 말한다, 86-90.

한국어린이문학교육연구회(1999). 환상그림책으로의 여행. 서울: 다음세대.

현은자 · 김세희(2005). 그림책의 이해 1, 2. 경기: 사계절.

현은자 · 변윤희 · 강은진 · 심향분(2004). 그림책의 그림 읽기. 서울: 마루벌.

Bailey, R. A. & Burton, E. C. (1989). *The Dynamic Infant*. Minnesota: Redleaf Press.

Berry, J. W. (2005). Acculturation: Living successfully in two cultures. *International Journal of Intercultural Relations, 29*, 697-712.

Betteleim, B. (1998). *The Uses of enchantment: The meaning and importance of fairy tales*. 김옥수 · 주옥 역. 옛이야기의 매력 1. 서울: 시공주니어. (원서 출판 1977)

Brand, S. T., & Donato, J. M.(2001). *Storytelling in emergent literacy*. New York: Delmar.

Bullock, M. (1985). Animism in childhood thinking: A new look at an old uestion. *Developmental Psychology, 21*, 217-226.

Burke, E. M. (1990). *Literature for the Young Child*. Boston: Allyn & Bacon.

Cooling, W. (2003). 아기 성장과 북스타트 효과. '북스타트 서울 국제 심포지엄' 강연 자료. 2003년 9월 23일 서울여자대학교.

Cullinan, B. E. & Galda, L. (2002). *Literature and the Child* (5th ed.). Belmont: Wadsworth Thomson Learning.

Derman-Sparks, L. & A. B. C. Task Force. (1989). *Anti-bias curriculum: Tools for empowering young children*. Washington, DC: National Association for the Education of Young children.

Dorothy Butler (1997). 김중철(역). 쿠슐라와 그림책 이야기. 서울: 보림출판사. (원서 출판 1979)

Ilin, M.(2003). 백지 위의 검은 것.(박수현 역). 서울: 아이세움.

Jalongo, M. R. (1988). *Young Children and Picture Books: Literature from Infancy to Six*. Washington: NAEYC.

Jalongo, M. R. (2003). *Early childhood language arts*(3th. Ed.). Boston: Allyn and Bacon.

Jenkins, P. D. (1980). *Art for the fun of It: A guide for teaching young children*. Englewood Cliffs, N. J.: Prentice Hall.

Ko, S. J., & Lee, S. E.(2013). The effects of picture-book shared reading training for immigrant mothers of young children: An exploratory study. *Asia-Pacific Journal of Research in Early Childhood Education, 7*(2),29-46.

Myers, D. G. (1987). *Psychology*. New York: Worth.

Raines, S. C. & Isbell, R. T. (1994). *Stories: Children's literature in early education*. New York: Delmar Publishers Inc.

Rosenblatt. L. M. (1978). *The reader, the text, the poem: The transactional theory of the literacy work*. Carbondale: Southern Illinois University Press.

Russell, D. L. (1991). *Literature for Children: A short introduction*. New York: Longman.

Santrock. J. W. (2006). *Child Development* (10th Ed.). 곽금주 · 정윤경 · 김민화 · 박성혜 · 송현주 역. 아동발달심리학. 서울: 박학사.

Schickedanz, J. A. (1995). *More than the ABC's: The Early stages of reading and writing.* 이영자(역). 읽기와 쓰기를 즐기는 어린이로 기르는 방법. 서울: 이화여자대학교 출판부. (원서 출판 1986)

Schickedanz, J. A. (1999). *Much more than the ABCs: The early stages of reading and writing.* Washington, D.C.: NAEYC.

Senechal, M., Cornell, E. H., & Broda, L. S.(1995). Age-related differences in the organization of parent-infant interactions during picture-book reading. *Early Childhood Research Quarterly, 10*, 317-337.

Sulzby, E. (1985). Children' s emergent reading of favorite storybooks: A development study. *Reading Research Quarterly, 20*(4), 458-481.

Sutherland, Z. (1997). *Children and books* (9th ed.). N.Y.L Addison Wesley Longman.

Sutherland, Z. & Arbuthnot, M. H. (1991). *Children and Books* (8th. ed.). NewYork: Harper Collins Publishers Inc.

Townsend, J. R. (1996). *Written for Children.* 강무홍 (역). 어린이책의 역사. 서울: 시공사. (원서 출판 1995)

Trawick-Smith, Jeffrey (1994). *Interactions in the Classroom.* N.Y.: Macmillan College Press.

Whitehurst, G. J., Falco, F. L., Lonigan, C. J., Fischel, J. E., Debaryshe, B. D., Valdez-Menchaca. M. C., & Caufield, M.(1988). Accelerating language development through picture-book reading. *Developmental Psychology, 24*(4), 522-559.

부 록

유/아/문/학/교/육/의/이/론/과/실/제

부록 1

교사와 부모를 위한 책과 정보 사이트

1. 교사와 부모를 위한 책

책 제목	서지 정보	책의 특징
어린이와 그림책	마쯔이 다다시 지음, 이상금 엮음, 샘터, 2000 (원본 출판연도, 1990)	그림책 교육을 위한 지침서의 고전이자 대표적인 입문서. 그림책이 아이에게 갖는 의미와 필요성을 알기 쉽게 풀어놓고 있다.
쿠슐라와 그림책 이야기	도로시 버틀러 지음, 김중철 옮김, 보림, 2003	장애를 갖고 태어났던 아이가 그림책 읽어 주기와 함께 어떻게 성장했는지를 보여 주는 감동실화. 책과 읽어 주는 사람과 아이, 사랑의 삼각형의 전형을 보여 준다.
스토리텔링과 책놀이	이송은 지음, 창지사, 2012	책 읽어 주는 방법을 심도 있게 다룬 최초의 책. 영아, 유아, 초등편으로 나누어 책 읽는 방법과 창의적인 책놀이가 자세히 수록되어 있다.
그림책 육아 어떻게 시작할까?	문윤희 글, 샘터, 2004	그림책 편집자이면서 자녀에게 그림책을 읽어 준 경험을 토대로 성장 단계에 따라 어떤 책을 읽어 줘야 하는지 소개한다.
우리 아이, 책날개를 달아주자	김은하 지음, 살림출판사, 2011	부모가 자녀에게 책을 읽힐 때 느끼는 어려움을 설문조사하여 그에 대한 해답을 정리한 책으로 독서 방법론과 연령별 독서 교육에 대한 지침만이 아니라 세상을 바라보는 관점에 관한 값진 조언이 담겨 있다.

책 제목	서지 정보	책의 특징
그림책 사냥을 떠나자	이지유 지음, 미래M&B, 2002.	저자가 6년 동안 공부방 등에서 아이들과 함께 읽었던 41편의 그림책을 저자의 경험에 녹여 이야기한 재미있는 그림책 에세이
비교해 보는 재미, 그림책 이야기	탁정은 지음, 한림출판사, 2006.	월간 '좋은 엄마'에 연재했던 글을 모아 책으로 엮은 그림책에 관한 에세이집. 이론적으로 유명한 그림책을 분석하기보다는 쉽게 읽을 수 있게, 즐길 수 있게 설명하고 국내 그림책과 작가들의 이야기까지 다루고 있다.
책과 가까워지는 아이 책과 멀어지는 아이	박은영 지음, 청출판, 2008.	그림책 카페에서 많은 부모들과 함께 고민했던 이야기들을 정리하여, 그림책 육아의 놀라움과 아이에게 그림책 읽기의 즐거움을 경험하게 하는 데 가이드가 되고자 한 책
시작하는 그림책: 태어나서 세 돌까지 책 읽는 아기	박은영 지음, 청출판, 2013.	즐거운 책 읽기란 무엇인지, 아기가 책 읽는 기쁨을 어떻게 알아 가는지, 아기의 성장 시기별로 나누어 공통적인 발달의 지점에 어울리는 그림책 리스트를 수록함
그림책	최윤정 지음, 비룡소, 2001	그림책 평론가이자 번역가인 저자의 그림책 평론집으로 국내외 그림책에 대한 다양한 접근을 볼 수 있다.
그림책의 그림 읽기	현은자 외 지음, 마루벌, 2004	그림책이라는 새로운 매체에서의 글과 그림의 관계, 그림을 보는 법 등을 체계적으로 소개하고 있다. 그림책을 깊이 있게 보는 데 도움을 준다.
나의 즐거운 그림책 읽기	엄혜숙 지음, 창비, 2005	어린이책의 편집, 기획, 번역, 평론 일을 하는 저자가 국내외 그림책을 알기 쉽게 설명해 놓은 평론집
그림책 육아	정진영 지음, 예문당, 2010	두 아이의 엄마인 저자가 실제로 다양한 책을 자녀에게 읽어 주고 활동한 경험을 싣고 있다.
똑! 똑! 똑! 그림책	김이산 지음, 현암사, 2004	화가의 눈으로 본 그림책 이야기. 좋은 그림이 담긴 그림책을 고르는 법을 알 수 있다.
용의 아이들	마리아 니꼴라예바 지음, 김서정 옮김, 문학과지성사, 1998	저자는 아동문학을 기존의 교육적, 기능적 관점에서 벗어나 하나의 작품으로 평가한다. 아동문학의 전반을 살핀 아동문학 이론서

책 제목	서지 정보	책의 특징
그림책을 보는 눈	마리아 니꼴라예바 · 캐롤 스콧 지음, 서정숙 외 옮김, 마루벌, 2011	스웨덴의 아동문학평론가인 저자가 자세한 그림책 분석과 비평하는 법을 자세히 담고 있다.
그림책의 이해 1, 2	현은자 · 김세희 지음, 사계절, 2004	그림책의 역사와 장르 등 그림책에 관한 사전 같은 책이다.
그림책의 세계	신명호 지음, 주니어김영사, 2009	그림책 이론을 연구한 저자가 그림책의 탄생부터 인쇄술 발달에 따른 그림책의 변천, 주요 작가들의 작품들을 심도 있게 분석하여 소개한다.
그림책에서 이야기책까지	와키 아키코 지음, 홍성민 옮김, 현문미디어, 2006	일본 어린이 독서 활동 추진 전문가가 독서와 두뇌 발달의 비밀을 밝힌 책으로, 컴퓨터, 드라마, 게임 영상미디어에 빠진 아이들을 책으로 이끌 수 있는 방법이 담겨 있다.
그림책 미술놀이 120	김은숙 지음, 부즈펌, 2012	국립 어린이청소년도서관과 책꾸러기의 추천 도서 중 40권을 뽑아 소개한 좋은 그림책에 3가지 재미있고 기발한 미술놀이를 구성함

2. 그림책 및 아동문학 활동 관련 사이트

- 그림책박물관 http://www.picturebook-museum.com/

국내외 그림책 작가와 그림책에 대한 방대한 자료를 담고 있다. 특히 작가들의 작품 이력이나 인터뷰까지 볼 수 있다.

- 어린이 도서 연구회 http://www.childbook.org

독서운동 시민단체, '어린이도서연구회' 의 홈페이지. 매월 발간되는《동화읽는 어른》잡지와 교사연수, 자원활동가 양성, 독서문화사업 소식 등을 볼 수 있으며 상담실 코너도 있다.

- 책읽는사회만들기 국민운동 http://www.bookreader.or.kr

독서문화운동 시민단체 연합의 성격을 띤, '책읽는사회만들기 국민운동' 의 홈페이지. 북스타트, 기적의도서관, 학교도서관 지원 사업, 독서 정책 제안 등의 자료를 볼 수 있다.

- 북스타트코리아 www.bookstart.org

'책과 함께 인생을 시작하자' 라는 취지로 북스타트코리아와 지방자치단체가 함께 하는 육아 지원 프로그램인 북스타트를 소개하고 지역 및 해외 소식, 추천 도서 등의 정보를 제공한다.

- 동심여선 http://cafe.naver.com/dongsimin

그림책평론가 문윤희가 운영하며, 기존의 홈페이지를 카페로 전환하였다. 유아, 초등, 중학생을 위한 책 읽기와 쓰기가 실려 있다.

- 오른발 왼발 www.childweb.co.kr

유초등 어린이 도서에 대한 비평이 상당량 게재돼 있으며, 작가 연구, 작품 분석, 어린이 전문 서점에 대한 정보가 실려 있다.

- 강백향의 읽어주는 선생님

http://www.mymei.pe.kr → http://blog.naver.com/mymei66.do

초등학교 교사인 운영자가 권하는 연령별 도서 정보가 들어 있으며 교사 및 엄마로서의 체험이 진솔하게 소개돼 있다. 특히 초등 아동 대상 정보가 많다.

- 열린어린이 http://www.openkid.co.kr

인터넷 서점 오픈키드가 운영하는 사이트. 연령별, 주제별 권장 도서 목록과 그림책 및 작가에 대한 정보들이 많다. 웹진 《열린 어린이》를 통해 더욱 깊이 있는 정보를 볼 수 있다.

- 한국어린이문학교육학회 http://www.childrenbook.or.kr

1995년 창립되었고 일반 아동문학관련단체와는 달리, 유아교육 및 아동학 전공자들이 중심이 되어, 그림책 및 문학 활동 방법에 대해 연구하며 문학 관련 논문을 볼 수 있다.

- 그림책 상상 http://blog.naver.com/sangbooks

그림책 전문 계간지 《그림책 상상》을 펴냈던 출판사 상에서 운영하는 블로그. 그림책 분야의 다양한 소식을 알 수 있다.

- 동화가있는집 http://www.leestoryhouse.com

문학 활동 연구소 '동화가있는집'의 홈페이지. 책놀이, 동화구연, 다문화, 실버 문학 활동에 대한 간단한 정보와 동화구연 시연 샘플, 손유희 동영상 등을 볼 수 있다.

부록 2

누리과정 생활주제별 도서 목록

1. 유치원/어린이집과 친구

『뜨레풀 책놀이 1』 뚱땅 목수 아저씨 이송은 글, 이혜영 그림, 동심, 2008.

『뜨레풀 책놀이 5』 도깨비 귀 한선예 글, 이파란 그림, 동심, 2009.

거미가 줄을 타고 올라갑니다 조미자 글/그림, 시공주니어, 2006.

거위를 사랑한 고양이 레나 헤세 글/그림, 김현좌 옮김, 봄봄, 2011.

고릴라 왕과 대포 나미치 사부로 글, 고바야시 유우지 그림, 한림출판사, 1994.

고마워 친구야! 후쿠자와 유미코 글/그림, 서혜영 옮김, 한림출란사, 2007.

고양이 스플랫은 유치원이 좋아! 롭 스코튼 글/그림, 살림어린이, 2009.

구룬파 유치원 니시우치 미나미 글, 호리우치 세이치 그림, 한림,1997.

길아저씨 손아저씨 권정생 글, 김용철 그림, 국민서관, 2006.

까마귀의 소원 하이디 홀더 글/그림, 이명희 옮김, 마루벌, 1996.

까만 크레파스 나카야 미와 글/그림, 김난주 옮김, 웅진주니어, 2002.

꼬마 곰 코듀로이 돈 프리먼 글/그림, 조은수 옮김, 비룡소, 1996.

꿈꾸는 작은 오리 A. H. 벤자민 글, 엘리자베스 홀스티엔 그림, 강무홍 옮김, 웅진, 1996.

나무 숲 속 메리 홀 엣츠 글/그림, 한림출판사, 1996.

내 귀는 짝짝이 히도 반 헤네흐텐 글/그림, 장미란 옮김, 웅진닷컴, 1999.

내 친구 루이 에즈라 잭 키츠 글/그림, 정성원 옮김, 비룡소, 2001.

누에콩과 콩알 친구들 나카야 미와 글/그림, 김난주 옮김, 웅진닷컴, 2004.

다른 사람이 말할 때 끝까지 잘 들어 보렴 이찬규 글, 남주현 그림, 애플비, 2011.

레옹의 유치원 일기 세르쥬 블로쉬 글/그림, 크레용하우스, 2002.

미안해 샘 맥브래트니 글, 제니퍼 이처스 그림, 김서정 옮김, 중앙M&B, 2003.

민수야 힘내! 아오키 미치요 글, 하마다 케이코 그림, 이영준 옮김, 한림출판사, 2000.

바바빠빠 아네스 티종 글, 탈루스 테일러 그림, 이용분 옮김, 시공주니어, 2000.

보리의 시끌벅적 유치원 김세실 글, 양송이 그림, 뜨인돌어린이, 2009.

사과할까? 말까? 오주영 글, 윤희동 그림, 아르볼, 2010.

아모스 할아버지가 아픈 날 필립C.스테드 글, 에린 E. 스테드 그림, 열린책들별천지, 2011.

아모스와 보리스 윌리엄 스타이그 글/그림, 우미경 옮김, 시공주니어, 1996.

아빠가 유치원에 가요 에이미 슈워츠 글/그림, 송주은 · 최혜영 옮김, 예림당, 2007.

야호! 오늘은 유치원 가는 날 염혜원 글/그림, 비룡소 2013.

오늘부터 친구야 나카가와 히로타카 글, 하세가와 요시후미 그림, 이정원 옮김, 보물상자, 2009.

와들와들 오싹한 생일초대장 윤희정 글, 신숙 그림, 아르볼, 2011.

왜, 내가 이상하니? 쉴러디르 글/그림, 파란하늘, 2008

외톨이 말벌 비키 처칠 글, 찰스 휴즈 그림, 이은석 옮김, 문학동네어린이, 2003.

외톨이 사자는 친구가 없대요 나카노 히로카주 글/그림, 이영준 옮김, 한림출판사, 2000.

우리는 친구 앤서니 브라운 글/그림, 장미란 옮김, 웅진주니어, 2008.

우리 친구하자 쓰쓰이 요리코 글, 하야시 아키코 그림, 김현주 옮김, 한림출판사, 1994.

우리는 단짝 친구 후쿠자와 유미코 글/그림, 엄기원 옮김, 한림출판사, 2004.

울보 나무 카토 요코 글, 미야니시 타츠야 그림, 고향옥 옮김, 한림출판사, 2012.

유치원에 간 데이빗 데이빗 섀논 글/그림, 지경사, 1999.

으뜸 헤엄이 레오 리오니 글/그림, 이명희 옮김, 마루벌, 2000.

진짜 영웅 미야니시 타츠야 글/그림, 이정선 옮김, 베틀북, 2011.

친구를 찾습니다 사쿠라 토모코 글, 이모토 요코 그림, 이정원 옮김, 문학동네어린이, 2008.

친구야 네가 필요해 후쿠자와 유미코 글/그림, 엄기원 옮김, 한림출판사, 2007.

친절한 친구들 후안 이춘 글, 무라야마 토모요시 그림, 예상열 옮김, 한림출판사, 2002.

친구에게 주는 선물 후쿠자와 유미코 글/그림, 엄기원 옮김, 한림출판사, 2004.

토끼의 의자 고우야마 요시코 글, 가키모토 고조 그림, 김 숙 옮김, 북뱅크, 2010.

행복한 의자나무 량슈린 글/그림, 박지민 옮김, 북뱅크, 2002.

2. 나와 가족(나 · 가족)

『뜨레풀 책놀이 4』 나는요 이선영 글, 임선영 인형, 동심, 2008.

『뜨레풀 책놀이 4』 아빠와 놀아요 이송은 글, 김혜란 그림, 동심, 2009.

『뜨레풀 책놀이 6』 몽글몽글 따끔따끔 이송은 글, 김동영 그림, 동심, 2009.

가시소년 권자경 글, 송하완 그림, 리틀씨앤톡, 2012.

가족 123 정성경 저, 초방책방, 2002.

강아지똥 권정생 글, 정승각 그림, 길벗어린이, 1996.

거인아저씨 배꼽은 귤 배꼽이래요 후카미 하루오 글/그림, 이영준 옮김, 한림출판사, 1996.

검은 새 이수지 글/그림, 천둥거인, 2007.

겁쟁이 빌리 앤서니 브라운 글/그림, 김경미 옮김, 비룡소, 2006.

겁쟁이 아빠 티베 벨드캄프 글, 필립 호프만 그림, 김현좌 옮김, 해솔, 2011.

고 녀석 맛있겠다 미야니시 타츠야 글/그림, 백승인 옮김, 달리, 2004.

고릴라 앤서니 브라운 지음, 장은수 옮김, 비룡소, 1998.

고함쟁이 엄마 유타 바우어 글/그림, 이현정 옮김, 비룡소,2005.

곰 사냥을 떠나자 마이클 로젠 글, 헬렌 옥슨버리 그림, 공경희 옮김, 시공주니어, 1994.

괴물들이 사는 나라 모리스 샌닥 글/그림, 강무홍 옮김, 시공주니어, 1994.

그래도 엄마는 너를 사랑한단다 이언 포크너 글/그림, 서애경 옮김, 중앙출판사, 2001.

그래서 모든 게 달라졌어요 올리버 제퍼스 글/그림, 박선하 옮김, 주니어김영사, 2012.

그루터기야 생일 축하해 나카야 미와 글/그림, 김난주 역, 웅진주니어, 2005.

기분을 말해 봐! 앤서니 브라운 글/그림, 홍연미 옮김, 웅진주니어, 2011.

꽃처럼 향기로운 내 동생 아그네스 라코르 글, 그웬 르 갹 그림, 이혜선 옮김, 크레용하우스, 2004.

나는 내가 좋아 제이미 리 커티스 글, 로라 코넬 그림, 서애경 옮김, JMD중앙출판사, 2005.

나는 내가 좋아요 윤여림 글, 배현주 그림, 웅진주니어, 2011.

나는 사랑의 씨앗이에요 파스칼 퇴라드 글, 장 샤를 샤라쟁 그림, 신혜정 옮김, 다섯수레, 2002.

나도 갈래 쓰쓰이 요리코 글, 하야시 아키코 그림, 이영준 옮김, 한림출판사, 1999.

나도 아프고 싶어 프란츠 브란덴베르크 글, 알리키 브란덴베르크 그림, 이수연 옮김, 시공주니어, 1995.

나뭇잎을 따라갔어요 필리스 루트 글, 크리스토퍼 드니즈 그림, 조은수 옮김, 웅진닷컴, 2002.

난 형이니까 후쿠다 이와오 글/그림, 김난주 옮김, 아이세움, 2002.

낮잠 자는 집 오드리 우드 글, 돈 우드 그림, 조숙은 옮김, 보림, 2000.

내 동생이 태어났어 정지영 · 정혜영 글/그림, 비룡소, 1997.

내 머리가 길게 자란다면 타카도노 호오코 글/그림, 예상력 옮김, 한림출판사, 2003.

내 몸은 악기 서선연 글, 배유정 그림, 한솔수북, 2010.

내 이름은 자가주 쿠엔틴 블레이크 글/그림, 김경미 옮김, 마루벌, 2005.

내 이름이 담긴 병 최양숙 글/그림, 이명희 옮김, 마루벌, 2002.

내가 아빠고, 아빠가 나라면 리처드 해밀턴 글, 배빗 콜 그림, 김서정 옮김, 대교출판, 2009.

내가 아빠를 얼마나 사랑하는지 아세요? 샘 맥브래트니 글, 아니타 제람 그림, 김서정 옮김, 베틀북, 2011.

내게는 소리를 듣지 못하는 동생이 있습니다 J. W. 피터슨 글, D. K. 래이 그림, 김서정 옮김, 중앙, 2004.

내 꼬리 조수경 글/그림, 한솔수북, 2008.

너는 어떤 씨앗이니? 최숙희 글/그림, 책읽는곰, 2013.

너랑 나랑 뭐가 다르지? 빅토리아 파시니 글/그림, 김소희 옮김, 비룡소, 2002.

너의 몸, 나의 몸 믹 매닝 글, 브리타 그란스트룀 그림, 이연수 옮김, 그린북, 2000.

노엘의 산책 루이코 듀아 글, 다카하시 미치코 그림, 박문성 옮김, 창해, 2002.

느끼는 대로 피터 레이놀즈 글/그림, 엄혜숙 옮김, 문학동네, 2004.

도깨비를 빨아버린 우리 엄마 사토 와키코 글/그림, 이영준 옮김, 한림출판사, 1991.

돼지책 앤서니 브라운 글/그림, 허은미 옮김, 웅진닷컴, 2001.

따로 따로 행복하게 배빗 콜 글/그림, 고정아 옮김, 보림, 1999.

똑같아요 유진 글/그림, 한림출판사, 2012.

만희네 집 권윤덕 글/그림, 길벗어린이, 1995.

몸한테 여보세요 나나오 준 글, 후쿠다 이와오 그림, 이선아 옮김, 시공주니어, 2003.

몸의 구석구석이 말하기를 고미타로 글/그림, 엄기원 옮김, 시공주니어, 2005.

무릎 딱지 샤를로트 문드리크 글, 올리비에 탈레크 그림, 이경혜 옮김, 한울림어린이, 2010.

바바야가 할머니 패트리샤 폴라코 글/그림, 최순희 옮김, 시공주니어, 2003.

배꼽 구멍 하세가와 요시후미 글/그림, 고향옥 옮김, 비룡소, 2011.

벌거숭이 벌거숭이 야규 겐이치로 글/그림, 한림출판사, 1997.

보고 싶은 엄마 레베카 콥 글/그림, 이상희 옮김, 상상스쿨, 2011.

빨간 풍선 황수민 글/그림, 상, 2008.

삐딱이를 찾아라 김태호 글, 정현진 그림, 비룡소, 2011.

사랑스러운 까마귀 베아트리스 퐁따넬 글, 앙트완 기요뻬 그림, 고승희 옮김, 국민서관, 2010.

사랑이란? 배빗 콜 지음, 양선하 옮김, 효리원, 2005.

샘의 신나는 과학 1 우와, 이만큼 컸어! 케이트 로언 글, 캐서린 맥원 그림, 윤소영 옮김, 시공주니어, 2001.

샘의 신나는 과학 2 얍, 감기야 덤벼라 케이트 로언 글, 캐서린 맥원 그림, 윤소영 옮김, 시공주니어, 2001.

샘의 신나는 과학 3 히히, 내 이 좀 봐! 케이트 로언 글, 캐서린 맥원 그림, 윤소영 옮김, 시공주니어, 2001.

샘의 신나는 과학 4 꼬르륵, 먹은 게 다 어디 갔지? 재키 메이너드 글, 캐서린 맥원 그림, 윤소영 옮김, 시공주니어, 2001.

세 엄마 이야기 신혜원 지음, 사계절, 2008.

세상에서 제일 힘센 수탉 이호백 글, 이억배 그림, 재미마주, 1997.

소중한 나의 몸 정지영 · 정혜영 글/그림, 비룡소, 1999.

손바닥 동물원 한태희 글/그림, 예림당, 2002.

손없는 색시 임어진 글, 김호랑 그림, 한림출판사, 2013.

수많은 날들 앨리슨 맥기 글, 유태은 그림, 이정빈 옮김, 이야기꽃, 2013.

수염 할아버지 이상교 글, 한성옥 그림, 보림, 2001.

순이와 어린 동생 쓰쓰이 요리코 글, 하야시 아키코 그림, 이영준 옮김, 한림출판사, 1989.

쉿! 엄마 깨우지 마! 에일런 크리스텔로 글/그림, 강인 옮김, 사계절, 1998.

승냥이 구의 부끄러운 비밀 기무라 유이치 글, 미야니시 다쓰야 그림, 양선하 옮김, 효리원, 2009.

쏘피가 화나면– 정말, 정말 화나면… 몰리 뱅 글/그림, 이은화 옮김, 어린이미디어교육연구소, 2000.

아기돼지 3형제 제이콥스 원작, 송재찬 엮음, 일홍 그림, 지경사, 2005.

아기오리 열두 마리는 너무 많아 채인선 글, 유승하 그림, 길벗어린이, 1999.

아빠가 된 바바 왕 장 드 부르노프 지음, 길미향 옮김, 현북스, 2012.

아빠랑 함께 피자놀이를 윌리엄 스타이그 글/그림, 박찬순 옮김, 보림, 2000.

악어오리 구지구지 천즈위엔 글/그림, 박지민 옮김, 예림당, 2003.

앤서니 브라운의 행복한 미술관 앤서니 브라운 글/그림, 서애경 옮김, 웅진주니어, 2004.

엄마 마중 이태준 글, 김동성 그림, 소년한길, 2004.

엄마 옷이 더 예뻐 황유리 글/그림, 길벗어린이, 2004.

엄마, 내가 자전거를 탔어요 이노우에 미유키 글, 카리노 후키코 그림, 이정선 옮김, 베틀북, 2002.

엄마가 사라졌어요 이정희 글/그림, 문학동네어린이, 2002.

엄마가 알을 낳았대 배빗 콜 글/그림, 고정아 옮김, 보림, 1996.

엄마가 화났다 최숙희 글/그림, 책읽는곰, 2011.

엄마도 날 사랑해? 히도 반 헤네흐텐 글/그림, 이경혜 옮김, 웅진닷컴, 2003.

엄마에겐 비밀이야 히도 반 헤네흐텐 글/그림, 이경혜 옮김, 웅진닷컴, 2004.

여우가 오리를 낳았어요 쑨칭펑 글, 팡야원 그림, 예림당, 2003.

오늘은 소풍 가는 날 쓰쓰이 요리코 글, 하야시 아키코 그림, 김숙희 옮김, 한림출판사, 1991.

오른발 왼발 토미 드 파올라 글/그림, 정해왕 옮김, 비룡소, 1999.

왜요? 린제이 캠프 글, 토니 로스 그림, 바리 옮김, 베틀북, 2002.

우리 몸 피에르 윈터스 글, 엘린 반 린덴후이젠 그림, 최재숙 옮김, 사파리, 2012.

우리 몸의 구멍 허은미 글, 이혜리 그림, 길벗어린이, 2008.

우리 아빠가 최고야 앤서니 브라운 글/그림, 최윤정 옮김, 킨더랜드, 2007.

우리 엄마 앤서니 브라운 글/그림, 허은미 옮김, 웅진주니어, 2005.

우리 엄마는 못말리는 마법사 배빗 콜 글/그림, 김수희 옮김, 어린이작가정신, 2008.

우리 집에는 괴물이 우글우글 홍인순 글, 이혜리 그림, 보림, 2005.

우리 할아버지 릴리스 노만 글, 노엘라 영 그림, 최정희 옮김, 미래M&B, 2002.

우리 할아버지 존 버닝햄 글/그림, 박상희 옮김, 비룡소, 1995.

우리는 벌거숭이 화가 문승연 글, 이수지 그림, 길벗어린이, 2010.

우리는 한 가족이야 핌 판 헤스트 글, 닌케 탈스마 그림, 정낙선 역, 고인돌, 2011.

울지 말고 말하렴 이찬규 글, 최나미 그림, 애플비, 2011.

원숭이 오누이 채인선 지음, 배현주 그림, 한림출판사, 2009.

율리와 괴물 크리스티넨 보이에 글, 유타 바우어 그림, 카테리나 스티그리츠 옮김, 문학동네, 2000.

의좋은 형제 이현주 글, 김천정 그림, 국민서관, 1993.

이름 보따리 장 클로드 무를르바 글, 장 뤼크 베나제 그림, 신선영 옮김, 문학동네, 2000.

이름 짓기 좋아하는 할머니 신시아 라일런트 글, 캐드린 브라운 그림, 신형건 옮김, 보물창고, 2004.

이만큼 컸어요! 루스 크라우스 글, 헬린 옥슨버리 그림, 공경희 옮김, 웅진주니어, 2007.

이모의 결혼식 선현경 글/그림, 비룡소, 2004.

이사 가는 날 김세온 저, 비룡소, 1994.

이상한 곳에 털이 났어요 배빗 콜 글/그림, 최성희 옮김, 여명미디어, 2001.

이슬이의 첫 심부름 쓰쓰이 요리코 글, 하야시 아키코 그림, 이영준 옮김, 한림출판사, 1991.

입이 똥꼬에게 박경효 글/그림, 비룡소, 2008.

점 피터 레이놀즈 글/그림, 김지효 옮김, 문학동네, 2003.

조금만 타키무라 유우코 글, 스즈키 나가코 그림, 허앵두 옮김, 한림출판사, 2010.

종이 봉지 공주 로버트 문치 글, 마이클 마첸코 그림, 김태희 옮김, 비룡소, 1998.

집 나가자 꿀꿀꿀 야규 마치코 글/그림, 고향옥 옮김, 웅진닷컴, 1999.

집안 치우기 고대영 글, 김영진 그림, 길벗어린이, 2010.

집으로 가는 길 하이로 부이트라고 글, 라파엘 요크텡 그림, 김정하 옮김, 노란상상, 2013.

짧은 귀 토끼 다원시 글, 탕탕 그림, 심윤섭 옮김, 고래이야기, 2006.

찬성 미야니시 타츠야 글/그림, 김난주 옮김, 시공주니어, 2011.

초록 거위야 사랑해 아델레 잔조네, 안케 파우스트 그림, 장루미 옮김, 아라미, 2012.

커졌다 서현 글/그림, 사계절, 2012.

코끼리 아저씨와 100개의 물방울 노인경 글/그림, 문학동네, 2012.

콧구멍 이야기 야규 겐이치로 글/그림, 예상열 옮김, 한림출판사, 2002.

터널 앤서니 브라운 글/그림, 장미란 옮김, 논장, 2002.

토끼의 결혼식 가스 윌리엄즈 글/그림, 강무환 옮김, 시공주니어, 1997.

통통 무슨 통 이송은 글, 백정현 그림, 새세대육영회, 2005.

티치 팻 허친즈 글/그림, 박현철 옮김, 시공주니어, 1997.

피터의 의자 에즈라 잭 키츠 글/그림, 이진영 옮김, 시공주니어, 1996.

할아버지의 이야기 나무 레인 스미스 글/그림, 김경연 옮김, 문학동네, 2011.

혼자 놀아도 재미나요 콜레트 엘링스 글, 마리알린 바뱅 그림, 이정주 옮김, 시공주니어, 2008.

혼자 집 보기 사토 와키코 글/그림, 엄기원 옮김, 한림, 2001.

3. 우리 동네

『뜨레풀 책놀이 6』 나들이 가요 이송은 글, 문정희 그림, 동심, 2009.

깊은 밤 부엌에서 모리스 샌닥 글/그림, 강무홍 옮김, 시공사, 1994.

까마귀네 빵집 가코 사토시 글/그림, 아기장수의 날개 옮김, 고슴도치, 2002.

꿈꾸는 윌리 앤서니 브라운 글/그림, 허은미 옮김, 웅진닷컴, 2004.

도서관 사라 스튜어트 글, 데이비드 스몰 그림, 지혜연 옮김, 시공주니어, 1998.

도서관 아이 채인선 글, 배현주 그림, 한울림어린이, 2010.

도서관에 간 사자 미셸 누드슨 글, 케빈 호크스 그림, 홍연미 옮김, 웅진주니어, 2007.

도토리 마을의 빵집 나카야 미와 글/그림, 김난주 옮김, 웅진주니어, 2012.

도토리 마을의 경찰관 나카야 미와 글/그림, 김난주 번역, 웅진닷컴, 2013.

도토리 마을의 모자가게 나카야 미와 글/그림, 김난주 번역, 웅진닷컴, 2011.

동네 한 바퀴 천즈쉬엔 글/그림, 보물상자, 2008.

무지개 아줌마 닐 그리피스 글, 주디스 블레이크 그림, 김진선 옮김, 이숲, 2013.

미술관에 간 윌리 앤서니 브라운 글/그림, 장미란 옮김, 웅진닷컴, 2000.

박물관에서 가브리엘르 벵상 글/그림, 김미선 옮김, 시공주니어, 1997.

북적북적 우리 동네가 좋아 리처드 스캐리 글/그림, 원지인 옮김, 보물창고, 2008.

분홍줄 백희나 글/그림, 시공주니어, 2007.

사라진 그림 마테오 페리콜리 글/그림, 조세형 옮김, 지경사, 2010.

선생님이 되고 싶어 펠리시티 브룩스 글, 조 리치필드 그림, 이시영 옮김, 문학동네어린이, 2007.

세상에서 가장 유명한 미술관 메리디스 후퍼 글, 알랜 컬리스 · 마크 버거스 그림, 김남중 옮김, 국민서관, 2000.

셀레스틴느는 훌륭한 간호사 가브리엘르 벵상 글/그림, 김미선 옮김, 시공주니어, 1997.

소방관이 되고 싶어 펠리시티 브룩스 글, 조 리치필드 그림, 이시영 옮김, 문학동네어린이, 2007.

수의사가 되고 싶어 펠리시티 브룩스 글, 조 리치필드 그림, 이시영 옮김, 문학동네어린이, 2007.

와글와글 우리 동네 신지윤 글, 원현선 그림, 예림당, 2004.

와작와작 꿀꺽 책 먹는 아이 올리버 제퍼스 글/그림, 유경희 옮김, 주니어김영사, 2007.

요리사가 되고 싶어 펠리시티 브룩스, 키이스 뉴웰 글, 조 리치필드 그림, 이시영 옮김, 문학동네어린이, 2007.

우리 동네 한 바퀴 정지윤 글/그림, 웅진주니어, 2011.

우리 마을 멋진 거인 줄리아 도널드슨 글, 액설 셰플러 그림, 웅진닷컴, 2002.

의사가 되고 싶어 펠리시티 브룩스 글, 조 리치필드 그림, 이시영 옮김, 문학동네어린이, 2007.

이 작은 책을 펼쳐 봐 제시 클라우스마이어 글, 이수지 그림, 이상희 옮김, 비룡소, 2013.

장수탕 선녀님 백희나, 책읽는곰, 2012.

지옥탕 손지희 글/그림, 책읽는곰, 2011.

책벌레 찌르찌르 제니퍼 번 글, 키스 벤디스 그림, 김충규 옮김, 푸른숲주니어, 2011.

책 읽기 좋아하는 할머니 존 윈치 글/그림, 조은수 옮김, 파랑새어린이, 2000.

케이크 소동 데청 킹 그림, 거인, 2007.

펠레의 새 옷 엘사 베스코브 글/그림, 김상열 옮김, 비룡소, 2003.

프레드릭 레오 리오니 글/그림, 최순희 옮김, 시공주니어, 1997.

4. 동식물과 자연

감자는 약속을 지켰을까? 백미숙 글, 노영주 그림, 느림보, 2002.

강아지가 태어났어요 조애너 콜 글, 제롬 웩슬러 사진,이보라 옮김, 비룡소, 2000.

개구리의 낮잠 미야니시 타츠야 글/그림, 한수연 옮김, 시공주니어, 2002.

개에게 뼈다귀를 주세요 브라이언 와일드스미스 글/그림, 박숙희 옮김, 비룡소, 1996.

곤충들의 운동회 도쿠다 유키히사 글, 구스미 다쿠야 그림, 김숙 옮김, 북뱅크, 2003.

굿바이 마우지 로비 H.해리스 글, 잔 오머로드 그림, 햇살과 나무꾼 옮김, 사파리, 2002.

깜장 콩벌레 김미혜 글, 박해남 그림, 비룡소, 2008.

꼴찌 강아지 프랭크 애시 글/그림, 김서정 옮김, 마루벌, 2008.

나무 옐라 마리 그림, 시공주니어, 1996.

나무는 좋다 재니스 메이 우드리 글, 마르크 시몽 그림, 강무홍 옮김, 시공주니어, 1997.

내 동생 김점박 김정선 글/그림, 예림당, 2001.

내 사과파이 누가 먹었지? 이재민 글, 김현 그림, 노란돼지, 2012.

누가 내 머리에 똥쌌어? 베르너 홀츠바르트 글, 볼프 에를브루흐 그림, 사계절, 2002.

누가 일등일까? 열두 띠 이야기 케이트 다고우 글, 이고르 올레니코프 그림, 김선영 옮김, 사파리, 2009.

누구나 눈다 고미 타로 글/그림, 이영준 옮김, 한림출판사, 2000.

다 콩이야: 맛있는 콩 이야기 도토리 기획, 정지윤 그림, 보리, 2005.

모자 사세요 에스퍼 슬로보드키나 글/그림, 박향주 옮김, 시공주니어, 1999.

무늬가 살아나요 유문조 글, 안윤모 그림, 돌베개어린이, 2002.

방귀를 뽀옹! 노에 까를랭 글, 안나 라우라 칸토네 그림, 이경혜 옮김, 현북스, 2011.

배고픈 애벌레 에릭 칼 글/그림, 이희재 옮김, 더큰컴퍼니, 2007.

벌레가 좋아 마거릿 와이즈 브라운 글, 조은희 그림, 최재숙 옮김, 보림, 2003.

북쪽 나라 자장가 낸시 화이트 칼스트롬 글, 리오 딜런 · 다이앤 딜런 그림, 이상희 옮김, 보림, 2003.

분홍 애벌레 위글리 시미 글/그림, 시미월드(전집), 2010.

빨간 사과 나타노 히로다카 글/그림, 이영준 옮김, 한림출판사, 2002.

사과가 쿵! 다다 히로시 글/그림, 정근 옮김, 보림, 1996.

살아 있는 모든 것은 브라이언 멜로니 글, 로버트 잉펜 그림, 이명희 옮김, 마루벌, 1999.

소미네 똥가게 퍼시래빗 지음, 라이마 그림, 심윤섭 옮김, 고래이야기, 2008.

숲 속의 요술 물감 하야시 아키코 글/그림, 고향옥 옮김, 한림출판사, 1999.

숲속 재봉사 최향랑 글/그림, 창비, 2010.

숲속 재봉사와 털뭉치 괴물 최향랑 글/그림, 창비, 2013.

숲속의 나뭇잎 집 소야 키요시 글, 하야시 아키코 그림, 김숙희 옮김, 한림출판사, 1999.

숲으로 간 코끼리 하재경 지음, 보림, 2007.

씨앗은 무엇이 되고 싶을까? 김순한 글, 김인경 그림, 길벗어린이, 2011.

아기 오리는 어디로 갔을까요? 낸시 태퍼리 글/그림, 박상희 옮김, 비룡소, 1999.

아기 호랑이에게 줄무늬를 그려 줘 안드레이 우사초프 글, 알렉산드라 융에 그림, 유혜자 옮김, 고려원북스, 2008.

아빠 해마 이야기 에릭 칼 글/그림, 김세실 옮김, 몬테소리 씨엠, 2005.

아주 바쁜 거미 에릭 칼 글/그림, 김세실 번역, 더큰, 2005.

아카시아 파마 이춘희 글, 윤정주 그림, 임재해 감수, 사파리, 2005.

애벌레 찰리 돔 드루이즈 글, 크리스토퍼 샌토로 그림, 강연숙 옮김, 느림보, 2003.

앵거스와 두 마리 오리 마저리 플랙 글/그림, 이진영 옮김, 시공주니어, 1997.

앵무새 열 마리 퀀틴 블레이크 글/그림, 장혜린 옮김, 시공주니어, 1996.

야채로 도장 찍기 요시다 기미마로 글/그림, 엄기원 옮김, 한림출판사, 1997.

엄마 젖이 딱 좋아! 허은미 글, 윤미숙 그림, 조은화 꾸밈, 웅진주니어, 2006.

에드몽은 왜 채소만 먹게 되었을까? 크리스틴 나우만 빌맹 글, 크리스 디 쟈코모 그림, 이정주 옮김, 한솔수북, 2012.

열 개의 눈동자 에릭 로만 글/그림, 이지유 옮김, 미래M&B, 2003.

옛날에 오리 한 마리가 살았는데 마틴 워델 글, 헬린 옥슨버리 그림, 임봉경 옮김, 시공주니어, 2001.

오늘은 무슨 날? 정은정 글, 홍성지 그림, 비룡소, 2002.

오리야? 토끼야? 에이미 크루즈 로젠탈 글, 탐 리히텐힐드 그림, 서연 옮김, 아이맘, 2012.

으아아악, 거미다! 리디아 몽스 글/그림, 노란잠수함 옮김, 홍진P&M, 2004.

이것 좀 먹어 봐 보리 글, 차정인 그림, 윤구병 기획, 보리, 2012.

이젠 안녕 마거릿 와일드 글, 프레야 블랙우드 그림, 천미나 옮김, 책과콩나무, 2010.

입이 큰 개구리 키스 포크너 글, 조나단 램버트 그림, 정채민 옮김, 미세기, 2001.

잠자리 꽁꽁, 내 손 끝에 앉아라! 우메다 요시코 글, 우메다 순사쿠 그림, 엄혜숙 옮김, 우리교육, 2008.

존 선생님의 동물원 이치카와 사토미 글/그림, 정숙경 옮김, 다산어린이, 2012.

찰리가 온 첫날 밤 에이미 헤스트 글, 헬린 옥슨버리 그림, 홍연미 옮김, 시공주니어, 2012.

콩이 쑥쑥 유다정 · 윤아해 · 보린 글, 한태희 그림, 사파리, 2012.

톡 씨앗이 터졌다 곤도 구미코 글/그림, 햇살과나무꾼 옮김, 한울림어린이, 2007.

한입에 덥석 키소 히데오 글/그림, 한수연 옮김, 시공주니어, 2002.

5. 건강과 안전

『뜨레풀 책놀이 5』 봉구야, 목욕하자! 이송은 글, 김경희 인형, 동심, 2009.

SOS 안전동화 나를 지켜요 이혜옥, 아람, 2009.

SOS 안전동화 백설공주는 요리사 박영란 글, 천숙연 그림, 아람, 2009.

SOS 안전동화 아파요 끙끙 민정원 글, 강현선 그림, 아람, 2009.

김밥은 왜 김밥이 되었을까? 채인선 글, 최은주 그림, 한림출판사, 2010.

까미는 혼자서 목욕했어요 알리느 드 페티니 글, 낸시 들라보 그림, 이효숙 옮김, 솔출판사, 2002.

나쁜 어른들로부터 나를 지켜요! 이진희 글/그림, 푸른숲주니어, 2012.

난 토마토 절대 안 먹어 로렌 차일드 글/그림, 조은수 옮김, 국민서관, 2001.

내 입속에 충치 가족이 살아요! 니시모토 야스코 글/그림, 고향옥 옮김, 살림어린이, 2010.

당근이랑 무랑 우엉 우에가키 아유코, 여원미디어, 2010.

더러워지면 좀 어때? 캐릴 하트 글, 레오니 로드 그림, 곽정아 옮김, 내인생의책, 2012.

로봇팔을 찾아주세요 이상교 글, 윤정주 그림, 아이세움, 2011.

멍멍 의사 선생님 배빗 콜 글/그림, 박찬순 옮김, 보림, 2000.

목욕은 정말 싫어 앰버 스튜어트 글, 로라 랭킨 그림, 베틀북, 2006.

목욕하기 싫어! 키스 하비 글, 로렌 비어드 그림, 해밀뜰 번역, 꿈터, 2011.

몸한테 여보세요 나나오 준 글, 후쿠다 이와오 그림, 이선아 옮김, 시공주니어, 2003.

뱃속 마을 꼭꼭이 안나 러셀만 글/그림, 박희준 옮김, 현암사, 1996.

병원소동 한스 아우구스트 레이 글/그림, 박향주 옮김, 시공주니어, 2000.

슬픈 란돌린 카트린 마이어 글, 아테네 블라이 그림, 허수경 옮김, 문학동네, 2003.

쓱쓱 싹싹 목욕탕 니시무라 토시오 글/그림, 강방화 옮김, 한림출판사, 2009.

아프리카에 간 드소토 선생님 윌리엄 스타이그 글/그림, 조세현 옮김, 비룡소, 2005.

안녕, 나마스떼! 유태은 글/그림, 이야기꽃, 2013.

얘들아 제발 잠 좀 자자 레베카 패터슨 글/그림, 서연 옮김, 아이맘, 2011.

예방주사 무섭지 않아! 후카미 하루오 글/그림, 이영준 옮김, 한림출판사, 2000.

이럴 땐 싫다고 말해요! 마리 프랑스 보트 글, 파스칼 르메트르 그림, 홍은주 옮김, 문학동네어린이, 2010

이제 아프지 않아요 크리스토프 르 만 글, 마리알린 바뱅 그림, 이주희 옮김, 시공주니어, 2008.

임금님과 호밀빵 파멜라 엘렌 글/그림, 천미나 옮김, 키다리, 2010.

자장자장 잠자는 집 유리 슐레비츠 글/그림, 공경희 옮김, 웅진주니어, 2006.

쳇! 어떻게 알았지? 심미아 글/그림, 느림보, 2010.

충치도깨비 달달이와 콤콤이 안나 러셀만 글/그림, 박희준 옮김, 현암사, 1994.

치과 의사 드소토 선생님 윌리엄 스타이그 글/그림, 조은수 옮김, 비룡소, 1995.

치카치카 군단과 충치 왕국 이소을 글/그림, 상상박스, 2011.

편식쟁이 마리 솔르다드 글/그림, 강경화 옮김, 시공주니어, 2003.

6. 생활 도구

『뜨레풀 책놀이 5』 봉구야, 목욕하자! 이송은 글, 김경희 인형, 동심, 2009.

거울 속으로 이수지 그림, 비룡소, 2009.

다 붙어 버렸어! 올리버 제퍼스 글/그림, 박선하 옮김, 주니어김영사, 2012.

막대기 아빠 줄리아 도널드슨 글, 악셀 셰플러 그림, 노은정 역, 비룡소, 2009.

세상을 감싸는 우리 보자기 허동화 글, 김미영 그림, 마루벌, 2013.

아씨방 일곱 동무 이영경 글/그림, 비룡소,1998.

옛날에는 돼지들이 아주 똑똑했어요 이민희 글/그림, 느림보, 2007.

요셉의 작고 낡은 오버코트가...? 심스태백 글/그림, 김정희 옮김, 베틀북, 2000.

우리 아빠는 우당탕탕 발명가 배빗 콜 글/그림, 김수희 옮김, 어린이작가정신, 2008.

이건 막대가 아니야 앙트아네트 포티스 글/그림, 김정희 옮김, 베틀북, 2008.

이건 상자가 아니야 앙트아네트 포티스 글/그림, 김정희 옮김, 베틀북, 2007.

일과 도구 권윤덕 글/그림, 길벗어린이, 2008.

자꾸자꾸 시계가 많아지네 팻 허친즈 글/그림, 신형건 옮김, 보물창고, 2007.

정글짐 대소동 척 리처즈 글/그림, 장미란 역, 가문비, 2005.

조그만 발명가 현덕 글, 조미애 그림, 사계절, 2007.

종이 한 장 박정선 기획 · 글, 민정영 그림, 비룡소. 2007.

천하무적 고무 동력기 김동수 · 박혜준 공저, 보림, 2005.

통 통 부는 통 이송은 글, 백성연 그림, 새세대육영회, 1997.

파란 의자 클로드 부종 글/그림, 최윤정 옮김, 비룡소, 2004.

풍덩! 필립 코랑텡 글/그림, 이경혜 옮김, 물구나무, 2002.

할아버지의 지팡이 스토우 아사에 글, 안빌 나호코 그림, 이영준 옮김, 한림출판사, 2006.

7. 교통기관

『뜨레풀 책놀이 6』 나들이 가요 이송은 글, 문정희 그림, 동심, 2009.

검피 아저씨의 드라이브 존 버닝햄 글/그림, 이주령 옮김, 시공주니어, 1996.

검피 아저씨의 뱃놀이 존 버닝햄 글/그림, 이주령 옮김, 시공주니어, 1996.

꼬마 비행기 플랩 마츠모토 슈헤이 글/그림, 김수희 옮김, 어린이작가정신, 2006.

난 자동차가 참 좋아 마가렛 와이즈 브라운 글, 김진화 그림, 최재숙 옮김, 비룡소, 2011.

냄새차가 나가신다 케이트 맥뮐란 글, 짐 맥뮐란 그림, 조은수 옮김, 아이세움, 2003.

노란 잠수함을 타고 조미자 글/그림, 시공주니어, 2007.

달과 비행기 피터 매카티 글/그림, 배소라 옮김, 마루벌, 2007.

더 높이, 더 멀리 장피에르 베르데 글, 피에르 봉 그림, 조현실 옮김, 파랑새어린이, 2001.

라이카는 말했다 이민희 글/그림, 느림보, 2007

말괄량이 기관차 치치 버지니아 리 버튼 글/그림, 홍연미 옮김, 시공주니어, 2000.

세상이 자동차로 가득 찬다면 앨런 드러먼드 글/그림, 유지연 옮김, 고래이야기, 2010.

소방차가 되었어 피터 시스 글/그림, 시공주니어, 2011.

시끌벅적 세상의 모든 탈 것들 브리타 테컨트럽 그림, 김미희 옮김, 대교북스캔, 2008.

씩씩한 꼬마 기관차 와티 파이퍼 글, 로렌 롱 그림, 이상희 옮김, 웅진주니어, 2006.

씽씽씽 공항에 가 볼래? 리처드 스캐리 글/그림, 원지인 옮김, 보물창고, 2009.

우리들의 특별한 버스 밥 그레이엄 글/그림, 엄혜숙 옮김, 시공주니어, 2012.

우르릉 우르릉 로켓 토니 미턴 글, 앤트 파커 그림, 고정아 옮김, 웅진주니어, 2004.

으라차차! 먼지차가 나가신다! 케이트 맥뮐란 지음, 짐 맥뮐란 그림, 신선해 옮김, 한언, 2007.

작은 기차 마거릿 와이즈 브라운 글, 레오 딜론, 다이앤 딜론 그림, 이상희 옮김, 웅진주니어, 2001.

작은 배 캐시 헨더슨 글, 패트릭 벤슨 그림, 황의방 옮김, 보림, 1996.

지하철은 달려온다 신동준 글/그림, 초방책방, 2003.

지하철 바다 황은아 글/그림, 마루벌, 2001.

지하철을 타고서 고대영 글, 김영진 그림, 길벗어린이, 2006.

칙칙폭폭 기찻길을 만들었어요 다케시타 후미코 글, 스즈키 마모루 그림, 김수경 옮김, 홍진 P&M, 2005.

케이티와 폭설 비지니아 리 버튼 글/그림, 홍연미 옮김, 시공주니어, 1996.

크리스마스 선물 존 버닝햄 글/그림, 이주령 옮김, 시공주니어, 1996.

트럭 도널드 크루즈 그림, 시공주니어, 1996.

화물열차 도널드 크루즈 글/그림, 박철주 옮김, 시공주니어, 1997.

후루룩~냠냠 라면기차 이노우에 요스케 글/그림, 신현득 · 양선하 공역, 효리원, 2002.

그림책 버스 뚜뚜 조준영 글, 윤정주 그림, 사계절, 2006.

붕붕이 오형제 조재은 글, 김소희 그림, 애플비, 2010.

마이크 멀리건과 증기삽차 버지니아 리 버튼 저, 서애경 옮김, 시공주니어, 1999.

꿈의 배 매기호 아이린 하스 글/그림, 이수명 옮김, 비룡소, 2004.

루이의 우주선 상상 1호 에즈라 잭 키츠 글/그림, 서애경 옮김, 웅진주니어(웅진닷컴), 2009.

8. 우리나라

『뜨레풀 책놀이 5』 봉구야, 목욕하자! 이송은 글, 김경희 인형, 동심, 2009.

『뜨레풀 책놀이 5』 원숭이 엉덩이는 빨개 전래 동요, 김보미 그림, 동심, 2009.

가시내 김장성 글, 이수진 그림, 사계절, 2006.

각시 각시 풀각시 이춘희 글, 소윤경 그림, 임재해 감수, 사파리, 2011.

개구쟁이 ㄱㄴㄷ 이억배 글/그림, 사계절, 2005.

그림 속 그림 찾기 ㄱ ㄴ ㄷ 이상교 동시, 안윤모 외 11인 그림, 사계절, 2001.

까막나라에서 온 삽사리 정승각 글/그림, 초방책방, 1994.

꼬부랑 할머니 권정생 글, 강우근 그림, 한울림어린이, 2008.

꼬꼬댁 꼬꼬는 무서워! 한병호 글/그림, 도깨비, 2001.

꽃신 윤아해 글, 김선주 그림, 임재해 감수, 사파리, 2010.

나무가 자라는 물고기 김혜리 글/그림, 사계절, 2009.

도깨비 대장이 된 훈장님 장수명 글, 한병호 그림, 한림출판사, 2008.

도깨비와 범벅장수 이상교 글, 한병호 그림, 국민서관, 2005.

딸랑새 서정오 글, 홍영우 그림, 보리, 2008.

동에 번쩍 유다정 글/권문희 그림, 사파리, 2007.

떡보먹보 호랑이 이진숙 글, 이작은 그림, 한솔수북, 2007.

마고할미 정근 글, 조선경 그림, 보림, 1995.

반쪽이 이미애 글, 이억배 그림, 보림, 1997.

밤똥 참기 이춘희 글, 심은숙 그림, 임재해 감수, 사파리, 2006.

백두산 이야기 류재수 글/그림, 통나무, 1988.

복 타러 간 총각 정해왕 글, 함병호 그림, 보림, 2009.

비무장 지대에 봄이 오면 이억배 글/그림, 사계절, 2010.

비밀스러운 한복나라 무돌 글/그림, 노란돼지, 2011.

뽀끼뽀끼 숲의 도깨비 이호백 글, 임선영 그림, 재미마주, 1997.

사물놀이 이야기 김동원 글, 곽영권 그림, 사계절, 2001.

사시사철 우리 놀이 우리 문화 닥종이인형 백희나 · 이선영 글, 최지경 그림, 한솔수북, 2006.

사윗감 찾아 나선 두더지 김향금 글, 이영원 그림, 보림, 1996.

새로 다듬고 엮은 전래 동요(백창우 아저씨네 노래 창고) 백창우 엮음, 굴렁쇠 아이들 노래, 보림, 2002.

생각하는 ㄱ ㄴ ㄷ 이지원 기획, 이보나 흐미엘레프스카 그림, 논장, 2005.

설빔 배현주 글/그림, 사계절, 2006.

세상에서 가장 큰 가마솥 김규택 글/그림, 느림보, 2012.

세상을 담은 그림 지도 김향금 글, 최숙희 그림, 보림, 2004.

소가 된 게으름뱅이 이미애 글, 손정현 그림, 기단동회, 2005.

솔이의 추석 이야기 이억배 글/그림, 길벗어린이, 1995.

숨쉬는 항아리 정병락 글, 박완숙 그림, 보림, 2005.

시리동동 거미동동 권윤덕 저, 창비, 2003.

신기한 그림족자 이영경 글/그림, 비룡소, 2002.

신통방통 세 가지 말 김경희 글/그림, 웅진주니어, 2012.

십장생을 찾아서 최향랑 저, 창비, 2007.

씨실 날실 주강현 글, 안정의 인형 제작 · 연출, 보림, 1995.

아무도 모를 거야 내가 누군지 김향금 글, 이혜리 그림, 보림, 1998.

아씨방 일곱 동무 이영경 글,그림, 비룡소,1998.

알강달강 커다란 밤 한 톨 최재숙 글, 한병호 그림, 아이즐북스, 2007.

야광귀신 이춘희 글, 한병호 그림, 사파리, 2011.

어깨동무 내 동무 남성훈 글/그림, 문학동네, 2005.

어처구니 이야기 박연철 글/그림, 비룡소, 2006.

(에헤야데야) 떡 타령 이미애 글, 이영경 그림, 보림, 2007.

연이네 설맞이 우지영 글, 윤정주 그림, 책읽는 곰, 2007.

오늘은 우리 집 김장하는 날 채인선 글, 방정화 그림, 보림, 2001.

옷감짜기 김경옥 글, 김형준 · 정진희 그림, 보림, 1996.

우렁각시 김용철 글/그림, 길벗어린이, 2009.

우리 할아버지가 꼭 나만했을 때 전래 동요, 주경호 인형으로 꾸밈, 보림, 1999.

우리는 집지킴이야! 최미란 글/그림, 사계절, 2011.

윷놀이이야기 이은화 글, 한유민 그림, 한림출판사, 1993.

으악, 도깨비다! 손정원 글, 유애로 그림, 느림보, 2002.

이게 뭔지 알아맞혀 볼래? 박완서 글, 이혜리 그림, 미세기, 2004.

이야기 주머니 이야기 이억배 글/그림, 보림, 2008.

저승에 있는 곳간 서정오 글, 홍우정 그림, 한림출판사, 2007.

좁쌀 한 톨로 장가든 총각 이상교 글, 주경호 인형, 보림, 1997.

준치가시 백석 시, 김세현 그림, 창비, 2006.

줄줄이 꿴 호랑이 권문희 글/그림, 사계절, 2005.

쪽빛을 찾아서 유애로 저, 보림, 1996.

팥이 영감과 우르르 산토끼 박재철 글/그림, 길벗어린이, 2009.

팥죽 할머니와 호랑이 조대인 글, 최숙희 그림, 보림, 1997.

팥죽 할멈과 호랑이 박윤규 글, 백희나 그림, 시공주니어, 2006.

한지돌이 이종철 글, 이춘길 그림, 보림, 1995.

해님 달님 이효성 엮음, 하의정 그림, 지경사, 2007.

해님 달님 송재찬 글, 이종미 그림, 국민서관, 2004.

해치와 괴물 사형제 정하섭 글, 한병호 그림, 길벗어린이, 1998.

호랑감투 홍영우 글/그림, 보리, 2011.

호랑이 잡은 피리 강무홍 글, 김달성 그림, 보림, 1998.

호랑이 처녀의 사랑 강숙인 글, 김종민 그림, 사계절, 2008.

훨훨 간다 권정생 글, 김용철 그림, 국민서관, 2003.

흥부네 똥개 이형진 글/그림, 느림보, 2009.

9. 세계 여러 나라

가면 쓰고 춤 춰요 국립한경대학교 디자인학부 기획, 김삼현 그림, 보림, 2006.

거미 아난시: 아샨티 옛이야기 제럴드 맥더멋 글/그림, 윤인웅 옮김, 열린어린이, 2005.

거짓말 같은 이야기 강경수 글/그림, 시공주니어, 2011.

고고와 하얀 아이 바르브루 린드그렌 글, 안나 회그룬드 · 이사도라 회그룬드 그림, 최선경 옮김, 보림출판사, 2009.

길 잃은 아기 코끼리 엘리슨 모리스 글, 올리비아 레이너 그림, 김수진 역, 꼬마이실, 2003.

꼬마 구름 파랑이 토미 웅거러 글/그림, 이현정 역, 비룡소, 2001.

꼬마 다글리 시리즈 아람출판사, 2011.

꽃 피우는 할아버지 정지윤 그림, 정진이 글, 시공주니어, 2007.

나의 빨강 책 바바라 리만 저, 아이즐북스, 2005.

나의 첫 세계여행 소피 아망 외 글, 올리비에 라틱 외 그림, 김효림 옮김, 계림북스쿨, 2004.

내가 만난 꿈의 지도 유리 슐레비츠 글/그림, 김영선 옮김, 시공주니어, 2008.

누구 발일까? 정해영 글/그림, 논장, 2009.

달라도 친구 허은미 글, 정현지 그림, 웅진주니어, 2010.

도밍셔, 아자드! 에리가 팔 글/그림, 헤밀뜰 옮김, 미래아이, 2009.

땅굴 파는 두더지 마구마구 시라타니 유키코 저, 이규원 옮김, 한울림어린이, 2009.

띳띳띳 꼴찌 오리 핑 이야기 마저리 플랙 글, 쿠르트 비저 그림, 양희진 옮김, 소년한길, 2001.

류와 새: 이야기가 담겨 있는 한자 여행 카트린 루이 글/그림, 펑 샤오 밍 서예, 김주경 옮김, 주니어RHK, 2008.

마들렌카 피터 시스 글/그림, 윤정 옮김, 베틀북, 2002.

맛있는 동그라미 이송은 글, 오정일 · 지민철 그림, 동심, 2009.

모기는 왜 귓가에서 앵앵거릴까? 버나 알디마 다시 글, 리오 딜런/다이앤 딜런 그림, 김서정 옮김, 보림, 2003.

모자 쓰고 인사해요 국립한경대학교 디자인학부 구성, 이혜경 그림, 보림, 2006.

바다 건너 저쪽 고미 타로 글/그림, 정근 옮김, 보림, 1996.

바람이 휙, 바람이 쏴 에벌린 하슬러 글, 케티 벤트 그림, 유혜자 옮김, 비룡소, 2002.

베니스에 간 가스파르 안느 구트망 글, 게오르그 할렌스레벤 그림, 이경혜 옮김, 비룡소, 2001.

별나게 웃음 많은 아줌마 아를린 모젤 글, 블레어 렌트 그림, 이미영 옮김, 물구나무, 2003.

별나무 이야기 도 옥 루이엔 글, 송연선 그림, 정인출판사, 2012.

복숭아 동자 아카바 수에키치 그림, 마쓰이 다다시 글, 김난주 역, 비룡소, 2006.

북풍을 찾아간 소년 백희나 글/그림, 시공주니어, 2007.

비의 신과 겨룬 소년 데이비드 비스니에프스키 글/그림, 이은석 역, 비룡소, 2004.

샌드위치 바꿔 먹기 라니아 알 압둘라 왕비, 켈리 디푸치오 글, 트리샤 투사 그림, 신형건 옮김, 보물창고, 2011.

생강빵 아이 김세실 글, 엘레나 스베타에바 그림, 시공주니어, 2006.

세계여행을 떠난 펭귄, 화이트블랙 한스 아우구스토 레이 · 마르그레트 레이 공저, 햇살과나무꾼 옮김, 시공주니어, 2002.

세상에서 가장 아름다운 나의 마을 고바야시 유타카 글/그림, 길지연 옮김, 미래M&B, 2003.

세계의 인사법 초오 신타 지음, 김창원 옮김, 노무라 마사이치 감수, 진선아이, 2007.

수호의 하얀말 오츠카 유우조 글, 아카바 수에키치 그림, 이영준 옮김, 한림출판사, 2001.

신기한 붓 권사우 글/그림, 홍쉰타오 원작, 사계절, 2012.

아델과 사이먼 바바라 매클린톡 글/그림, 문주선 옮김, 베틀북, 2007.

아델과 사이먼, 미국에 가다! 바발 매클린톡 글/그림, 정지혜 옮김, 베틀북, 2009.

아프리카 소년 샤카 마리 셀리에 글, 마리옹 르사주 그림, 이정민 옮김, 웅진주니어, 2005.

아프리카에도 곰이 있을까요? 사토미 이치카와 글/그림, 사과나무 옮김, 크레용하우스, 2000.

얘들아, 안녕 소피 퓌로 · 피에르 베르부 글, 우버 오메르 사진, 장석훈 옮김, 비룡소, 2004.

엄마의 여행가방 선현경 글/그림, 비룡소, 2008.

여섯 사람 데이비드 매키 글/그림, 비룡소, 1997.

온 세상 국기가 펄럭펄럭 서정훈 글, 김성희 그림, 웅진주니어, 2010.

이가 빠지면 지붕 위로 던져요: 세계 어린이들의 이야기 셀비 빌러 글, 브라이언 카라스 그림, 공경희 옮김, 북뱅크, 2001.

이야기 이야기 게일 헤일리 글/그림, 엄혜숙 옮김, 보림, 1996.

인디언 붓꽃의 전설 토미드 파올라 글/그림, 김경태 옮김, 물구나무, 2004.

잉카 P. 샤보, 파스칼 에스테용, 안네 바이스 글/그림, 최윤정 옮김, 계림북스쿨, 2001.

주먹밥이 데굴데굴 고바야시 테루코 글, 아카바 수에키치 그림, 김난주 옮김, 비룡소, 2007.

집은 다 다르고 특별해 탱고 북스 글, 엠마 데이먼 그림, 우순교 옮김, 미세기, 2005.

징가의 신나는 장터 나들이 후시하라 노지코 글, 양선하 옮김, 한림출판사, 2004.

코끼리 목욕통 정해왕 글, 이주윤 그림, 비룡소, 2004.

태양으로 날아간 화살 재럴드 맥더멋 글/그림, 김명숙 옮김, 시공주니어, 1996.

파란 티셔츠의 여행 비르기트 프라더 글, 비르기트 안토니 그림, 엄혜숙 옮김, 담푸스, 2009.

파인애플의 전설 바두아 로이다 글, 김민아 그림, 정인출판사, 2012.

펠릭스의 세계 여행 아네테 랑엔 글, 콘스탄차 드로프 그림, (주)아가월드, 2005.

하멜른의 피리 부는 사나이 로버트 브라우닝 글, 케이트 그린어웨이 그림, 김기택 옮김, 시공주니어, 1995.

한국 속 지구마을 리포트 김현숙 글, 이루다 그림, 한겨레아이들, 2008.

할머니의 조각보 패트리샤 폴라코 지음, 이지유 옮김, 미래M&B, 2003.

호야와 곰곰이의 세계지도 여행 야노쉬 글/그림, 오석균 옮김, 계림북스쿨, 2001.

10. 환경과 생활

갯벌에 뭐가 사나 볼래요 도토리 편집부 글, 이원우 그림, 보리, 2001.

갯벌이 좋아요 유애로 글/그림, 보림, 1995.

건물들이 휴가를 갔어요 이금희 글/그림, 느림보, 2011.

구름 공항 데이비드 위즈너 그림, 중앙출판사, 2002.

구름 나라 존 버닝햄 글/그림, 고승희 옮김, 비룡소, 1997.

구름 놀이 한태희 글/그림, 아이세움, 2004.

구름아 구름아 뭐 하니 프랑수아 데이비드 글, 마르크 솔랄 사진, 그린북, 2001.

그림자 블레즈 상드라르 원작, 마샤 브라운 그림, 김서정 옮김, 보림, 2003.

그림자놀이 이수지 그림, 비룡소, 2010.

그림자는 내 친구 박정선 글, 이수지 그림, 길벗어린이, 2010.

꽃괴물 정성훈 지음, 한솔수북, 2012.

나무가 사라진 나라 후지 마치코 글, 고바 요코 그림, 계일 옮김, 계수나무, 2009.

나무도둑 올리버 제퍼스 지음, 올리버 제퍼스 그림, 황인빈 옮김, 주니어김영사, 2011.

네가 해줘 캣봇 강혜숙 글/그림, 푸른숲주니어, 2012.

누가 해를 먹고 있어요 루스 선본 글, 에릭 거니 그림, 주영 옮김, 미래M&B, 2004.

누구 그림자일까? 최숙희 글/그림, 보림, 2000.

뒤죽박죽 잔치 장 피에르 기예 글, 질 티보 그림, 윤구병 · 윤나래 옮김, 다섯수레, 1997.

따뜻한 그림백과 물 재미난 책보, 어린이아현, 2010.

마술가루 장 피에르 기예 글, 질 티보 그림, 윤구병 · 윤나래 공역, 다섯수레, 1997.

물은 어디서 왔을까 신동경 글, 남주현 그림, 길벗어린이, 2008.

바람과 해님 라 퐁테느 글, 브라이언 와일드스미스 그림, 우순교 옮김, 보림, 1996.

바람 부는 날 정순희 글/그림, 비룡소, 1996.

바람은 말썽쟁이 나탈리 러셀 글/그림, 글맛 옮김, 키즈엠, 2012.

바람이 멈출 때 샬로트 졸로토 글, 스테파노 비탈레 그림, 김경연 옮김, 풀빛, 2001.

바람이 불 때에 레이먼드 브릭스 글/그림, 김경미 옮김, 시공사, 1995.

바람이 불었어 팻 허친스 글/그림, 박현철 옮김, 시공주니어, 1997.

바람이 좋아요 최내경 글, 이윤희 그림, 마루벌, 2008.

별자리를 만들어 줄게 이석 글/그림, 뜨인돌어린이, 2007.

북극곰에게 냉장고를 보내야겠어 김현태, 휴먼어린이, 2011.

비 오는 날 유리 슐레비츠 글/그림, 강무홍 옮김, 시공주니어, 1994.

비가 톡톡톡 히가시 나오코 글, 기우치 다츠로 그림, 박숙경 옮김, 주니어RHK, 2012.

비가 오는 날에… 이혜리 글, 정병규 꾸밈, 보림, 2001.

비눗방울 기계 장 피에르 기예 글, 질 티보 그림, 윤구병,윤나래 공역, 다섯수레, 1997.

비야, 안녕! 한자영 글/그림, 비룡소, 2011.

비 오는 날 또 만나자 사토우치 아이 글, 히로노 다카코 그림. 고광미 옮김, 한림출판사, 2001.

비 오는 날은 정말 좋아 최은규 글, 백희나 그림, 삼성출판사, 2005.

비 오는 날의 소풍 가브리엘르 뱅상 글/그림, 김미선 옮김, 시공주니어, 1997.

뽀루뚜아 아저씨 이덕화 글/그림, 푸른숲주니어, 2011.

새벽 유리 슐레비츠 글/그림, 강무홍 옮김, 시공사, 1994.

세상은 이렇게 시작되었단다 제인 레이 글/그림, 이명희 옮김, 마루벌, 1995.

수달이 오던 날 김용안 글, 함병호 그림, 한성용 감수, 시공주니어, 2012.

숲을 그냥 내버려 둬 다비드 모리송 글/그림, 크레용하우스, 1998.

숲의 길 김형신 글/그림, 느림, 2010.

앗, 깜깜해 존 로코지음, 김서정 옮김, 다림, 2012.

아저씨 우산 사노 요코 글/그림, 박상희 옮김, 비룡소, 1996.

야, 비 온다 이상교 글, 이성표 그림, 보림, 2002.

야, 우리 기차에서 내려! 존 버닝햄 글/그림, 비룡소, 1995.

어디로 소풍갈까? 사토 와키코 글/그림, 고광미 옮김, 한림출판사, 2007.

엄마가 미안해 이철환 글, 김형근 그림, 미래아이, 2008.

오필리아의 그림자 극장 미하엘 엔데 글, 프리드리히 헤헬만 그림, 문성원 옮김, 베틀북, 2001.

온 세상에 비가 내려요 로라 셰이퍼 글, 제인 와텐버그 그림, 장석봉 옮김, 아이세움, 2002.

온 세상을 노래해 리즈 가튼 스캔런 글, 말라 프레이지 그림, 이상희 옮김, 웅진주니어, 2010.

왜 나만 따라와? 로비 H. 해리스 글, 패트릭 벤슨 그림, 초록색연필 옮김, 키즈엠, 2012.

작은 집 이야기 버지니아 리 버튼 글/그림, 홍연미 옮김, 시공주니어, 1993.

잭과 못된 나무 브라이언 와일드 스미스·리베커 와일드 스미스 저, 김선애 옮김, 시공주니어, 1999.

즐거운 비 김향수 글, 서세옥 그림, 한솔수북, 2006.

지구는 우리 엄마예요 낸시 루엔 글, 네일 월드먼 그림, 이현주 옮김, 두레아이들, 2005.

지하 정원 조선경 지음, 보림, 2005.

초록 자전거 이상교 글, 오정택 그림, 사파리, 2010.

투발루에게 수영을 가르칠 걸 그랬어 유다정 글, 박재현 그림, 미래아이, 2008.

풀씨가 된 모래알 이미애 글, 오진욱 그림, 파란자전거, 2009.

하늘에서 음식이 내린다면 쥬디 바레트 글, 론 바레트 그림, 홍연미 옮김, 토토북, 2007.

허리케인 데이비드 위스너 글/그림, 이지유 옮김, 미래아이, 2005.

11. 봄 · 여름 · 가을 · 겨울

『뜨레풀 책놀이 3』 겨울이 왔어요 이송은 글, 박혜진 그림, 동심,2008.

『뜨레풀 책놀이 3』 소리를 들어 보아요 이송은 글, 최연희 그림, 동심, 2008.

가을 나뭇잎 이숙재 글, 배지은 그림, 대교출판, 2011.

가을아 어디 있니? 변우만 글, 양윤미 그림, 대교출판, 2011.

가을을 만났어요 이미애 글, 한수림 그림, 보림, 2002.

가을이 왔어요 찰스 기냐 글, 애그 자트코우스카 그림, 초록색연필 옮김, 키즈엠, 2012.

가을이 좋아 한미숙 글, 정순임 그림, 대교출판, 2011.

감기 걸린 날 김동수 글/그림, 보림, 2002.

겨울 고미 타로 글/그림, 길지연 옮김, 미래M&B, 2006.

겨울을 그리자 신미연 글, 김화미 그림, 대교출판, 2011.

겨울이 왔어요 찰스 기냐 글, 애그 자트코우스카 그림, 초록색연필 옮김, 키즈엠, 2012.

곰인형의 행복한 크리스마스 앤 망간 글, 조앤 모스 그림, 이진영 옮김, 웅진주니어, 2000.

관계 안도현 글, 이혜리 그림, 계수나무, 2006.

구두장이 마틴 레오 톨스토이 원작, 베르나데트 와츠 그림, 김은하 옮김, 비룡소, 1995.

구리와 구라의 손님 나카가와 리에코 글, 야마와키 유리코 그림, 이영준 옮김, 한림출판사, 1990.

구리와 구라의 헤엄치기 나카가와 리에코 글, 야마와키 유리코 그림, 고향옥 옮김, 한림출판사, 1999.

군고구마 잔치 사토 와키코 글/그림, 한수연 옮김, 한림출판사, 2009.

그건 내 모자야 히도 반 헤네흐텐 글/그림, 황재연 옮김, 현북스, 2012.

꼬마 눈사람 스탄 히도 반 헤네흐텐 글/그림, 오미숙 옮김, 현북스, 2011.

꼬마 당나귀의 크리스마스 노래 낸시 태퍼리 글/그림, 양희진 옮김, 웅진닷컴, 2002.

꽃밭 윤석중 글, 김나경 그림, 파랑새, 2010.

나무는 변신쟁이 나가사와 마사코 글/그림, 권남희 옮김, 비룡소, 2011.

나뭇잎이 달아나요 올레 쾨네케 글/그림, 임정은 옮김, 시공주니어,2008.

나비가 날아간다 김용택 시, 정순희 그림, 미세기, 2001.

낙엽이 춤을 춰요 이토 히로시 글/그림, 예림당, 2006.

노란 우산 류재수 그림, 신동일 작곡, 보림, 2001.

노아의 방주를 탄 동물들 바바라 레이드 지음, 김장성 옮김, 사계절, 1998.

누가 산타에게 선물을 준 걸까? 앙투완느 귈로페 글/그림, 박정연 옮김, 미래아이, 2008.

눈 오는 날 에즈라 잭 키츠 글/그림, 김소희 옮김, 비룡소, 1995.

눈 오는 밤 닉 버터워스 글/그림, 사계절, 1993.

눈사람 아저씨 레이먼드 브릭스 글/그림, 마루벌, 1997.

눈은 왜 내릴까요? 김정흠 글, 유진희 · 이준섭 그림, 다섯수레, 2001.

마녀 위니의 겨울 밸러리 토머스 글, 코키 폴 그림, 김중철 옮김, 비룡소, 1997.

마녀 위니의 엉망진창 휴가 밸러리 토머스 글, 코키 폴 그림, 노은정 옮김, 비룡소, 2011.

마들린느의 크리스마스 루드비히 베멀먼즈 글/그림, 이주령 옮김, 시공주니어, 1996.

마리아의 겨울이야기 아나 오비올스 글, 수비 그림, 김경미 옮김, 드림피그, 2011.

메리 크리스마스 늑대 아저씨 미야니시 타츠야 글/그림, 이선아 옮김, 시공주니어, 2002.

못말리는 태키의 겨울 올림픽 헬렌 레스터 글, 린 먼싱어 그림, 김연수 옮김, JDM중앙출판사, 2007.

무지개꽃이 피었어요 마이클 그레니엣 글/그림, 길지연 옮김, 국민서관, 2002.

바다가 좋아 무스카미 야스나리 글/그림, 양선하 옮김, 언어세상, 2004.

바빠요 바빠 윤구병 글, 이태수 그림, 보리, 2000.

봄맞이 대청소 코이데 탄 글, 코이데 야스코 그림, 예상렬 옮김, 한림출판사, 2004.

봄이 오면 박경진 글/그림, 길벗어린이, 2001.

봄이 오면 한자영 글/그림, 사계절, 2009.

봄이 왔어요 윤구병, 휴먼어린이, 2011.

삐약이와 해바라기 이리야마 사토시 글/그림, 김수경 옮김, 홍진P&M, 2006.

산타 할어버지, 11개월 동안 뭐 하세요? 마이크 라이스 글, 마이클 G. 몽고메리 그림, 김영선 옮김, 미래아이, 2007.

산타할아버지는 알고 계신대 리차드 커티스 글, 레베카 콥 그림, 최용은 옮김, 키즈엠, 2012.

산타할아버지의 휴가 레이먼드 브릭스 글/그림, 김정하 옮김, 비룡소, 1995.

손 큰 할머니의 만두 만들기 채인선 글, 이억배 그림, 재미마주, 1998.

숲 속의 장갑 야오이타 요코 글, 나타리아 체르시나 그림, 햇살과나무꾼 옮김, 아람, 2008.

신신해서 그랬어 윤구병 글, 이태수 그림, 보리, 1997.

썰매를 타고 정유정 글/그림, 사계절, 2007.

아기곰의 가을 나들이 데지마 게이자부로 지음, 정근 옮김, 보림, 1996.

여름이 왔어요 윤구병 기획, 정지윤 그림, 휴먼어린이, 1991.

여름 휴가 장영복 글, 이혜리 그림, 국민서관, 2010.

오소리네 집 꽃밭 권정생 글, 정승각 그림, 길벗어린이, 1997.

외로운 산타할아버지 우치다 린타로 글, 사와다 도시키 그림, 이진용 옮김, 큰북작은북, 2005.

우리 순이 어디 가니? 윤구병 글, 이태수 그림, 보리, 1999.

우리끼리 가자 윤구병 글, 이태수 그림, 보리, 1997.

있잖아요, 산타마을에서는요… 가노 준코 글, 구로이켄 그림, 고향옥 옮김, 길벗어린이, 1999.

장갑 에우게니 M. 라쵸프 저, 이영준 옮김, 한림출판사, 1994.

코를 킁킁 루스 크라우스 글, 마크 사이먼트 그림, 고진하 옮김, 비룡소, 1997.

코비의 따뜻한 겨울 김복희 글, 이혜영 그림, 대교출판, 2011.

크리스마스 선물 존 버닝햄 글/그림, 이주령 옮김, 시공주니어, 1996.

크리스마스 파티 가브리엘르 벵상 글/그림, 김미선 역 옮김, 시공주니어, 1997.

파도야 놀자 이수지 저, 비룡소, 2009.

펭이의 눈사람 페트르 호라체크 글/그림, 손미선 옮김, 문학동네어린이, 2003.

하얀 눈 환한 눈 앨빈 트레셀트 글, 로저 뒤봐젱 그림, 최리을 옮김, 비룡소, 2003.

허허 할아버지네 감나무 스토 아사에 글, 오리모 쿄코 그림, 김난주 옮김, 을파소, 2011.

12. 기타(수, 모양, 색깔 등)

『뜨레풀 책놀이 1』 세모야 어디 가니? 이송은 글, 전효훈 그림, 동심, 2008.

『뜨레풀 책놀이 4』 우리 엄마인가요? 이송은 글, 오정일 그림, 동심, 2008.

100층짜리 집 이와이 도시오 글/그림, 김숙 옮김, 북뱅크, 2009.

구멍 최승호 글, 오정택 그림, 비룡소, 2007.

까만 크레파스와 요술기차 나카야 미와 글/그림, 김난주 옮김, 웅진주니어, 2005.

까망 까망 섬의 까망이 다비드 칼리 글, 필립 지오르다노 그림, 이도영 옮김, 미래아이, 2009.

빨간 모자(수학 그림책) 노자키 아키히로 글, 안노 미쯔마사 그림, 박정선 옮김, 비룡소, 2001.

색깔나라 여행 제홈 뤼이이에 글/그림, 크레용하우스,1999 .

색깔의 여왕 유타 바우어 글/그림, 조연주 옮김, 문학동네, 2004.

샌지와 빵집 주인 로빈 자네스 글, 코키 폴 브릭스 그림, 김중철 옮김, 비룡소, 2000.

서커스 브라이언 와일드 스미스 글/그림, 홍연미 옮김, 시공주니어, 1996.

성형외과에 간 삼각형 마릴린 번즈 글, 고던 실버리아 그림, 신형건 옮김, 보물창고, 2004.

세상 밖으로 나온 모양 이재윤 글, 강완 감수, 아이세움, 2012.

숫자랑 놀자 마생 글/그림, 홍성혜 옮김, 마루벌, 1996.

신나는 수요일 안느 베르티에 글/그림, 김소희 옮김, 뜨인돌어린이, 2012.

아기 세모의 세 번째 생일 필립 세들레츠키 글/그림, 최윤정 옮김, 물구나무, 1999.

알록달록 색깔 목욕탕 마스다 유코 글, 하세가와 요시후미 그림, 김정화 옮김, 아름다운사람들, 2011.

알록달록 동물원 로이스 엘러트 글/그림, 문정윤 옮김, 시공주니어, 2001.

이상한 화요일 데이비드 위즈너 글/그림, 비룡소, 2002.

자꾸자꾸 모양이 달라지네 팻 허친즈 그림, 보물창고, 2006.

자꾸자꾸 초인종이 울리네 팻 허친즈 글/그림, 신건형 옮김, 보물창고, 2006.

장바구니 존 버닝햄 글/그림 김원석 옮김, 보림, 1996.

즐거운 이사놀이 안노 미쯔마사 글/그림, 박정선 옮김, 비룡소, 2001.

참방참방 비 오는 날 후시카 에츠코 글, 모로 카오리 그림, 이은정 옮김, 키다리, 2011.

초록 똥을 뿌지직 윤아해, 보린, 유다정 글, 신동준 그림, 사파리, 2012.

파랑이와 노랑이 레오 리오니 글/그림, 이경혜 옮김, 물구나무, 2003.

한 조각 두 조각 세 조각 김혜환 글/그림, 초방책방, 2003.

함께 세어 보아요 미쯔마사 안노 글/그림, 마루벌, 1997.

행복한 네모 이야기 마이클 홀 글/그림, 글박스 옮김, 상상박스, 2012.

저자 소개

이송은

중앙대학교 대학원 유아교육과 박사과정 졸업(문학박사)
부천대학교 영유아보육과 겸임교수(현)
경인교육대학교 유아교육과 강사(현)
국립 어린이청소년도서관 강사(현)
한국 출판문화산업진흥원 강사(현)
동화가있는집 연구소 소장(현)
동화구연가
저서 : 『유아문학교육의 이론과 실제』(창지사),
『스토리텔링과 책놀이』(창지사),
『창의성과 표현력을 키우는 손 유희 101가지』(동심) 외 다수
논문 : 다문화가정의 문화 이해를 위한 문학활동 실행연구: 필리핀 모-자를 대상으로(어린이문학교육연구 8권 2호) 외 다수

〈연구진〉

한선예 (동화가있는집 연구소 연구원)
신일순 (〃)
최형임 (〃)
권 옥 (〃)
한주미 (〃)
김윤경 (〃)
김미라 (〃)
전진영 (〃)
이춘희 (〃)
박순하 (〃)
최수진 (〃)

동화가있는집 연구소 www.leestoryhouse.com
서울특별시 영등포구 당산동 5가 33-1 한강포스빌 307호
☎ 02-2632-1582

개정
유아 문학교육의 이론과 실제
- 누리과정 생활주제별 문학 활동

초판 1쇄 발행 2005년 4월 19일
초판 8쇄 발행 2012년 1월 18일
개정 6쇄 발행 2018년 1월 11일

지은이 | 이송은
펴낸이 | 김기섭
편집인 | 태선옥
펴낸곳 | 창지사 www.changjisa.com
153-802 서울시 금천구 가산디지털 1로 83 파트너스타워1차 (9F, B1F)
전화 (02) 719-2211~3
팩스 (02) 701-9386
등 록 | 1977년 4월 28일 · 제1-421호

ISBN 978-89-426-0719-8 (93370)

값 22,000원